据教育部《义务教育课程标准》(2011年版)编写

新课程 XINKECHENG YOUXIUJIAOXUESHEJIJINGBIAN

优秀教学设计精编

小学综合实践活动

★ 最新颖的教学理念

★ 最鲜活的教学案例

★ 最精彩的课堂片段

★ 最深刻的教学反思

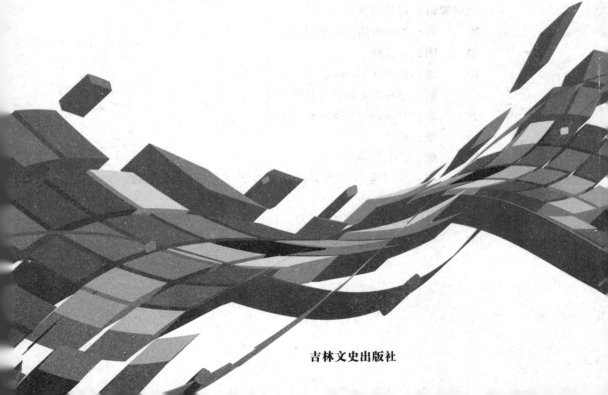

吉林文史出版社

图书在版编目（CIP）数据

新课程优秀教学设计精编·小学综合实践活动／陈学峰，陈福主编．—长春：吉林文史出版社，2013．6（2021．6重印）

ISBN 978－7－5472－1615－6

Ⅰ．①新… Ⅱ．①陈… ②陈… Ⅲ．①活动课程—教学设计－小学 Ⅳ．①G623

中国版本图书馆 CIP 数据核字（2013）第 129714 号

XIN KE CHENG YOU XIU JIAO XUE SHE JI JING BIAN XIAO XUE ZONG HE SHI JIAN HUO DONG

书　　名：新课程优秀教学设计精编·小学综合实践活动

主　　编：陈学峰　陈　福

副 主 编：张晓华　谭红玉

责任编辑：高冰若

封面设计：小徐书装

出版发行：吉林文史出版社

地　　址：长春市福祉大路5788号

邮　　编：130118

网　　址：www．jlws．com．cn

印　　刷：三河市燕春印务有限公司

开　　本：710mm×1000mm　1/16

印　　张：17.5

字　　数：170 千字

版　　次：2013 年 6 月第 1 版　2021年 6 月第 3 次印刷

书　　号：ISBN 978－7－5472－1615－6

定　　价：39.80 元

　　《综合实践活动》课程是在教师指导下，学生自主进行的综合性学习活动。是基于学生的经验，密切联系学生自身生活和社会实际，体现对知识的综合应用的实践性课程。

　　它是国家《基础教育改革纲要》中规定的小学生必修课程之一。因各地域不同，每周开设 3～4 课时。此课程强调学生通过实践活动，增强探究和创新意识，学习科学研究的方法，发展综合运用知识的能力，增进学校和社会的密切联系，培养学生的社会责任感。它的活动内容包括指定领域和非指定领域两部分。

　　其具体目标是：（一）亲近并探究自然，热爱自然，初步形成自觉保护周围自然环境的意识和能力。（二）考察周围的社会环境，初步形成反思、探究社会问题的习惯，自觉遵守社会行为规范，增长社会沟通能力，初步养成服务社会的意识和对社会负责的态度。（三）逐步掌握基本的生活技能，形成生活处理的习惯，初步具有认识自我的能力，养成勤奋、积极的生活态度。

　　它的能力目标包括：具有问题意识、规划与设计的能力、总结与交流的能力、调查与访问的能力、实验与观察的能力、信息收集与处理的能力、逻辑思维的能力。

　　《综合实践活动》的主题来源于学生日常生活中感兴趣的问题，而且具有极强的地域色彩。基于以上课程的性质和学科目标，我们在小学三、四、五、六四个年级，选取了 52 个综合实践活动的教学设计，分别涵盖了"人与自然"、"人与社会"、"人与自我"三大板块的学习内容。综合实践活动的超学科性和无限生成性，让我们将一些校园文化活动纳入到课程中，读者在使用此书的过程中，可以结合本地、本校的实际将活动内容、活动形式进一步完善、深化和拓展及大胆创新。

在设计综合实践活动过程中，老师们还要注意正确理解四大指定领域之间的关系，切忌将每个领域作为学生独立的学习内容，"研究性学习"是综合实践活动的基础，"社区服务与社会实践""信息技术教育""劳动与技术教育"既是"研究性学习"探究的重要内容，又是活动的方式。特别是信息技术手段的设计与应用，都应基于新的、符合综合实践活动要求的理念而进行，要致力于为学生创造反思性的、自主合作探究的学习情境和问题情境，防止流于形式。

每一次的综合实践活动，让我们不仅品尝了"不易"的艰辛，而且还感受了"真好"的欣喜，一路走来，余香淡淡，绿意盎然。

综合实践活动虽然是国家规定的必修课程，它在学生的成长和发展中起着重要的作用，但是由于长期的学科教学体系和升学教育思想的影响，它的实施过程还很不平衡。吉林市第二实验小学在小学综合实践活动中的尝试和探索，为我们提供了在小学开展综合实践活动的借鉴，并让我们看到小学综合实践教育活动的前景和方向。这主要表现在我们写这本书的过程中的几次思想观念的转变：

关注地域的文化特色。在我和陈福校长第一次交流这本书的写作思路时曾考虑，书的对象是全国的小学教育工作者，因此要有"一般的指导意义"，在这样的思想指导下，我们曾陷入"怎样在全国范围里实现一般""怎样实现指导"的苦恼中，使自己的长处无处发挥。好在我们很快就转变了观念，开始认识到综合实践活动的意义在于"实践"，而实践只能是自己来感受，所谓的一般也只能在特殊中体现；"指导"提供的不是一种模式，只能是一种思路，"指导"的结果是在借鉴中实现的，能够吸引别人、影响别人、引发别人借鉴的只能是具有地域文化特色的内容。这样才有了极富地方冰雪文化特色的"乌拉的美丽传说""雾凇美景甲天下""冰雪骄子""红叶谷红叶探秘"的美丽呈现。

关注教师的专业发展。在内容的组织上我们也曾有过更"精彩"的设想，在最初的设计中，我们曾考虑在全地区的范围里开展小学综合实践活动大赛，在大赛获奖的课例中选择合适的进入我们的文本，再请相关专家进行文字斟酌。认为这样的文本一定会很精彩，这个设想一度让我们很兴奋。但在后来的思考和交流中我们发现，这样的设计，可能会更"精彩"，但是综合实践活动的校本意义丧失了，变成了一种表演，这与综合实践活动的宗旨是相悖的，也使综合实践活动变成了无源之水。于是我们开始在综合实践活动做得较好的吉林市第二实验小学建立基地，发挥每个一线教师的专业特长，形成校本活动重要内容，并在这个点上展现真实的综合实践活动样态，于是教师的特长就成了综合实践活动的引子，它点燃了学生的积极性，于是"校史知多少""校园"四节""节徽标设计""节日的特殊礼物——剪纸""小小服装设计师—成长足迹""毕业纪念册的制作"带着校本的气息和教师特色真实地呈现在我们面前。

关注学生的实践感受。学校的一切工作都是为了转变学生的思想，综合实践活动也是如此，只是在方法上要通过实践这个重要环节来实现。所以，小学综合实践活动的核心在于通过实践活动来促进学生思想、情感、态度的变化，活动不能不关注学生的实践感受，而成为师生的表演。因此，综合实践活动的选题、过程、方法、呈现形式都要以此为目的，于是我们看到了"我们的种植园""学会包饺子""竞聘校长小助理""我向往的中学生活"这些极具思想感召力的实践活动。

这本书呈现的综合实践活动大部分是吉林市第二实验小学成熟的活动，也有个别新开发内容，极具地域风格与校本特色。希望能为同行提供一些有益的借鉴，也欢迎大家提出建设性的意见。

在这本书即将完成的时候，首先要感谢的是吉林文史出版社的领导及相关工作人员，是他们的鼓励和信任，激发了我们的动力；更要感谢的是吉林市第二实验小学的领导和老师，是他们卓越的工作为我们呈现了这本精彩综合实践活动的教学设计，在一定程度上，这本书不是写出来的，更不是编出来的，而是二实验学校的老师用实际行动做出来的；还要感谢吉林市教育学院吴立凡研究员早期和我们分享她关于综合实践活动观点和建议；同时要感谢我的研究生孟庆楠、冯强和陈晓燕同学，他们在我非常忙的时候，承担了大量的文字工作，09级的宁慧同学也参与校对了部分书稿。

陈学峰

2013 年 4 月 12 日

于北华大学教育科学学院

目 录 CONTENTS

第一部分

人与自然　珍重生命
（三年级）

教学设计说明

　　作为小学综合实践活动课程的起始学年，三年级的小学生已有的学习经验、生活经验还不够丰富，学习能力还非常有限，所以我们主要从"走进成长的自己"和"认识美丽的自然"两方面开展"珍重生命"的主题实践活动。通过简单易行、喜闻乐见的实践活动激发学生参与综合实践活动的兴趣，帮助他们树立问题意识，了解问题来源于日常生活、学习生活和家庭生活，学会从时间序列上安排研究活动的基本阶段，初步学会在活动过程中合理地表达自己的观点，并能够积极开展经验总结，及时发现自己在活动过程中的优点和不足，能够比较合理地确定调查的对象，了解调查问卷的基本格式，能够用数字简要表达调查的数据，初步具有观察身边的自然事物的习惯，并学会做简单的观察记录，能够利用计算机收集和处理一般的信息。

我的成长与变化

刘爱丽

活动主题与背景

成长是每一个生命体共有的经历，更是难忘的、有意义的经历。特别是小学三年级的孩子，他们刚刚进入中年段的学习，了解、体验、感悟自己的成长与变化尤为重要。这一综合实践活动将通过引领孩子寻找成长的纪念物、聆听成长趣事、展示成长历程、制定成长计划等环节让学生体验成长之趣，感受师长之爱、同伴之情，从而达到正确认识自我的目的。

设计意图

本次综合实践活动共分三大部分，每一部分之间相互联系，但侧重不同。第一部分为资料挖掘、自我梳理阶段，旨在让学生通过听家长讲童年故事、自己搜集成长纪念物等活动让学生追忆自己的成长与变化的历程，体验成长的快乐，学习记录成长与变化的方法，感受亲朋师长对自己成长与变化所倾注的心血。第二部分让学生在共同参与"共话成长"的活动过程中分享他人成长的喜悦，增强集体荣誉感并激发起学生不断发展自我的内在动力，同时知道自己的变化与家长、老师、朋友等有着紧密的联系，学会感恩，培养孩子的健康人格和良好的品行。第三部分为规划未来。旨在通过生生合作、师生合作、亲子合作，让学生为自己的成长制定发展目标，引导学生学会自我激励，关注自我成长，并根据计划不断地调控自己的成长过程，激发他们的探究欲望，从而更加珍爱自己与他人的生命。同时，本次活动是综合实践活动的开课，更承载着了解、学习探究方法的任务。

活动目标

1. 感受成长与变化带来的喜悦，体验成长的快乐。
2. 初步学会拟定调查研究的小课题，并成立研究小组，分工合作，做好调查研究的准备工作。
3. 初步学习采访、收集和处理信息等方法。
4. 初步确定自己的成长目标，主动成长，并对自己的成长不断作出总结，增强成长的勇气和信心。

活动重点

1. 通过多种实践活动，感受成长与变化的喜悦，体验成长的快乐，提高成长的勇气和信心。

2. 激发学生参与综合实践活动的兴趣和探究的欲望，初步学习合作探究、采访、收集和处理信息等方法。

活动难点

拟定研究的小课题。

课前准备

1. 证明自己出生的医学证明，初到人间留下的脚印、手印、胎毛等。
2. 各年龄段中喜爱的衣服、玩具、饰物等。
3. 各年龄段中有代表性的照片。
4. 采访过程中收集的录音、视频等。

活动设计流程

一、激趣导入，确定活动主题

（一）照片引入，激发兴趣

师：（播放一组教师从婴儿到儿童的照片），同学们，你们猜猜，照片中的孩子是谁呢？

生：是老师。

师：请大家仔细观察，再想想，照片中的老师和现在的老师有什么变化呢？

生：照片中的老师还是孩子，现在的老师已经是大人了。

生：个子长高了。

生：小时候什么都不懂，现在懂很多，都当老师了。

……

师：是啊！老师已经成长为大人了。在成长的过程中，老师发生了很大的变化。其实，我们每个人每天都在成长，都在发生变化。特别是你们，刚刚由低年级升入三年级，你们的成长与变化才是最大的。今天，我们就一起走进"我的成长与变化"这个主题，开始我们的综合实践活动。

（二）启发引导，确定小课题

师：说到"成长与变化"，同学们认为可以从哪些方面来研究呢？

（广泛地听取学生的意见，并对学生提出来的问题进行梳理归类。）

师小结：同学们说了这么多，看来我们要研究的问题还真不少，可是我们怎样才能把大家说的问题研究具体、清晰呢？这就需要我们把这些问题进行归类。归类就是一种很好的研究方法。

师：引导学生将提出的问题写到黑板上，把同类的问题做相同的记号，再进行归类概括。

初步确定研究的小课题为：

1. 寻找成长与变化——体验自己成长的快乐。

2. 共话成长与变化——分享他人成长的喜悦。

3. 规划成长与未来——关注自我成长的轨迹。

……

二、引导组建研究小组，明确分工

（一）为了更好地开展主题活动，我们需要根据自己的兴趣爱好，自愿组成探究小组，并推选出每个组的小组长。

（二）每个组的组长带领组员针对本组的活动主题，进行明确的分工，活动方案的设计，填写每个小组的活动方案设计表等。

（三）老师提供表格样例供参考：

第一份表格样例：　　　　　　　　　　　　　　　　　　　　日期：

活动主题	寻找成长与变化	组长	
活动成员			
研究内容与分工			
研究方法	1. 收集实物展示：手脚印、胎毛、小时候穿的衣服、喜爱的玩具，小时候的作品等。 2. 收集照片展示：从小到大的照片整理。 3. 音频、视频展示。		
活动过程体验与展示	1. 2. 3. ……		

第二份表格样例：（其他部分同上）

研究方法为：

1. 采访爸爸妈妈，记录采访内容。

2. 收集得到的礼物，讲述背后的故事。

3. 音频、视频展示。

第三份表格样例：（其他部分同上）

研究方法为：

1. 与爸爸妈妈或老师合作探究，制定适合自己的规划。

2. 与合作伙伴合作探究。

3. ……

三、方法指导

（一）在活动中，我们可能需要采访我们的爸爸妈妈，采访前需要做哪些准

备工作呢？（学生交流）

请看老师为大家提供的采访记录单：

小记者		记录员	
采访时间		采访地点	
采访对象		准备的工具	
采访的问题			
采访记录			

在采访的过程中，一定要填写好这份记录单。那么，怎样采访呢？（学生交流）

现场练习：

1. 每个小组四人，一个同学当记者提问，一名或两名记录员，另外的同学负责摄像。

2. 选择好采访对象后，事先要做好预约，这是对人家的尊重。

3. 准备的工具：摄像机、照相机、录音笔、记录表。

4. 采访前要设计好采访的问题。

5. 采访后，要根据采访记录单进行简单的整理。

（二）在这里，老师还提供了一份表格样例《爸爸妈妈（老师）的一天》，你们知道这个表格与我们的研究主题有什么关系吗？（学生交流）

相信在活动过程中，大家一定能够发现它的用处。（我们的成长与变化与爸爸妈妈（老师）有着紧密的联系，要感恩我们的父母或老师。）

活动主题	爸爸、妈妈（老师）的一天		组长	
时间	观 察 对 象			
	爸爸所做的事情	妈妈所做的事情	老师所做的事情	
早上				
中午				
傍晚				
晚上				

四、成果展示

（一）寻找成长与变化——体验自己成长的快乐

汇报形式：

1. 实物展示：手脚印、胎毛、小时候穿的衣服、喜爱的玩具、小时候的作品等。

2. 照片展示：从小到大的照片整理。

3. 音频、视频展示。

4. 交流活动感悟。

……

教师小结：在你们的汇报中，老师发现，你们长高了，长大了，从呀呀学语到数"一二三"，到现在自己的事情自己做，你们在不断地成长与变化，多么令人高兴啊！这是最难忘的，最有意义的经历。体验自己成长的快乐的同时，让我们再一起分享他人成长的喜悦吧！

（二）共话成长与变化——分享他人成长的喜悦

汇报形式：

1. 展示、总结采访报告单。

2. 讲述成长趣事、成长纪念品、特别礼物背后的故事等。

3. 音频、视频展示。

4. 交流活动感悟。

5. 表演感恩节目。

……

教师小结：看到你们的汇报，老师心中有一份深深的感动，感动于你们的父母，在你们悄悄长大的过程中，有他们那深深的情，浓浓的爱的陪伴；更感动于你们，你们懂事了，在分享别人成长喜悦的同时，体会到了所有为你们付出的人的爱，懂得了感恩。正是有了家庭的爱，伙伴的爱，集体的爱，生活的爱，你们的金色童年才会那么快乐，今天的生活才会幸福美好。我们只有更加努力地去学习，去生活，给自己制定未来的发展目标，规划好自己的成长与未来，才能回报那些爱我们的人。

（三）规划成长与未来——关注自我成长的轨迹

汇报形式：

1. 展示成长规划或发展目标。

2. 建立成长树或成长小档案，记录成长的轨迹。

教师小结：本次活动，我们经历了三个阶段，寻找成长与变化——体验自己成长的快乐，共话成长与变化——分享他人成长的喜悦，规划成长与未来——关注自我成长的轨迹。特别是最后的规划非常重要，它将时刻指引我们努力的方向，激励我们不断向前，让我们的成长轨迹越来越清晰，成长的经历越来越亮丽！

课后反思

这节综合实践活动课非常贴近孩子们的生活，对于刚上三年级的孩子而言，了解、体验、感悟自己的成长与变化，让孩子们第一次真正认识自己，它的实际意义是非凡的。这也是孩子们第一次上综合实践活动课，关注和指导研究的过程与方法更为重要。

迷津指点

因为这是综合实践活动的第一课，孩子们第一次接触这门课程，活动过程中表格的填写，采访的方式以及汇报的形式，都需要指导老师详细的指导。初步了解活动的形式和研究的方法即可，不要过高的要求，激发孩子们的探究兴趣才是关键。

独一无二的我

张 媛

活动主题与背景

世界上没有两片完全一样的叶子。的确，每个事物都有自己独有的、区别于其他事物的特点。正因为这许多的事物，世界才会五彩斑斓、多姿多彩，才能带给我们无限的乐趣。人，作为这无数生命中最独特的一种，每个个体都是独一无二的。

在我所教的班级中，学生大都是独生子女，是每个家庭里唯一的宝贝，在学习和生活中都一样任性，一样偷懒……很难体现出个体的独特性。可见学生们对自我的认识还不够全面。因此，只有通过开展认识自我这个活动，培养学生从相貌、性格等各个角度全面地了解自我、认识自我，充分认识到自己是独一无二的，能正确看待自己，从而锻炼学生的自立能力和乐于表达自己、表现自己、发展自己的能力。

设计意图

本次综合实践活动，通过观察、讨论、调查等方式，让学生们亲自完成认识自我的过程，让学生充分认识到自己是独一无二的，能正确看待自己，锻炼学生的自立能力和乐于表达自己、表现自己、发展自己的能力。尤其是在小组分工与合作中进一步感受到个人与小组、个人与集体的关系和作用，体验成长的快乐。

活动目标

1. 了解自己的外貌、性格等特点，知道自己是独一无二的。

2. 初步掌握调查的方法，学习提出问题、分析问题、解决问题的方法，学习收集并整理资料，更深入地了解自己的重要性，能更加爱惜自己，体验成长的快乐。

3. 在活动中锻炼自己的自立能力和乐于表达自己、表现自己、发展自己的能力。

活动重点

采访调查了解自己是独一无二的。

活动难点

如何正确地认识自我，评价自我，展示自我。

课前准备

每人一面小镜子，课件等。

活动设计流程

一、创设问题情境，确定活动主题

1. 猜谜导入，激发兴趣。

师：同学们喜欢猜谜语吗？

师：今天老师给大家带来一个谜语，看谁最先猜出来？"我笑他也笑，我跳他也跳，伸手摸不着，真是太奇妙！"

生：镜子。

师：对，老师边照镜子边描述，我左瞧瞧，右瞅瞅，发现里面的我有特点。同学们帮老师找一找好不好？（老师根据学生描述总结自己的相貌特点）

师：同学们说的眼睛、鼻子、嘴、耳朵等都是我们上节课学到的人体器官，它们对我们身体很重要，缺了谁都不得了，是吗？好，快让我对着镜子仔细对照，看你们说我的相貌对吗？边说边用屏幕出示，大眼睛、双眼皮、高鼻梁、架眼镜、白皮肤、小红唇独一无二的我真带劲儿！（板书，独一无二）

生：齐读课题，理解"独一无二"。

师：我们每个人都是独一无二的，快拿出镜子照一照吧！像老师一样找一找自己脸上的特点，把刚才的儿歌改成自己的，大声说给同桌听。

生：照镜子交流。

师：边巡视边指导总结。同学们在一起说儿歌的时候，到了说各自特点的地方就乱了，为什么呢？

生：因为大家长得不一样，各有各的特点，独一无二。

师：说得真好，这就是"独一无二的我"补充课题，再次齐读课题，这就是我们本次活动要研究的主题。

2. 师生交流，确定主题，进一步体会独一无二的我。

师：世界上没有两片完全一样的叶子，更不会有完全一样的人。我们都是独一无二的。那么，你们知道自己都哪里与众不同吗？

生：（各抒己见。）

3. 教师广泛听取学生意见，小结梳理，指导学生把类似的问题合在一起，交流展示。

4. 初步确定研究的子课题为：

（1）自我画像

（2）名字的含义

（3）"我"的指纹

（4）"我"的闪光点

（5）"她（他）"人眼中的我

……

二、组建子课题活动小组，进行活动方法指导

1. 为了更好地进行实践活动，教师指导学生根据主题的不同和自己的兴趣爱好，自愿组成探究小组，并推选出每个组的小组长。

2. 每个组的组长带领组员针对本组的活动主题，进行活动分工，确定活动内容及方式方法并完成活动方案的设计，填写每个小组的活动方案设计表。

3. 小组自由填写活动设计方案，教师进行活动指导。

第一小组活动方案示例：　　　　　　　　　　　　　　日期：

小组活动 主题名称	自我画像	组长	
组员			
活动方式	绘制自我肖像 交流自己相貌特点 相互评价		
汇报方式	图片展示		
组员分工	组员1： 组员2： 组员3： ……		
活动内容	1. 讨论交流你喜欢镜子中的自己吗？ 2. 对照镜子认真绘制自我画像图 3. 将画好的图在小组内交流，凭图猜测画的是谁 4. 猜对的请主人骄傲地向大家介绍自己 5. 小组成员评价主人画的、说的像吗？		
活动准备	画纸、彩笔、镜子		

第三小组活动内容（表格同上）

1. 查找资料了解人的指纹。

2. 采访警察叔叔或查找网上资料学习如何取指纹。

3. 与组员对比自己的指纹与众不同。

4. 交流心得体会自己的独特性。

三、亲身实践体验，体会自我价值

1. 各小组根据各自的研究课题，在一周内制作、收集与本组活动主题相关的资料，并做采访、调查、交流的准备工作。

2. 组员们按小组实施方案进行分组活动，在活动中根据实际情况可临时修改自己的活动计划。

3. 分组整理调查结果，合理运用掌握的资料，并做好多种形式汇报的准备。教师也要做好指导工作。如：在学生开展完"'她（他）'人眼中的我"的调查活动之后，可以以调查表格的形式来反映结果。教师先指导学生掌握表格设计大致格式，如被调查人、调查内容、调查日期等，再引导学生开展向同学、老师、亲戚和邻居的调查活动，并做好记录。如：调查我的礼貌行为、我学习的情况、我的最大优点和缺点，最后指导学生完成表格填写。【这一环节的设计，既能让学生深入认识自己，培养学生的胆量和口头表达能力以及书面写作能力，还能培养学生与人交往的能力，又与语文学习进行了整合。】

4. 交流共享成果　借鉴活动方法。

四、成果展示汇报，分享成长快乐

1. 师：同学们，经过大家一个星期的努力研究，对于"独一无二"的自己有了哪些新的了解？肯定地告诉大家你是独一无二的。

2. 学生分小组汇报。

各组同学先将手中的调查资料在组内进行交流，由组内同学进行评价，再选出代表进行全班交流。【可以以投影的形式，教师也可以指导学生将资料做成幻灯片进行交流。还可以说一说在调查中的小故事。】

（汇报过程略）

3. 教师总结：聆听了同学们的汇报，看到大家精心搜集的每一份资料，老师为你们骄傲！（师竖起大拇指）孩子们，你们真棒！让我们一起为"独一无二"的自己而喝彩！（大家一起鼓掌祝贺）是呀，正因为有了在座的每一位同学，我们的三（3）班才如此多彩，也正因为大家的共同努力，我们三（3）班才变得优秀！孩子们，你们都是三（3）班最重要的人，缺一不可！（鼓掌）希望孩子们在以后的学习生活中，正确认识自我，发扬优点，弥补不足，让我们的明天更加美好！

课后反思

这是一节指引学生正确认识自我的活动课，对于当今的独生子女来说很有实际意义。孩子们走出课堂，在生活中，在他人的眼中，在自己的钻研中，不断地重新认识自己，体会自己的独特性、重要性，从而进一步完善自己。这是一次理论与实践的整合过程，更是一次知识与情感的提升过程。孩子们通过亲身实践，在搜集与整理资料的过程中，学会了独立处理问题，如何与人相处交流，如何展现自己，得到对自我的肯定，体验自我成长的快乐，从而促进其身心健康发展。

迷津指点

小学综合实践活动的实施是在坚持学生自主选择、主动实践探究的前提下，强调教师对学生的指导。在此次综合实践活动的实施过程中，学生设计方案的填写是本次活动成功与否的关键，而学生根本无法独立完成，因此必须有教师详细的方法指导。比如在活动过程中，要先确定小组的子课题，然后明确小组人员分工，接着详细地安排好活动内容，明确活动方式、方法，这样才能让活动更好地实施并落实。

我们的眼睛

马文华

活动主题与背景

据调查，现在的小学生中就有相当一部分学生患有近视、远视、弱视、散光等眼疾病，而且患眼疾病的学生数目呈日趋增加的趋势，让学生深入了解自己的眼睛、保护好眼睛，养成良好的用眼卫生习惯，已经是刻不容缓的事。

设计意图

本次综合实践活动，以调查、探究、访问、制作宣传小报等方式，让孩子们更加深入的了解自己的眼睛，深刻的体会到保护眼睛的重要。并且了解产生各种眼疾病的原因，从而能提早预防眼疾病的产生，培养学生良好的用眼习惯。

活动目标

1. 了解眼睛的构造、功能，从而明确保护眼睛的重要性。
2. 知道目前存在哪些眼疾病以及产生这些眼疾病的原因。
3. 明确如何预防眼疾病，怎样才能保护好我们的眼睛。
4. 在活动中学习观察、探索、质疑、搜集和处理信息的方法。

活动重点

1. 了解目前存在哪些眼疾病以及产生这些眼疾病的原因。
2. 明确如何预防眼疾病，怎样才能保护好我们的眼睛。

活动难点

资料的收集与整理。

课前准备

老师推荐网站，学生搜集各种资料，也可以到附近的医院做调查。

活动设计流程

一、创设问题情境，确定活动主题

（一）激趣导入，激发兴趣

师：老师给同学们猜一个谜语，看谁最聪明，第一个知道答案。上边毛，下边毛，中间一颗黑葡萄。

生：眼睛。

师：眼睛是我们身体必不可少的重要器官，可是你了解它吗？

生：简单汇报眼睛的作用。

（二）师生交流，确定主题

师：有人说眼睛是心灵的窗口。我们的祖国有着美丽的山川河流，我们的身边有着动人的奇闻趣事，这一切都需要我们用眼睛去观察，用心灵去体会，可见眼睛的重要。那么这节课就让我们更全面的了解我们的眼睛。你们都知道关于眼睛的哪些方面的知识呢？

师小结：同学们真了不起，课前就已经搜集到了很多资料，对我们的眼睛，有了一定的了解，下面我们就把同学们找的资料进行归类，共同来确定今天我们要来分组研究的主题吧。

请同学们快速进行分组，并确定组内的主题。

同学们按照搜集到的资料或自己感兴趣的话题，自行分组后，共同确定组内研究的主题。注：主题确定鲜明，语言简洁。

主题为：

1. 奇妙的眼睛构造

2. 眼睛疾病知多少

3. 如何预防眼疾病

4. 保护眼睛要知道

……

二、组建活动小组，细化研究小课题

（一）为了更好地进行实践，我们根据主题的不同和自己的兴趣爱好，自愿组成探究小组，并推选出每个组的小组长。

（二）每个组的组长带领组员针对本组的活动主题，可以进行活动方案的设计，填写每个小组的活动方案设计表。

（三）小组共同研究并填写活动设计方案。（表格同前一课）

1. 汇报交流各小组的活动设计方案。

2. 学生评价：你认为他们小组这个活动计划，好的地方在哪里？不适合于实施的地方在哪里？

3. 教师指导：我们研究的问题要小一点，要多方面获得问题的答案，汇报的方式要多种多样，新颖全面。

4. 根据老师和同学们的意见，修改各组的活动方案。

三、亲身实践体验，完成预计设想

（一）各小组根据各自的研究课题，在一周内收集与本组活动主题相关的资料，并做好实地参观的准备。

（二）分组整理调查结果，合理运用掌握的资料，并做好多种形式的汇报准备。

（三）交流共享成果，借鉴活动方法。

四、成果汇报

（一）师：经过一周的实践与活动，同学们一定对眼部知识了解了很多，这节课就把我们学会的知识汇报给大家。比一比哪个小组汇报得最精彩。

（二）学生分小组汇报

第一组：奇妙的眼睛构造。

以 PPT 为主，配以同学的口头讲解。

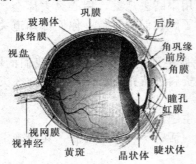 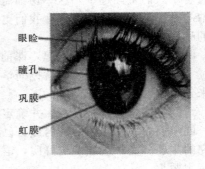

第二组：眼睛疾病知多少。

师：眼睛对每个人来说，是认识外部世界的窗口，所以眼睛的健康对大家以后的成长有着非常重要的意义。因此，认识常见的眼睛疾病，有助于预防或者及早治疗眼睛疾病，让我们有一双健康的眼睛。

那么，常见的眼睛疾病有哪些呢？请第二组的同学为我们介绍一下：

生：分别讲解远视、近视、斜视、散光等疾病产生的原因以及对我们的眼睛有哪些重大的影响。

小结：以上四点是儿童在成长过程中，极容易患上的四种眼睛疾病，虽然这些疾病不会对孩子的身体健康造成危害，但是却给孩子的生活带来一些不便，所以家长要早发现早纠正。

第三组：如何预防眼疾病。

1. 生配以眼保健操的视频，讲解做眼保健操的重要和正确的眼保健操的做法：

正确指导做眼保健操的方法，其他同学按照视频，根据讲解，共同来学习正确的眼保健操作法。

2. 养成好的用眼习惯。

我们要自觉的养成正确用眼的良好习惯。

生：不能长时间近距离用眼，如无节制地看电视、玩电子游戏机、弹钢琴等，使眼睛长时间处于紧张调节状态。儿童连续看电视的时间应比成人短，每看半小时至 1 小时要活动一下。此外，要养成讲卫生的好习惯，不用脏手揉眼，脸盆、毛巾要专用，并定期煮沸消毒，防止眼内感染性病变而导致视力功能的减退。

3. 哪些食物对眼睛有好处。

（1）少吃甜食锻炼咀嚼肌。

（2）眼保健食物。

生：我们共同来了解一下维生素的作用及其缺乏会造成的影响。

维生素 A 的主要作用是：

①维持一切上皮组织健全所必需。缺乏时，上皮组织干燥、增生、过度角化，抵抗微生物感染的能力降低。例如泪腺上皮分泌停止，能使角膜、结膜干燥，发炎，甚至软化穿孔。皮脂腺及汗腺角化时，皮肤干燥，容易发生毛囊丘疹和毛发脱落。

②促进生长、发育及繁殖。缺乏维生素 A 时，儿童生长发育不良，骨骼成长不良，生殖功能减退。

③构成视觉细胞内感光物质的成分。

倘若维生素 A 供应不足，杆状细胞中视紫质合成减少，会导致暗视觉障碍——夜盲症。

维生素 C 的主要功能是：帮助人体完成氧化还原反应，提高人体灭菌能力和解毒能力。

长期缺少维生素 C 会得坏血病。

多吃水果、蔬菜能满足人体对维生素 C 的需要。

维生素 D 的生理功能是帮助人体吸收磷和钙，是造骨的必需原料，因此缺少维生素 D 会得佝偻症。在鱼肝油、动物肝、蛋黄中它的含量较丰富。人体中维生素 D 的合成跟晒太阳有关，因此，适当地光照有利健康。

维生素 B_1 是人体能量代谢，特别是糖代谢所必需的，故人体对硫胺的需要量通常与摄取的热量有关。当人体的能量主要来源于糖类时，维生素 B_1 的需要量最大。

小结：因此，我们要多食用豆类和豆制品、绿色蔬菜、鸡蛋黄、胡萝卜、菠菜等利于我们眼睛发育的东西。

第四组：保护眼睛要知道。

护眼行动（配以 PPT 演示）：

生 1：下面请同学们跟我一起了解一下如何保护我们的眼睛，对于读书环境有哪些要求。

◎书桌台灯灯光要由左前方射来，以 60 度角灯光适宜，左撇子则相反方向。

◎书桌高度以到腹部附近高度为原则。

◎看电视要距离三米以上〈画面对角线 6 ～ 8 倍〉，画面高低比两眼平视时略低 15 度。

◎看电视或看书时，室内灯光要打开。

生 2：要养成良好的读书姿势。

◎每阅读 30 分钟休息 10 分钟。

◎看书姿势要坐正，不可弯腰驼背或趴在桌上。

◎写字握笔要正确，头不可歪一边。

◎看书或写作业，应保持 35 厘米以上的阅读距离。

◎不在行进中摇晃的车上阅读。

◎不要躺着（趴着）看书、画图。

生 3：养成正确的写字姿势，让眼睛得到充分的休息。

◎望远休息，看 6 米以外远方景物，要放松心情，轻松自在。

◎看电视时间不可过长，一天不超过 1 小时。

◎下课走出教室，不面对书本。

◎睡眠要充足，多到户外活动，常到青山绿水中享受大自然。

◎观察野外动物或植物，尤其鸟类。

生 4：均衡饮食要做到。

◎补充维他命 A、C、E。

◎三高：高纤、高钙、高铁。

◎三低：低盐、低脂、低醣。

生 5：要定期检查视力。

◎每年定期 1～2 次，眼部常规检查。

◎当接到通知，视力未达合格标准，需至合格眼科医师处复检。

◎正确配戴眼镜，要让眼科医师检查后再配眼镜。

课后反思

这节综合实践活动课具有很重要的实际意义，不但让学生了解了眼的构造，而且知道了如何正确用眼，从而能从根本上学会如何预防和治疗近视。可以说近视是现今刻不容缓的问题，随着各种科技电子产品的出现，孩子的视力一直呈明显的下滑趋势，因而小学阶段我们开展这样的综合实践活动意义是重大的，学生也会受益匪浅。

迷津指点

本次综合实践活动最重要的是把学到的知识运用到实际生活中，真正的让学生意识到视力问题是个大问题，从点点滴滴做起，爱护自己的眼睛从现在做起。

（注：本文所有图片均来自百度图片网）

家务劳动小能手

······················马文华

活动主题与背景

现在的学生多数为独生子女，在家中养尊处优，被家长视为小皇帝、小公主，凡事都有家长处理，自己的家务劳动观念薄弱，很多自己的事都不能自己做，对家庭缺乏责任意识。

设计意图

本次综合实践活动，通过采访、讲解、调查、实践等方式，激发学生的学习兴趣，开发学生的创造潜能，同时也能充分发挥教师在综合实践活动中的指导作用，使每个学生在活动中获得生活体验，让孩子们真正体验一次当家的乐趣，体验一次做父母的辛苦，增强孩子的家庭责任感，使学生学会反思，从而促进学生多角度、多层次、多方位获得发展。

活动目标

1. 了解常见的家务劳动。学做简单的家务劳动，品味成功的喜悦。

2. 逐步养成认真负责、耐心细致、不怕困难的劳动态度；体会大人劳动的辛苦激发家庭责任感。

3. 学会请教、合作交往、收集处理信息、语言表达、发现问题与解决问题的能力。

活动重点

学会一项家务劳动。

活动难点

养成认真负责、耐心细致、不怕困难的劳动态度。

课前准备

相关的调查问卷、一些简单的劳动工具，课件等。

活动设计流程

一、班内调查，发现问题

（一）让学生充分调查班内学生在家中做家务的情况，填写调查表：

（　　）年（　　）班学生做家务劳动情况调查表

调查者	班级学生人数	被调查学生人数	会做家务的人数	不会做家务的人数	会做的家务有哪些
通过本次调查我发现：					

学生汇报自己的调查情况，并谈谈调查后的感受。

（二）教师小结，激发兴趣：

通过调查发现，班级内会做家务的学生所占比例相当小，可见同学们不经常从事家务劳动。同学们，我们每天生活在父母精心的呵护下，在享受着他们的关爱的同时，你们有没有留心过父母每天都在为我们无怨无悔的付出着，是否想过，也该帮助父母做一些力所能及的事呢？

二、师生交流，确定任务

师：今天我们就一起来研究一下如何做一个家务劳动小能手。下面就请同学们分组来谈论一下你打算从哪些方面来展开今天的活动。

学生讨论，教师巡视，确定活动内容：

（一）父母家务劳动小调查。

（二）家务劳动"露一手"。

（三）家务劳动喜分享。

（四）家务劳动小能手。

三、实践活动过程

（一）父母家务劳动小调查

方法：观察、采访等。

1. 观察父母每天进行的家务劳动及时间，填写观察记录表。

爸爸妈妈真辛苦

父母每天必需的家务劳动	此项劳动开始、结束时间	劳动要点（注意事项）	累计家务劳动时间

（以 PPT 幻灯片为主进行汇报，配以说明介绍。）

2. 学生汇报自己的调查结果。

方法：各小组进行调查情况汇总，推选代表进行汇报。

学生 1：我通过采访了解到妈妈每天从事的家务劳动有：扫地、擦地、洗衣服、做饭等。

学生 2：我通过调查知道妈妈每天做不同的家务大约用时是：收拾房间大约用 40 分钟，做饭大约用 1 小时，每周洗 3 次衣服，每次大约用时 1 小时。

……

3. 学生分享体会。

学生 1：妈妈平时要上班，晚上回来又要做家务，还要为我辅导，多么辛苦啊！

学生 2：我采访了妈妈做家务时的感受，并且知道了妈妈每天有多么辛劳，我要多多做一些力所能及的家务劳动。

……

4. 教师小结：

同学们，通过这次调查活动，我们了解到在每个家庭中都有很多家务活，而且在大多数家庭中，承担家务活的主要是父母。父母不仅要工作还要做家务，确实非常辛苦，所以我们也应学会做一些力所能及的家务劳动，帮助父母减轻负担，具有一定的责任意识。

（二）家务劳动"露一手"

学习一项简单的家务劳动。

1. 填写记录单。

我要学做家务

我已经会的家务：

我最想做的家务：

我向谁请教：

我的劳动计划：

我学习的过程简介：

此项家务的要点：

我的学习体会：

2. 汇报。

以照片、手抄报等形式进行汇报，讲解自己学会了哪项家务劳动，怎样从事这项家务劳动。

生 1：我学会了怎样抹掉桌子上的油腻。

生 2：我学会了如果炒菜炒咸了，用什么方法补救。

有多种办法，根据做菜方法的不同而定，如炖菜类，可以加入适当的水，炒菜可以加入适量的糖或醋。

生 3：妈妈让我去市场买黄瓜，我知道怎样才能买到比较新鲜的。

首先，货比三家，找到颜色新鲜的；然后用手捏一捏黄瓜尾部，如果很硬，刺也比较硬，则比较新鲜。

生4：我学会了去超市买食品，挑选时要注意什么。

食品外包装完好、无损坏，然后看生产日期、保质期，挑选最新生产的食品，此外还要尽量挑选知名的厂家。

生5：我懂了怎样洗袜子、手绢。

生6：我知道了红领巾晾晒时应注意什么。

要把红领巾全部打开，摊平，防止褶皱。

3. 提出做家务劳动时遇到的困难，进行排难解题。

（1）各小组交流遇到的困难。

（2）向老师咨询。

（三）家务劳动喜分享，家务劳动后的体验交流

同学们都至少学做了一项家务，通过"争当家务劳动小能手"活动，大家有什么收获呢？

交流体会：

生1：我觉得这个活动不但是对我们学习家务劳动的一次综合性的检验，而且也让我们真正体验了一次当家的乐趣，体验了一次做父母的辛苦，使我们每个人对家庭都增加了一份从没有过的责任心。

生2：今天我累得腰酸背疼，但我很开心，因为我明白了老师的用意。

生3：妈妈下班回来，进屋看到我把房间打扫得干干净净，本来一脸的疲惫立刻全没了，变得就像天使一样春风满面。原来妈妈的心很容易被儿子的一小点儿的"成就"满足的。"可怜天下父母心啊！"我这做儿子的心里乐开了花。

生4：当我把最后一盘菜端上桌时，父母回来了，他们看着我做的饭菜欣慰地笑了，还夸奖我呢！我高兴得一蹦三尺高。"哎哟"，原来我已经累得腰酸背疼了。我情不自禁地感叹："当家真累呀！父母每天都这样，真辛苦哪！"

生5：真是不做不知道，一做才知道，平时看大人们做事很轻松，轮到自己做起来才知道原来也不容易。

生6：平时在生活中，我们都是感受着父母的照顾，今天我有机会为父母做一些家务活。我真正的体会到了他们平日里的辛苦，通过做家务，我自己也想了很多，我们现在要好好学习，不辜负父母的期望，等走出校园那天给父母一份满意的答卷。

小结：老师和家长都看到了你们的进步，你们体会到了劳动的苦与甜，你们体验到了当家理财的不易，但我们也应看到，同学们当家方面和家长还相差甚远。希望同学们经常做家务劳动，做好家长的小助手。

（四）评选出家务劳动小能手

根据活动中同学们的表现，结合家长的评价，评选出家务劳动小能手。

1. 进行家务劳动大比拼，现场做家务比赛。（邀请家长作评委，现场打分）

2. 学生之间进行互评。

3. 家长评价。

家务劳动评价表：　　　　　　　　**家务劳动我能行**

星期	我的表现	
星期一	☺	☹
星期二	☺	☹
星期三	☺	☹
星期四	☺	☹
星期五	☺	☹
星期六	☺	☹
星期日	☺	☹

父母评价：＿＿＿＿＿＿＿＿一周有（　　　　）天坚持做家务。

家长签名：＿＿＿＿＿＿

4. 教师、学生评委、家长评委所评得分为各组小选手最后得分，最后评选出班级家务劳动小能手，颁奖。

师总结： 做家务活其实很简单，只要同学们、小朋友们学着做，你们就都可以成为家务劳动小能手，做家里的小主人。老师希望本次活动之后，同学们能继续坚持为父母做力所能及的家务，也祝愿你们做家务的本领越来越大。

课后反思

这次综合实践活动中，同学们参与活动的积极性提高了。通过此次活动，学生增强了责任感，学会了反思，为自己留下了珍贵的资料。但督促、激励他们能在活动之后，仍旧坚持为父母做些力所能及的家务事，让活动有真正的实效是接下来要继续努力的。

迷津指点

活动调查表的填写，一定要建立在实地调查的基础上，让学生用事实去说话，更具说服力，有助于学生了解父母每天的辛劳，对学生是一种很好的思想教育。

父母生日贺卡设计

马 莉

活动主题与背景

儿童教育专家郭建国教授说:"感恩之心是一种美好的感情,没有一颗感恩的心,孩子永远不能真正懂得孝敬父母,理解帮助他人,更不会主动地帮助别人。"要让孩子学会感恩,首先得让孩子有一颗对父母的感恩之心,为使孩子们能对双亲产生发自内心的爱和真诚持久的感恩,我设计了为"父母设计生日卡片"的主题活动。

设计意图

让感恩、孝敬之心在学生的心田中生根发芽,培养学生从小学会感恩,从小懂得孝敬父母是良好的思想道德品质。通过本次活动,让学生积极投入到感谢和感恩父母的实践活动中来,为后续感恩系列活动打好扎实基础。

活动目标

1. 知道父母养育子女很辛劳,自己是在父母亲切关怀、照顾下长大的。

2. 尝试设计生日贺卡。

3. 体会父母对自己的爱,争做孝敬父母的好孩子。

活动重点

设计父母生日贺卡。

活动难点

体会父母的爱。

课前准备

多媒体、剪刀、胶水、彩色卡纸、彩纸、彩笔、父母生日、喜好。

活动设计流程

一、谈话导入,引出主题

1. 同学们,你是怎样来到这个世界上,又是怎样长到这么大的?

2. 谁能说说在这个世界上最爱我们的人是谁?(学生讨论、回答问题)

师:好,刚才所有的学生都提到了爸爸妈妈,那现在就请同学们来说一说自己的爸爸妈妈为你们都做过哪些事情?你过生日时,爸爸、妈妈都送过你哪些礼物？

3. 你们记得自己父母的生日吗？在他们生日到来时你想送他们什么礼物？

4. 提示活动主题：父母生日贺卡设计。

二、网上搜索，启发灵感

上网搜索生日贺卡的样式，以供借鉴模仿。

三、制作生日贺卡

1. 手工制作生日贺卡。

制作生日贺卡基本步骤：

（1）设计外形

不论是对折的贺卡，还是单片的贺卡都会有一个吸引人的外形，根据自己的需要设计外形。

（2）设计图案

可以用剪贴的形式，也可以用绘画的形式把图案体现出来，这样来装饰贺卡会让贺卡更完美。

（3）留言区的设计

a. 简单的横线。

b. 也可以将横线设计在图形里。

学生作品

2. 电脑制作生日贺卡。

制作方法：

（一）引导设疑，探究新知

首先，让学生欣赏一组生日主题的贺卡，接着讲述生日的意义，让学生酝酿对"生日"一词的理解，激发学生的情趣。

观察分析，这些贺卡由哪几部分构成？（目的在于为学生提供目标范例，让学生了解贺卡格式，让学生学会对贺卡有一个整体的了解。）

生：大部分学生能说出贺卡由背景图片、文字、艺术字组成。

其次，确定生日贺卡要送给谁。

再次，引导学生分析贺卡制作步骤。

第一步：贺卡的大小。

打开 WORD 软件，找到页面设置，尝试练习。

出示自学任务：你能裁出贺卡的大小吗？教师利用教学广播软件演示。

第二步：贺卡的背景。（插入图片）

师提问，同学回答，弄清图片用"插入"菜单中的"图片"、"来自文件"或者"剪贴画"。

出示自学任务：如果使图片的尺寸合适，你会操作吗？

第三步：插入文字。

文字如何"写"上去呢？我提示：试试"文本框"工具。

出示自学任务：你会设置文本框格式吗？

（二）明确任务，自主创作

根据制作步骤，自主设计生日贺卡。

四、展示贺卡，评奖激励

1. 各小组派代表上台，展示小组内同学制作最精美的生日卡。在展示作品的过程中让学生就学习方法、操作技巧进行介绍。让同学之间展开自评与互评，评出"优秀设计"奖、"内容精彩"奖、"最具个性"奖等几个奖项。接下来，选几幅好的作品让全班欣赏并作出评价，培养学生的审美能力。

2. 师生共同欣赏评议。针对不完善、不美观的生日贺卡让学生自己提出改进意见。

学生继续完善自己的贺卡，对最不满意的地方作出修改。教师予以指导。

3. 表扬认真制作，富有创意的同学。

（分组进行组内自评、组间互评。指出作品的优点和不足，并作出有针对性的修改。）

五、邀请家长，赠送贺卡

1. 邀请家长参与活动，学生将自己亲手制作的贺卡作品赠送给自己的父母，选取代表当场将贺卡内容读给家长听。

2. 请家长代表谈感受。

3. 教师、家长、学生共同评选优秀作品，并在班级墙报上进行优秀作品展。

六、活动总结，拓展延伸

小小贺卡寄深情。在制作贺卡的过程中，同学们不仅学会了制作贺卡的技术，更重要的是在活动中倾注了对父母的一片真情。让我们记住父母的生日，铭记他们的养育之恩，作一个对社会有用的人，来回报他们对我们的爱。

课后反思

在课堂上，学生始终处在不断地发现问题、解决问题的过程中，学生都能根据自身的状况，根据自己的特长选择自己感兴趣的知识，真正成为课堂的主角。但在我的教学中存在以下不足：

1. 在让学生想"要写什么祝福语时"，学生的思路没有被打开，只限于"妈妈，生日快乐"、"妈妈，我爱你"……这些表面的话，进而后面教学"你为什么这样说"、"你今后要怎么做"不到位，没能充分对学生进行相应的思想教育。

2. 有些学生学习的很认真，一步步按任务去做，但是速度有些慢。这时，我没有等，而是按照我的方案继续进行，这样，就有部分学生没能完成任务。

3. 没能很好地调动学生的学习兴趣，应该把"基本任务"与学生的生活、喜好相联系会更好。

迷津指点

生日贺卡的制作，其实对四年级学生来说，是既有兴趣又有难度的，可以让学生组成学习小组合作完成，既降低作业难度，又能提高学生的合作分工动手能力。要重视作业的展示评价环节，围绕互评、师评开展，引导学生从外形、颜色、材料等方面进行评价，多鼓励、肯定，让学生有收获感！

与可口可乐的对话

邹佳凝

活动主题与背景

在我们的日常生活中，可口可乐饮料可谓妇孺皆知，它作为全世界最畅销的碳酸饮料之一，尤其受到青少年的喜爱和追捧。可是当谈论起可口可乐的成分、对人类生活的影响以及诞生发展历史时却很少有人了解。因此我设计了本次以可口可乐为主题的综合探究活动，希望学生们能够了解到可乐等碳酸饮料给人类健康和生活带来的影响，培养学生树立健康环保的生活意识。

设计意图

本次的综合实践活动旨在培养学生自觉关注生活中的常见现象，在教师的指导下开展走访、调查、搜集整理信息、分析综合等探究活动，锻炼学生与人沟通交往、互助协作等能力。培养学生树立问题意识，让学生进一步了解可乐等碳酸饮料对人体健康和环境的影响，从而逐渐养成健康的生活方式。

活动目标

1. 学生在教师的引导下，拟定活动研究小课题。
2. 初步学会利用电子计算机搜集、整理信息，培养学生分析、利用信息的能力。
3. 通过拟人化的表演等形式，引导学生了解可口可乐等碳酸饮料的优缺点，使学生养成健康环保的饮食习惯和生活方式。

活动重点

在老师的指导下，通过不同的方式调查、搜集课题研究所需信息，对各类信息进行整理、分析和归纳，形成小课题探究成果。

活动难点

对搜集的信息、资料进行合理的整合与运用。

课前准备

PPT演示文稿。

活动设计流程

一、谈话激趣，引出主题
（教师运用ppt向学生们展示可口可乐饮料的图片介绍）
据统计，可口可乐是全球最畅销的碳酸饮料，平均每天可销售10.8亿杯，全世界每一秒钟就有10450人在喝可口可乐。可口可乐作为全球如此受欢迎的饮料，很多人对它并没有多少了解，所以，为了更加了解我们日常生活中这位有名的朋友，就让我们来跟它做一次亲密而深入的对话吧。
二、初步确定小组研究课题
既然可口可乐在我们的日常生活中如此常见，那么同学们对它都有哪些了解呢？（学生根据已有了解初步作答）围绕着本次活动的主题，你还想了解可口可乐的哪些知识呢？

（学生分组讨论，初步确定小组研究课题）

可口可乐的诞生及发展历史。

人们对可口可乐的认识和评价。

可口可乐碳酸饮料的成分及对人体健康的影响。

可口可乐对人类生活环境的影响。

……

三、各小组根据研究子课题制定活动计划

在教师指导下，各组根据实际情况填写计划表。

四、方法指导

教师介绍网上搜集整理资料的方法和注意事项：

1. 登录搜索引擎。

2. 根据研究主题，确定要搜索的信息，在空白框里输入关键字词。

3. 筛选对活动有价值的文字、图片、音乐、视频等资料，然后存放在以自己名字命名的文件夹里。

4. 阅读并修改搜集到的信息，进行分类整理。

五、活动实施阶段

1. 各小组按照既定实践活动计划表进行活动，根据实际活动情况，适当做出方案调整。

2. 调查人们对可口可乐的认识和评价的小组，可以在校园里或校园附近的街头对不同年龄阶段的人进行随机访谈。

3. 研究可口可乐碳酸饮料成分对人体健康影响的小组，可以利用网络搜集信息，也可以到图书馆查阅资料或采访医疗健康等方面的专家。

4. 了解可口可乐对人类生活环境影响的小组，可以到网上查阅资料，也可采访身边的亲戚朋友和相关环保专家获得更多实用信息。

六、活动成果汇报阶段

（一）第一组：可口可乐的诞生及发展历史

1. 可口可乐的诞生：学生模拟表演，带头饰，以可口可乐的身份自述，我叫可口可乐，英文名字叫 Coke－Cola，出生于美国。1886 年，药剂师彭伯顿发明了"我"。最初他将搅拌好的液体加入糖浆、水和冰块，尝了尝，觉得味道好极了。但是在倒第二杯的时候，他的助手不小心加入了苏打水，这回味道更好了，最后合伙人罗宾逊从饮料的成分中激发出命名的灵感，将我命名为 Coke－Cola。1886 年，在亚特兰大的药房卖出了第一份可口可乐，售价为五分美元。

2. 利用 PPT 简单介绍可口可乐的发展历程。

（二）第二组：人们对可口可乐的认识和评价

小组成员通过对调查访谈的分析，得出了以下结论：（以角色对话的形式）

可口可乐：请您谈一谈对我的印象好吗？

甲：你的消费人群范围广泛，男生女生都喜欢购买，尤其是集中在 10～30

岁人群之间。

乙：人们认为你的价格适中，能够接受，但也有一些人认为你的营养价值低，不利于人的身体健康，即使购买也只选择比较健康的美之源营养果汁类饮料。

丙：我们购买的原因主要是你的口感、追求时尚品牌的心理、价格便宜、方便携带等等。

丁：有人认为常喝你这种碳酸饮料可能会危害健康，而且还会造成环境污染。

（三）第三组：可口可乐的成分及对人体健康的影响

该组成员通过上网搜索，采访相关人员，搜集整理出了以下信息：（PPT展示汇报）

生1：目前市面上出售的可口可乐品牌的饮品主要有以下几种：A可口可乐B雪碧C芬达D酷儿E美汁源F茶研工坊G雀巢咖啡H雀巢冰极冰爽茶I水森活，其中购买量大的是可口可乐的碳酸饮料系列。

生2：可口可乐碳酸饮料的主要成分包括糖、碳酸水、焦糖、磷酸、咖啡因、"失效"的古柯叶等。很多人喜欢喝可口可乐，认为它具有提神、镇静的作用，甚至还可以减轻头痛，其实可口可乐中的某些成分对人体健康会产生一定影响。

生3：过量的饮用这些饮料有可能引起以下几种疾病：

1. 可口可乐中的磷酸、咖啡因和精制糖等成分，都有增加钙流失的效应，大量饮用者比不饮者的骨折风险高出5倍。

2. 可口可乐中所含有的一种"阿斯巴甜"代糖成分，会对饮用者的大脑产生损害。

3. 2004年8月24日，美联社报道，韩国一男子因30年来一直喝可乐，导致牙齿严重被腐蚀，已拔掉了11颗牙齿。

4. 可乐中的咖啡因容易导致少年儿童对其上瘾，造成营养不良，而且经常饮用的人突然停饮，可能会导致头痛、易怒、胃部不适等健康问题。

5. 由于可乐中甜味剂的广泛应用，使人体摄入大量的糖分，易导致肥胖。

组长总结：

我们小组给出的建议是：可口可乐不宜长期、经常、大量饮用，否则会对身体健康产生不良影响。

（四）第四组：废弃的塑料饮品包装对人类生活环境的影响

生1：经过调查，我们发现市面上出售的可口可乐饮料有以下几种常见包装：（看图片介绍）

这是各年代的玻璃瓶装可口可乐，这个是普通塑料（PET）瓶装，这是易拉罐（CAN）包装，这是便携杯纸质包装。

生2：废弃的塑料饮品包装对环境的影响主要体现在以下几方面。

生3：城市道路等公共游览场所，随处可见被人们丢弃的塑料瓶，影响市容，破坏城市环境。

生4：因为普通塑料制品的降解时间至少需要200年，因此被人们随处丢弃的塑料饮料品长期残留在田中，会影响农作物对水分和养分的吸收，抑制农作物的生长。

生5：倾倒在海洋河流中的废弃饮料瓶不仅污染了沙滩、河滩等风景旅游地，还严重威胁水生动植物的生存，构成了对生态环境的严重破坏，同时废弃物中的病毒、细菌严重污染水质。

生6：若把废塑料瓶直接进行焚烧处理，还会造成大气污染。塑料焚烧时，不但产生大量黑烟，而且会产生二噁英——是迄今为止毒性最大的一类物质，严重影响人类的生存环境。

组长小结：如何在享受美味的同时又能达到环保的效果，我们小组向全班同学提出以下建议：购买饮料时，尽量选用可回收再利用的玻璃瓶包装，在选用其他材质的包装时，饮用后一定要扔进分类垃圾箱，减轻对环境的污染和对资源的消耗。更让我们高兴的是可口可乐公司也在努力积极倡导环保节能的消费生活理念。例如，里约热内卢的一个体育场包含6673个座位，这些座位是由回收的可口可乐PET饮料瓶制成。

教师总结：可乐等饮料虽然可口，但同时也给自然生态环境和我们的生活环境带来严重危害，可口可乐公司正在通过水资源管理、使用可持续性包装材料、能源管理和气候保护积极应对一系列公众关注的环境问题。作为消费者，我们一定要做到文明消费，保护好人类赖以生存的自然环境。

课后反思

本次活动对于学生来说，完成起来并不难，主要是运用网络进行各种资料的搜集、分类与整理，但是由于三年级学生的认知和操作能力还很有限，资料内容庞大而繁杂，因此教师应及时发现学生在实践活动中出现的问题，加以指导和更正。调查访谈活动，既锻炼了学生的各方面能力，同时也是操作起来难度比较大的活动，教师要在保证学生安全的基础上，充分发挥学生的参与意识。

迷津指点

本次活动的重点就是让学生了解如何有效地利用计算机网络搜索查找资料，在课前准备过程中，教师可带领学生到微机阅览室中现场指导学生如何进行文字、图片、音乐、视频等资料的搜集、分类、整理与编辑，学会简单地信息搜集整理方法。

食品商标的研究与设计

公维忠

活动主题与背景

随着经济的飞速发展和社会的巨大进步，人们的物质生活也得到了极大的改善，各种商品琳琅满目、数不胜数。受巨大的经济利益驱动，一些不法商贩的假冒伪劣产品便充斥到人们的生活当中，令人们防不胜防。因此商标变成了人们辨别食品优劣的一个重要依据了，所以对于食品商标的了解与研究就显得很必要也很有现实意义了。

设计意图

本次综合实践活动，通过采访、调查、资料收集、亲自动手设计等方式，让孩子们充分了解商标包含的内容、分类以及设计要领，培养学生关心生活、乐于探究的精神，激发他们创新的欲望，从而更加关注自身的健康，更加热爱生活，尤其是在活动中要培养学生保护知识产权的意识。

活动目标

1. 了解食品商标所包含的内容及分类。
2. 了解吉林省著名的食品商标。
3. 学习食品商标设计的方法及要领。
4. 树立合作意识、保护知识产权意识及科学探究精神。

活动重点

食品商标的研究与设计。

活动难点

食品商标的设计。

课前准备

小组分工、联系调查采访的相关事宜。
联系学生进行商标设计时的相关指导教师。（美术教师、微机教师）

活动设计流程

一、创设问题情境，确定活动主题
1. 谈话导入，激发兴趣。
师（拿出两瓶没有商标的矿泉水）：同学们，我们来做个游戏好不好，老师要考察一下你们的眼力。现在老师的手里有两瓶矿泉水，一瓶是"娃哈哈"的，另一瓶是"康师傅"的，你们谁能现在就告诉我哪瓶是"娃哈哈"牌的？
生：猜不出来。
师（又拿出两瓶有商标的矿泉水）：这次你们能猜出来吗？
生：能。
师：那你们是怎么猜到的？

生：一看商标就知道了。

师：对，看商标。要想从千千万万个商品中找到我们放心的品牌，就只有依靠这些商品的商标了。那你们对食品的商标又有哪些了解呢？谁来说一说？

生：简单汇报

2. 师生交流，确定主题。

师：从这节课起，我们就深入地了解一下有关食品商标的知识。大家讨论一下，你都想知道哪些内容？

（广泛地听取学生的意见，并对学生提出来的问题进行梳理归类。）

师小结：同学们的思维可真开阔，看来我们要了解的知识可真不少，可是把这么多内容都作为我们的研究对象，就太繁杂了，那么我们能不能把这些问题归纳一下呢？

交流（初步确定研究的主题为：）

（1）食品商标的含义及食品商标的分类。

（2）我省的著名食品商标。

（3）食品商标的设计。

······

二、组建活动小组，细化研究小课题

1. 为了更好地进行实践，我们根据主题的不同和自己的兴趣爱好，自愿组成探究小组，并推选出每个组的小组长。

2. 每个组的组长带领组员针对本组的活动主题，可以进行活动方案的设计，填写每个小组的活动方案设计表。

3. 小组自由填写活动设计方案。

（预设情况一）

如果学生没写完，要发挥教师的指导作用，有针对性地指导他们继续完成自己的活动设计方案。

（预设情况二）

如果学生完成得快，就当堂组织各组交流方案设计，互相给出意见，根据老师和同学们的意见，修改各组的活动方案。

三、亲身实践体验，完成预计设想

1. 各小组根据各自的研究课题，在一周内收集与本组活动主题相关的资料，并做好实地参观的准备。

2. 学生深入到超市、工厂实地调查走访，按小组实施方案进行分组活动，在活动中根据实际情况可临时修改自己的活动计划。

3. 分组整理调查结果，合理运用掌握的资料，并做好多种形式汇报的准备。

4. 交流共享成果，借鉴活动方法。

四、成果展示（成果汇报）

1. 师：同学们，经过一周的深入实践活动，相信你们在完成了综合实践学习任务的同时，一定对于"食品商标"有了更为深入的了解，那么现在就把你们小组感受最深，最精彩的内容汇报给大家好吗？

2. 学生分小组汇报。

第一组：食品商标的含义及食品商标的分类。

组长：我们组主要对"食品商标的含义及食品商标的分类"进行了研究，下面由我来进行介绍。

组员甲：结合组长的介绍播放 PPT 灯片。

食品商标的含义：

食品商标实际上就是食品的牌子。它是食品生产企业专用于本企业生产食品上的一种标记。其形式有汉字商标、英文商标、图形商标以及上述各种元素相结合的组合商标。

食品商标的分类：

食品商标根据《类似商品和服务区分表》及使用用途分为三个类别。

（一）加工后的食品

加工后的肉、鱼、家禽和野味、肉汁，腌渍、冷冻、干制及煮熟的水果和蔬菜，果冻、果酱、蜜饯、蛋、奶和奶制品、食用油和油脂。

（二）方便食品，快速消费品

咖啡、茶、可可、糖、米、食用淀粉、西米、咖啡代用品、面粉和谷类制品、面包、糕点和糖果、冰制食品、蜂蜜、糖浆、鲜酵母、发酵粉、食盐、芥末、醋、沙司（调味品）、调味用香料、饮用冰。

（三）未经加工的农产品

农业、园艺、林业产品及不属别类的谷物、活动物、新鲜水果和蔬菜、种子、草木和花卉、动物饲料、麦芽。

第二组：我省的著名食品商标。

组员甲：为了弄清我省的著名食品商标，我们组通过实地调查和上网查找等方式进行了实践研究。

组员乙：调查中我们发现，我省的驰名商标真不少，我们感到很骄傲和自豪，下面我们就把我们的收获和大家一起分享（介绍配以幻灯片）。

组员甲：首先我们介绍一下我省最有代表性的食品商标。

吉林"福源馆"始建于公元 1628 年，距今已有 378 年的历史。数百年来，以其丰富的文化和内涵、独特的工艺和技术使近四百年的"福源馆"誉延至今。1993 年，被国家内贸部认证为"中华老字号"食品企业。如今它更是成了江城老百姓生活中最值得信赖的品牌。

……

组员乙：除了这些极富代表性的商标外，我省著名的商标还有很多。

吉林省其他著名商标：

1. 德大　2. 皓月　3. 长白山　4. 朱老六　5. 宏宝莱　6. 泉阳泉

7. 榆树钱　8. 洮儿河　9. 龙泉春　10. 李连贵　11. 广泽

……

第三组：食品商标的设计。

组长：食品商标的设计是一门很专业的技能，为此我们特意邀请了美术教师和微机教师，并且深入到了福源馆访问，了解到了"福源馆"商标的设计理念和含义，下面我们就了解到的内容做以下汇报。

组员甲：配合组长介绍播放 PPT。

商标创意：一个好的商标形成离不开好的商标创意，商标创意不是一种简单的构思，而是集诸学科知识而形成的脑力劳动成果，是知识产权的一部分。一个创意独特的商标就等于一笔巨额财富。商标创意除应遵守相关的法律规定外，还应注意以下几点：

（1）要富有寓意，给人以联想。（2）要简洁易识，具有时代感。（3）要尊重民俗，回避忌讳。

图形商标设计注意事项

实际生活中作为设计师在设计图形商标时，要注意如下事项：

（一）商标要简单明了

（二）商标的识别性很重要

（三）商标设计必须独特

（四）借助"流行"设计商标

（五）商标设计要避免相同与近似

（六）商标设计要考虑国际化

（七）商标设计要考虑延伸性

（八）发明人、创始人可作产品商标

学生展示在美术、信息技术等教师的指导下，设计的食品商标若干。

（豆制品商标）

（果蔬饮品）

……

课后反思

这节综合实践活动课很有现实意义，学生们走出课堂，走进生活，通过亲身的参与与实践收获知识的同时更获得了体验，特别是通过对"绿色食品"商标的调查，让他们懂得了健康的重要；而对"吉林省著名的食品商标"的调查，更是让学生进一步了解了家乡的发展与进步，激发了他们对家乡的热爱。不足的是这一研究主题专业性强了一些，因此活动中学生的被动收集多了一些，而主动实践少了一些。

迷津指点

本次活动中设计商标对于三年级的孩子来说是个难点，可以积极发动所有任课教师以及家长共同参与，帮助学生完成设计。

（注：本文所有图片和专业性文字介绍均来自百度网）

自护常识知多少

宋　杨

活动主题与背景

每个人都应该有自我保护的意识，特别是小学生。他们的安全意识比较薄弱，对社会了解不够，缺乏自我保护意识。所以培养自我保护能力是孩子们快乐健康成长的必备能力。只有学会自我保护，远离危险，我们的孩子才能拥有幸福，享受美好的生活，减少危险事件的发生。

设计意图

本次活动，将课堂讲解与走出校园相结合，先由教师讲授小学生学会自我保护的重要性，进行思想教育，然后走出校园，通过去消防队、食品加工厂、交通岗亭等参观学习，亲身体验，直观感受，学习消防、饮食、交通安全知识，使学生在实践活动中增长的知识应用于生活。

活动目标

1. 懂得安全是健康生活的基本保证，时时刻刻建立起安全防范的意识，树立自我保护意识。

2. 了解简单的安全自救常识，初步掌握一些防火、防电、食物中毒、交通安全等常识，学会应急情况的处理办法。

3. 进行"自护常识知多少"知识竞赛，学以致用。

活动重点

了解简单的安全自救常识，初步掌握一些防火、防电、食物中毒、交通安全等常识，学会应急情况的处理办法。

活动难点

应急情况的处理。

课前准备

1. 与消防队、牛奶生产厂、交警支队联系时间，确定讲授的内容。

2. 准备参观的车以及安全预案。

活动设计流程

一、谈话引入，确定主题

1. 同学们生活在幸福、温暖的家庭里，受到父母和家人的关心、爱护，似乎并不存在什么危险。但是，生活中仍然有许多事情需要倍加注意和小心对待，否则很容易发生危险，酿成事故。

2. 观看录像：在生活中，人们没有安全自护意识酿成的悲剧。

3. 让学生说一说观看后的感受。

4. 学生说一说生活中有哪些不安全的隐患。

饮食安全：三无食品、发霉腐烂的食物。

交通安全：在马路上横冲直撞、不走斑马线、不到年龄骑自行车。

防火安全：用电、用火。

人身安全：听信陌生人的话，遇到绑架事该怎么办等。

5. 确定主题，小组分工。

师：原来我们的生活中存在着很多可能危及到我们健康和生命，却经常被我们忽视的隐患。排除了这些隐患，我们的生活可以多姿多彩、我们的生活可以健康茁壮，生命会更加灿烂、快乐无比。下面我们就来分工，你们想了解哪些方面的安全自护知识呢？

（学生按兴趣自己分组讨论，教师相机指导，将学生的意见进行梳理归类。）

初步确定研究的主题为：

（1）学习消防安全知识。

（2）学习交通安全知识。

（3）学习食品安全知识。

（4）学习特殊情况下的安全自救。

二、组建小组，研究自己的主题内容

1. 学生根据确定的主题和自己的喜好，选择感兴趣的小组加入其中，并推选出小组的组长，进行相关主题的探究。

2. 组长针对本小组的主题，设计探究方案，制定学习的表格。

3. 组长分配组员任务：采访、记录、整理材料……

三、小组合作，实践活动

1. 各个小组在规定时间内设计方案、实施步骤，做好相应准备。

2. 带领学生去消防队、食品厂、交警支队进行分组参观、采访、并做好相应记录。

四、将所学收获整理归纳，分组进行汇报

第一组汇报：消防安全自救知识。

活动过程中，我们采访了学校电工王师傅，以下是对他的采访录像（文字整理）。

王师傅：请同学们首先跟我一起认识并了解电源总开关，学会在紧急情况下关断总电源。生活中要注意做到"六不"：一是不要用手或导电物（如铁丝、钉子、别针等金属制品）去接触、探试电源插座内部；二是不用湿手触摸电器；三是不用湿布擦拭电器；四是电器使用完毕后应拔掉电源插头，插拔电源插头时不要用力拉拽电线，以防止电线的绝缘层受损造成触电，电线的绝缘皮剥落，要及时更换新线或者用绝缘胶布包好；五是发现有人触电要设法及时关断电源或者用干燥的木棍等物将触电者与带电的电器分开，不要用手去直接救人，年龄小的同学遇到这种情况，应呼喊成年人相助，不要自己处理，以防触电；六是不随意拆卸、安装电源线路、插座、插头等，哪怕安装灯泡等简单的事情，也要先关断电源，并在家长的指导下进行。

组员补充：这是我们在各班级走廊墙报拍下的安全防火知识小报。这些小报告诉我们生活中不能擅自玩火，不要吸烟，要学会爱护和使用消防器材。

两位组员讲解并演示常用灭火器的使用方法：（这是小组到消防队参观学习

到的本领，此环节也可邀请消防队的叔叔来班级为我们讲解演示。）

第二组汇报：交通安全知识。

有奖征答，认识以下交通标志的同学将得到一枚小组同学绘制的交通安全小奖章。大屏幕出示各种交通标志，让全班同学参与进来，说一说是哪些标志。

组长强调：作为小学生，在行走时应注意哪些交通安全（请同学自由发言，然后组长总结）。

1. 在道路上行走，要走人行道；没有人行道的道路，要靠路边行走。

2. 集体外出时，最好有组织、有秩序地列队行走；结伴外出时，不要相互追逐、打闹、嬉戏；行走时要专心，注意周围情况，不要东张西望、边走边看书报或做其他事情。

3. 在没有交通警察指挥的路段，要学会避让机动车辆，不与机动车辆争道抢行。

4. 在雾、雨、雪天最好穿着色彩鲜艳的衣服，以便于机动车司机尽早发现目标，提前采取安全措施。

第三组汇报：食品安全自护知识。

组员1介绍：什么是"三无食品"。

组员2介绍：食品安全要做到"三要"、"三不要"，即吃东西的时候要洗手，要吃新鲜食品，要将东西洗净再吃。不要吃三无食品，不要吃过期食品，不要吃腐烂变质食品。

组员3介绍：食物中毒自救与互救方法：

（1）停食：应立即停止食用可疑食物。（2）尽快送医院或立即拨打120呼救。（3）在急救车到来前，可采取自救与互救措施。

第四组汇报：避震自救知识。

组长：我们小组通过上网查找资料，了解了一些避震妙招，下面由我的组员为大家介绍。

组员1：学校避震妙招：在操场或室外时，可原地不动蹲下，双手保护头部，注意避开高大建筑物或危险物，不要回到教室去，震后应当有组织地撤离。千万不要跳楼！不要站在窗外！不要到阳台上去！

组员2：家庭避震妙招：室内房屋倒塌后形成的三角空间，是人们得以幸存的相对安全地点。室内易于形成三角空间的地方是，炕沿下、坚固家具附近；内墙墙根、墙角；厨房、厕所、储藏室等空间小的地方。

组员3：公共场所避震妙招：听从现场工作人员的指挥，不要慌乱，不要拥向出口，要避免拥挤，要避开人流，避免被挤到墙壁或栅栏处；在影剧院、体育馆等处要注意避开吊灯、电扇等悬挂物；用书包等保护头部，等地震过去后，听从工作人员指挥，有组织地撤离；在商场、书店、展览、地铁等处要选择结实的柜台、商品（如低矮家具等）或柱子边，以及内墙角等处就地蹲下，用手或其他东西护头；避开玻璃门窗、玻璃橱窗或柜台；避开高大不稳或摆放重物、易碎品的货架；避开广告牌、吊灯等高耸或悬挂物。

组员4：户外避震妙招：就地选择开阔地避震，蹲下或趴下，以免摔倒；不要乱跑，避开人多的地方；不要随便返回室内，避开高大建筑物或构筑物，楼房，特别是有玻璃幕墙的建筑；过街桥、立交桥等。

组员5：高楼避震策略：策略一，震时保持冷静，震后走到户外。策略二，避震位置至关重要。策略三，近水不近火，靠外不靠内。

五、进行"自护知识知多少"知识竞赛

将学生们汇报的知识进行整理，从中出若干道题，采用必答、抢答等形式，加深学生对安全知识的理解与巩固，让安全知识记忆深刻。

六、教师总结

课后反思

本节实践活动课为学生开阔了视野，他们能走出校园，走进交警支队、食品加工厂、消防队这些平时不能进入的场所，进行实际地观察、体验，并且将生活与知识联系到一起，从实践中学到知识。在学习体验后学生们将所学整理归纳，进行知识竞赛，锻炼了学生搜集、处理信息的能力，可谓一举多得。

迷津指点

活动设计方案的填写是此次综合实践活动成功与否的关键，如果没有前期基础，教师要加以详细指导，在这过程中，要把人员分工以及小组的小课题确定明确，这样才能让活动更好地实施。

"大自然"信息交流会

马洪英

活动主题与背景

当我们每个人开始用眼睛认识周围世界的时候，大自然的神奇就成为我们感知和探索的对象。对于三年级的孩子们来说，百花齐放的春天、炎热的夏天、硕果累累的秋天、严寒的冬天，每一个季节都有他们喜爱的事物。他们同时对斑斓缤纷的海底世界、神秘莫测的热带雨林、巍峨壮观的崇山峻岭和广阔无垠的蔚蓝天空充满无尽的遐想。本次综合实践活动带领学生走进奇趣的大自然，分享各自对自然界的认知与独到的谜题。

设计意图

本次综合实践活动，通过搜集资料、调查问卷等方式，让孩子们了解四季的变化，探寻自然界的奇趣之处，培养细心观察身边事物的好习惯，激发参与综合实践活动的兴趣，帮助他们树立问题意识，活动过程中积极表达自己的观点，并

能总结经验，发现自己的优点和缺点。

活动目标

1. 能够提出自己对大自然要了解的相关知识及谜题。
2. 能用手抄报、图片、调查问卷等多种形式进行汇报。
3. 热爱自然，感受自然界的神奇。

活动重点

1. 学习提出对自然界感兴趣的相关谜题。
2. 巩固搜集信息、整理运用信息的方法。

活动难点

学习提出对自然界感兴趣的问题。

课前准备

阅读有关自然类的书籍。

活动设计流程

一、确定主题

1. 激趣导入：播放四季图片，激发学生参与活动的热情。

2. 学生自主交流，对一年四季的认知。

3. 师生交流，确定活动主题。

师：大自然给了我们四个季节，让我们感受到自然界不同的温度、不同的颜色、不同的气息。那么你们想了解哪些自然界的神奇之处呢？

生：提出各自的谜题。

师：同学们提出了这么多的谜题，我们是否可以把它们归归类？

生：自由交流归类（初步确定研究主题）。

（1）二十四节气。

（2）有趣的植物。

（3）奇妙的天空。

（4）无处不在的水。

（5）海底世界。

4. 创建兴趣小组，确定组员的探究任务。

（1）根据每个人的兴趣所在，自由组建活动小组，并推选出组长。

（2）每位组长带领组员，制定活动方案。

二、实践活动

1. 分头查找资料，找到各自探究内容的答案。

2. 通过网络不断更新问题答案，做好汇报前期准备。

3. 分享各自的成果，交流汇报方式，力争形式不雷同。

三、成果汇报

师：老师知道，同学们在近两周的时间内，阅读了很多书籍，查阅了许多资料，想必有更多的新知吸引了你们的眼球，有更多的奇想深深刻进你们的脑海。接下来我们将要进入各小组幸福的分享过程。

各小组汇报成果。

第一组：中国非物质文化遗产——二十四节气。

1. 小组成员轮背二十四节气歌（用电脑出示节气歌具体内容）。

春雨惊春清谷天，夏满芒夏暑相连，秋处露秋寒霜降，冬雪雪冬小大寒。

立春花开　雨水来淋　惊蛰春雷　蛙叫春分　清明［犁田］谷雨春茶

立夏耕田　小满灌水　芒种看果　夏至看禾　小暑谷熟　大暑忙收

立秋之前　种完［番豆］处暑［拭田］白露［匀田］秋分看禾

寒露前结　霜降一冷　立冬［打禾］小大雪闲　等过冬年　小寒一年

大寒团圆

2. 小组成员与全班同学互动，完成知识问答（每个组员负责两道题的提问及答案解释说明）。

第一小组知识问答——二十四节气。

1. 二十四节气你知道的都有哪些？

2. 二十四节气之首是（　　　）

A. 立春　　　　　　B. 立夏　　　　　　C. 立冬

3. 立春这一天北方人吃（　　　），南方人吃（　　　）

A. 春卷　　　　　　B. 春饼

4. 立春这一天"咬春"，吃的是（　　　）

A. 萝卜　　　　　　B. 白菜　　　　　　C. 饺子

5. 大雁从南方飞回北方，是在哪一个节气（　　　）

A. 雨水　　　　　　B. 春分　　　　　　C. 清明

6. 按照二十四节气，谷雨是春季的最后一个节气，意味着春将尽，夏将至，冷空气大举南侵的情况比较少了，但影响北方的冷空气活动并不消停。4月底到5月初，气温毕竟要比3月份高得多，土壤干燥、疏松；空气层不稳定，上层风动量下传，锋面气旋活跃，共同引发的是（　　　）

A. 海啸　　　　　　B. 沙尘暴　　　　　　C. 大风

7. 5月5日是（　　　），之后的两个节气分别是（　　　）（　　　）

A. 清明　　B. 立夏　　C. 小满　　D. 芒种　　E. 夏至

8. 夏至养生要喝（　　　）

A. 牛肉汤　　　　　　B. 绿豆汤

9. 小暑和大暑之后就迎来了（　　　）

A. 立秋　　　　　　B. 处暑

10. 白露是第 15 个节气，意味着草木上面有（　　　）

A. 霜　　　　　　B. 露水

11. 秋分、寒露、霜降分别是节气中的第（　　　）

A. 13/14/15　　　　B. 16/17/18

12. 冬季的开始指的是（　　　）

A. 小雪　　　　　B. 大雪　　　　　C. 冬至　　　　　D. 立冬

13. 24 节气的最后两个是（　　　）

A. 冬至和大寒　　　B. 小寒和大寒　　　C. 大寒和小寒

第二组汇报：有趣的植物。

（出示图片，组员要与全班互动交流，完成对图片的解释说明）

最奇特的树——猴面包树

猴面包树属木棉种植物，树干高不过 20 米左右，而胸径却可达 15 米以上，往往要 40 个成年人拉手才能合抱，树冠直径可达 50 米以上。由于它看上去活像个大胖子，因此当地居民又称它为"大胖子树"、"树中之象"。

吃虫子的植物——猪笼草

猪笼草是猪笼草属全体物种的总称。其属于热带食虫植物，原产地主要为旧大陆热带地区。猪笼草拥有一个独特的吸取营养的器官——捕虫笼，捕虫笼呈圆筒形，下半部稍膨大，笼口上具有盖子。因为形状像猪笼，故称猪笼草。

睡觉的植物——睡莲

睡莲喜强光，需通风良好，所以睡莲在晚上花朵会闭合，到早上又会张开。

第三组汇报：奇妙的天空。（组员结合图片，配解说词）

美丽的银河：2009 年 12 月 3 日，美国芝加哥阿德勒天文馆最新公布了世界上最大的银河系全景图，该图像是由美国宇航局"斯皮策"太空望远镜拍摄而成的。

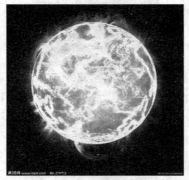

炙热的太阳：在茫茫宇宙中，太阳只是一颗非常普通的恒星，在广袤浩瀚的繁星世界里，太阳的亮度、大小和物质密度都处于中等水平。只是因为它离地球较近，所以看上去是天空中最大最亮的天体。

地球的忠诚卫士（月亮）：月球，俗称月亮，古称太阴，是环绕地球运行的

一颗卫星。它是地球唯一的一颗天然卫星，也是离地球最近的天体（与地球之间的平均距离是38.4万千米）。1969年尼尔·阿姆斯特朗和巴兹·奥尔德林成为最先登陆月球的人类。1969年9月美国"阿波罗11号"宇宙飞船返回地球，美国"阿波罗"登月计划至阿波罗17号结束。

第四组汇报：无处不在的水。（组员结合图片，配解说词）

下雨了：云是由许多小水滴和小冰晶组成的，雨滴和雪花就是由它们增长变大而成的。

雪：雪是水或冰在空中凝结再落下的自然现象或指落下的雪花。雪是水在固态的一种形式。雪只会在很冷的温度及温带气旋的影响下才会出现，因此亚热带地区和热带地区下雪的机会较微。

霜：霜是水汽（也就是气态的水）在温度很低时的一种凝华现象，跟雪很类似。严寒的冬天清晨，户外植物上通常会结霜，这是因为夜间植物散热慢、地表的温度又特别低、水汽散发不快，还聚集在植物表面时就结冻了，因此形成霜。

第五组汇报：海底世界。（组员结合图片，配解说词）

潜水：潜水的原意是为进行水下查勘、打捞、修理和水下工程等作业而在携带或不携带专业工具的情况下进入水面以下的活动。后潜水逐渐发展成为一项以在水下活动为主要内容，从而达到锻炼身体、休闲娱乐目的的休闲运动，广为大众所喜爱。进入互联网时代后，随着网络应用的不断普及，大众又赋予了潜水新一层的含义，即在他人不知情的情况下，隐秘的观看共享信息或留言，而不主动表露自己身份、发布信息和回复他人信息的单独个体或行为。不过在地理学角度，潜水还指埋藏在第一个隔水层之上的地下水，现逐渐用于网络。

潜水员发现海龙

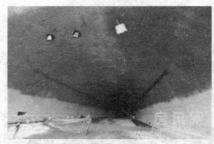

海底隧道：海底隧道是为了解决横跨海峡、海湾之间的交通，而又不妨碍船舶航运的条件下，建造在海底之下供人员及车辆通行的海底下的海洋建筑物。

四、汇报完毕，全班同学交流评价

1. 哪个组的图片准备最符合研究内容。

2. 哪位同学汇报的内容最精彩，记录资料最用心。

3. 哪位同学在哪个方面进步最大。

4. 可以自告奋勇给自己评价打分。

5. 组长可以在同学们给予评价之后说一说今后怎样做可以做得更好。

五、教师总结

本次综合实践活动历经了三周，同学们如愿以偿的把自己的所知分享给全班同学。可以说分享知识，就是在分享快乐。我们每个人的快乐已被放大了40倍。老师在听了大家的汇报后，更惊讶于我们赖以生存的地球上，有那么多迷离的事物。我们现在所知道的是已经被发现的，还有更多未知的事物等待同学们去发现呢！

课后反思

本节课教师着重在引导学生发现问题，解决问题的过程中，享受到探索的乐趣。其实每个10岁左右的儿童，他们在这个年龄阶段是最容易形成好的学习方式的，当他们获得成就感的同时，也恰恰就是促发他们对学习继续保持浓厚兴趣的阶段。小学阶段，让儿童保持学习兴趣，是我们教育工作者的首要任务。

迷津指点

三年级的孩子，刚刚走进综合实践的学习课堂，教师尽量放下"完美主义"的想法，允许孩子们在探究过程中出现问题，并要在自主完成探究内容方面，鼓励学生大胆尝试。

图说松花江——文字与图片的处理

...................单常睿

活动主题与背景

在掌握图文混排处理技巧的前提下，以图说松花江为题，一举二得，既可实践信息技术所学，又可加深学生对母亲河的认识。

松花江流经吉林市（古称吉林乌拉），女真语称松花江为"松啊察里乌拉"，汉译"天河"。它源起长白山天池，全长2214.3公里，流域面积为55.68万平方公里，是继长江、黄河之后我国第三大河。

设计意图

"图说"符合三年级学生的年龄特点，以图为主以字为辅，通过图文结合展现松花江的风土人情。在此过程中，提高信息技术应用能力，也可以引导学生知家乡、爱家乡，并借此机会让学生了解水的重要性，保护环境，人人有责。

活动目标

1. 熟练掌握简单的文字与图片的处理技巧，会进行图文混排，并能综合运用到主题活动中。

2. 通过对松花江的了解，强化学生对家乡的热爱。

3. 水是生命之源，珍惜水资源等于珍爱生命。

活 动难点

掌握文字与图片的常用处理方法。

课 前准备

通过网络或其他途径了解有关松花江的信息，广播教学系统。

活 动设计流程

一、主题引入

同学们和老师一起交流对松花江的了解。学生把他们查到、听到的信息说出来分享，教师在此过程中注意帮助学生归纳发言的主题，为后续生成研究子课题做好准备。在学生谈到天河时，教师可以渗透给学生关于吉林的历史（古为吉林乌拉）、松花江上的一些传说（关于黑龙的故事）以及康熙题词《松花江放船歌》歌曲《松花江上》等。在学生谈到母亲河时，教师可以对比母亲的爱，让学生知道为什么称为母亲河，也就是我们要像对母亲一样爱我们的家乡，水是人类赖以生存的保证，保护环境，珍惜水资源要从小做起。

同学们说得真是太好了，感觉你们描述的松花江比我看到的还要美丽。老师觉得，我们有必要做一个作品，用图片与文字结合的方式展现松花江，让更多的人了解它，喜爱它，你们说好吗？（好）那我们今天的研究主题就是图说松花江（板书：图说松花江）。

重点强调"图说"的意义（以图片为主展示想要表达的内容）。

二、生成研究子课题

关于松花江的信息真的太多了，同学们对松花江的哪个方面更感兴趣呢？和同学们一起，对搜集到的信息进行分类，初步确立研究子课题：

松花江风光；

松花江故事（传说）；

美丽的松花湖；

松花江夜景；

江畔奇观；

……

三、分组选定主题，分工制订计划

同学们以小组为单位，从我们刚刚归纳的主题中选择你们感兴趣的主题研究，并填写任务分工表。

研究主题		
组长		
成员分工	图片搜集	
	文字（图片）处理	
	后期制作	
	汇报人员	
主要实施阶段		

四、实施阶段

（一）分组

选择自己感兴趣的子课题，选择同一子课题的五六个人为一组。确定组长一人、文字（图片）处理两人、后期制作一人、汇报人员一人、图片及文字搜集工作由全组人员承担。

（二）活动前准备

1. 资料来源。

本次活动重点是图说松花江，需要学生搜集有关松花江的文字和图片资料。文字资料可以是自己编写或报刊、网络上收集的，图片资料可以自己拍摄或网络上收集。

2. 资料形式。

为了便于资料的使用，将收集到的文字和图片资料存储在一个文件夹中，自己编写的或报刊中收集的文字资料编辑为 Word 电子文稿，拍摄的照片存入电脑图片（可由父母及老师帮助完成）。

3. 图片、文字的搜索方法。

搜索引擎：百度、谷歌。指导学生查找文字资料，在搜索引擎中选择"网页"链接，查找图片资料选择"图片"链接。要使用恰当的关键词。

（三）资料处理

1. 文字资料。

选中所要编辑的文字，选择"开始"菜单，选择字体、字号（宋体(中文正 ▾ 五号 ▾ ）、字体颜色（A ▾ ）、加粗（B）、倾斜（I）、下划线（U）、文本对齐（≡ ≡ ≡ ≡ ≡ ）等工具编辑所选文字。

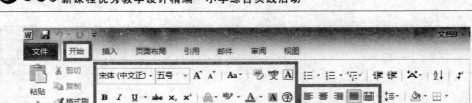

添加艺术字，选择"插入"菜单，选择"艺术字"工具，选中其中一种艺术字式样，输入文字后编辑（编辑艺术字样式时要选中艺术字）。

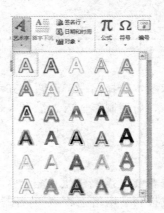

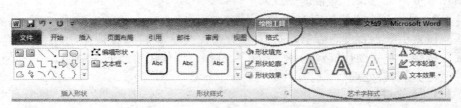

2. 图片资料。

在文档中加入图片，可以选择"插入"，单击"图片"，找到所需图片或先找到所需图片，选中后复制，再粘贴到 Word 文档中。选中文档中的图片进行编辑。图片主要涉及图片的环绕方式以及图片大小的调整，注意各种环绕方式的区别，在调整图片大小时，注意不要让图片失真或改变图片长宽比例。

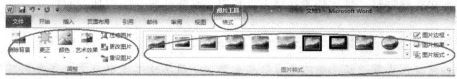

3. 文字与图片组合。

文字、图片编辑好后，把文字和图片组合在一起。

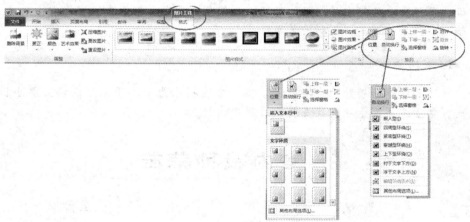

（四）制作作品

各小组在组长的带领下分工合作，查找图片、提炼文字，在 word 中制作汇报作品，具体要求：

1. 时间观念，严格按照研究计划一步步实施。

2. 小组间加强合作，有用的信息及时共享。

3. 选择的图片要紧扣主题，文字要简练。

4. 作品设计要有自己的想法，完成作品后组织组内成员抓紧时间准备汇报。

五、成果展示、交流、汇报

（一）导入

同学们，想把你们的作品展示给其他同学吗？想欣赏一下其他同学的作品吗？老师已经很期待你们的展示了！

（二）成果展示

1. 作品展示。

由小组内汇报人员为大家介绍作品。

2. 点评。

生生互评、师生互评，找出作品的优缺点及修改意见。

（三）总结

通过图说松花江主题的学习，同学们熟练掌握了图片和文字的简单排列，这将对我们以后学习制作汇报材料有很大的帮助，希望同学们在今后的学习中多加练习，举一反三。关于松花江还有很多的传说，很多的历史，有兴趣的同学可以进一步查找资料，进入学习知家乡、爱家乡是我们每一个吉林人的自豪。

课后反思

通过图说松花江主题的学习，学生掌握了信息技术课中关于文字与图片的处理及图文混排的方式，为今后制作研究汇报材料提供了必要的帮手。学习之余，松花江的风土人情已悄然渗透到孩子的内心之中，保护环境、热爱家乡，在三年级的孩子心中已经有了这样的意识。如果条件允许，带着孩子实地看一看，拍一拍，也许会收到意想不到的效果。

迷津指点

三年级刚刚接触综合实践课，应以方法指导为主，子课题的确立要小而精，这样学生才不至于在查找资料的过程中迷失。

室内栽种蒜苗

王云明

活动主题与背景

冬至那天，和孩子们共进午餐的时候，我关注到几个平常进食较少的孩子，他们吃完第一盘饭居然主动去盛第二盘，出于好奇我问大家为什么突然胃口这么好，大家都美滋滋地告诉我，因为今天有最爱吃的蒜苗炒鸡蛋。其中吃得最香的一个男孩子还说因为他喜欢这道菜，所以妈妈专门在家里也栽种了几盆蒜苗，已经收获了第一茬。家里如何栽种蒜苗呢？孩子们对这个话题特别感兴趣，当然也引起了我的兴趣，我想不妨带领孩子们一起进行一次室内栽种蒜苗的实践活动，这样既满足了大家的好奇心，也培养了关注生活的情趣，还提高了综合实践活动能力，真是一举多得！于是一次妙趣横生的栽种蒜苗活动，在我们班轰轰烈烈地拉开了帷幕。

设计意图

本次综合实践活动，旨在让孩子们亲历室内栽种蒜苗的过程，了解蒜苗的营养价值及功效，培养学生学科学、爱科学的精神，激发他们的探究欲望，从而培养他们关注生活、热爱生活的兴趣。

活动目标

1. 了解大蒜和蒜苗的食用价值，激发学生对大蒜发芽实验的探究兴趣，体验探索式合作学习方式。

2. 亲自动手学习栽种蒜苗。

3. 在动手实验中学会观察、学会发现、学会记录，培养学生的多种综合能力。

活动重点

学习栽种蒜苗。

活动难点

在栽种过程中学习观察方法和记录方法。

课前准备

1. 有关大蒜和蒜苗的食用价值和食疗价值。

2. 有关大蒜发芽注意事项。

3. 学生准备：蒜、器皿、照相机、记录本。

4. 教师准备：蒜苗图片、照相机。

活动设计流程

一、创设情境，确定主题

1. 谈话导入，激发兴趣。

师：上周三午餐有一道炒菜是大家最喜欢吃的，是哪道菜呢？

生：炒蒜苗。

师：那么关于蒜苗你都有哪些了解呢？

生：简单陈述。

2. 师生交流，确定主题。

看来大家知道的还真不少呢。这节课我们就围绕室内栽种蒜苗进行一次实践活动。那么在室内如何栽种蒜苗呢？（学生各抒己见）同学们提到了很多问题，现在让我们一起来梳理，将他们分分类。【广泛地听取学生的意见，并对学生提出来的问题进行梳理归类。】

1. 栽种方式。

2. 选择种子。

3. 栽种器皿。

4. 栽种密度。

5. 日常看护。

6. 成果收割。

7. 营养价值。

为了更顺利地完成实践活动，我们还可以请些顾问，比如我们班魏同学的妈妈，就已经有了成功栽种的经验，还可以问问社区里的邻居、这方面的专家或者网上查询等等。总之在活动开始之前，希望大家集思广益，明确分工，做好充分的准备。

二、确定活动小组、明确具体分工

1. 建议大家根据自己的兴趣爱好和特长，自愿组成探究小组，并推选出每个组的小组长。

2. 每个组的组长带领组员针对本组的活动主题，可以进行活动方案的设计。

3. 明确记录卡内容，并填写。

记录卡

栽种植物名称	种植时间	发芽时间	成熟时间收割次数	营养价值	节约经济价值	备注

三、动手实践，完成计划

1. 各小组根据各自的研究课题，在五天内收集与本组活动主题相关的资料，在全班进行汇报交流，并做好实地栽种的准备。

2. 带领学生在班级内开展栽种活动，分水生和土生两种栽种方式。

3. 合理运用采集的资料，并做好多种形式汇报的准备。

4. 交流共享成果，借鉴活动方法。

四、成果展示（成果汇报）

1. 师：当我们带着好奇和欣喜，开始我们的栽种活动时，相信每个人都想成为那个幸福的小园丁，那多姿多彩的图案设计让我们感叹，那生机勃勃的嫩芽绿叶让我们惊喜，为期两周的栽种过程，更激发了我们探究科学的梦想，那么现在就把你们小组感受最深、最精彩的内容汇报给大家好吗？

2. 学生分小组汇报。

第一组：水生蒜苗小组的汇报。

敬爱的老师、同学们，我是水生蒜苗小组的组长，下面就由我来向大家汇报水里栽种蒜苗的过程和体会吧！首先，我们挑选了饱满、新鲜的蒜瓣，将表皮一一剥去，紧密地摆放在盘子里。然后添加了少量的自来水，浸泡到蒜瓣根部，把盘子放在避免阳光直射、温度适宜的地

方，平均每两天浇一点水。一天后就发现蒜瓣冒出了小芽，嫩嫩的、黄黄的，很可爱。

三天之后小芽尖逐渐长高了、长壮了，颜色也是嫩绿色的了。看上去很像水仙花的"姐妹"，而且深吸一口气，还能闻到淡淡的蒜香味呢！快看，这就是我们组"摄影师"刘刚同学拍下来的。

蒜苗在一周之内长得很快，到了七八天左右，就已经长得茂密挺拔了，颜色也是绿油油的，这时的吸水量会比前几天大一些，长的大了也就比较能喝了，你们说对吗？

到了第十天茂密的蒜苗割下来就可以吃了，但是看它长得那么好总会不忍心割掉它，就让它再长几天吧！这时候即使你再喜爱它，也最好不要去触摸它，因为一不小心，就会把那嫩嫩的叶子给碰折了。

快到两周的时间了，蒜苗已经出落得"亭亭玉立"了和旁边的第二批、第三批小苗相比。第一批蒜苗完全可以割下来炒着吃了。而且割的时候不要伤害蒜瓣，把蒜苗的根部流出几毫米来，它还可以继续长苗呢！据说一盆蒜瓣一共可以收割八茬蒜苗。

第二组：土生蒜苗小组。

大家好，我是土生蒜苗小组的组长。土生蒜苗也很有趣！土生蒜苗不需要剥蒜皮，直接把蒜瓣插入盛有土壤的器皿中，不过需要注意的是，蒜瓣的一半要露在土壤外面，根朝下，尖朝上。在器皿里少浇一点水。而且我们还可以把蒜瓣摆出不同的图案来，我们觉得这样更有趣。

如果土壤的质量好，室内温度和浇水量恰到好处的话，蒜苗几乎一天可以长出一厘米那么长。如果有的蒜瓣出芽慢或者小芽长势不好的话，可以及时挑拣出来再换新的蒜瓣放进去。一周的时间就可以长出 10 厘米那么高了。土生的蒜苗味道很重，不过辛辣的味道里还是夹杂着一种清新的植物气息。

到了半个月的时间，把整个小组的栽种成果放在一起，看上去葱葱一片，即

使不吃，就是看都觉得很过瘾很解馋似的。每个人都约好在同一天割下第一茬蒜苗，那一天我们都开心极了。

这是割下来的第一茬蒜苗，新鲜度和长势要比菜市场里卖的好多了。用手掐一下嫩嫩的，好像能流出汁液来，我还忍不住直接放嘴里嚼了嚼，味道辣辣的！

这是我们小组用蒜苗炒出的不同的菜品。有蒜苗炒肉、蒜苗炒鸡蛋、蒜苗爆炒鱿鱼等。营养丰富、口味鲜美，还很简单。

我们小组还通过手抄报的方式记录了这次活动的过程和感受。我们觉得蒜苗好吃有营养，自己栽种的有以下三点好处：

1. 新鲜，随时想吃随时割下来。

2. 没有农药污染。

3. 经济实惠，吃多少割多少，不浪费。而且栽种的成本很低，半斤蒜瓣3元钱，能栽种两盆蒜苗，每盆能收割 8 次，一共收割 16 次，也就是起码吃 16 次。而市场卖的最便宜也要 10 元钱一斤。

记录卡的填写情况：

栽种植物名称：蒜苗

栽种时间：2011 年 10 月 2 日

发芽时间：2011 年 10 月 3 日

成熟时间：2011 年 10 月 15 日

收割次数：10 次

经济价值：至少可以相对节省 40 几元钱

栽种成本：成本 3 元钱的蒜瓣，器皿和土壤不花钱。可以反复收割 10 次，至少可以食用 10 次

市场售价：每斤 12 元，可以食用一两次

备注：1. 有的同学用塑料盆土栽蒜苗，而且盆的底部没有漏水孔，所以导致蒜瓣都烂根了，栽种失败。

2. 蒜苗超过 15 天就过分成熟了，吃起来口感比较老。

（课）后反思

这节综合实践活动课很有实际意义，让孩子们关注生活、热爱生活，并从枯燥乏味的书本中走出来，开始亲自动手实践，并获得成功。这是自然与科学的综合，是知识与情感的提升，孩子们在实践活动中充分的搜集与整理资料，在这过程中得到了很多家长的支持，孩子们快乐着并收获着，学习着并成长着。

（迷）津指点

关注生活、回归生活，是本次活动的前提，教会学生能够恰当的运用已经拥有的活动技能在实际生活当中加以运用，是本次活动成功与否的重点。在活动过程中指导学生写观察日记也是不错的选择。

红叶谷红叶探秘

丑亚男

（活）动主题与背景

红叶谷是长白山余脉老爷岭的一条山谷。位于拉法山国家森林公园的庆岭风景区，春夏秋冬四季如画。每年秋天 10 月中旬之前，这里绝妙佳景，红叶满天，五彩斑斓，引得众多游客不远千里来欣赏红叶谷的美景。本次综合实践活动的主题，就是走进吉林最美的红叶谷，共同探寻红叶谷红叶的秘密。

（设）计意图

本次综合实践活动，通过参观、体验、亲自动手操作等方式，让孩子们真正

走进大自然，亲近自然，探索自然的奥秘。同时，激发他们的探究欲望，从而更加热爱自己的家乡，增强孩子们的环保意识。尝试用小组合作的方式，完成所要达到的目标。

(活)动目标

1. 了解红叶谷形成的原因。
2. 学会收集并整理资料，在观察、体验中得到启示或有所发明。
3. 爱护大自然，维护生态平衡，做一名合格的环保小卫士。
4. 更加热爱自己的家乡，努力学习，立志为家乡的未来发展做出自己的贡献。

(活)动重点

1. 通过搜集文字资料，了解红叶谷的形成及其旅游资源。
2. 通过调查拥抱大自然，激发热爱自然的感情，保护自然景观。

(活)动难点

资料的收集与运用。

(课)前准备

小组分工、设计参观的路线以及相关事宜。

(活)动设计流程

一、创设情境，确定主题

古诗导入，激发兴趣。

师：同学们，还记得我们曾经学过的杜牧的古诗《山行》吗？谁愿意给大家背诵一遍？

师：谁能说一说这首诗描写的景色？

生：这是一首描写和赞美深秋山林景色的小诗。诗中作者被山中的枫叶美景迷住了，红色的枫林充满了活力。

师：说得多好呀！是呀，满山的红叶让古人诗性大发，作此佳作。而今，在我们的吉林市，也有一处红叶美景，让省外游客不远千里纷纷赶来一饱眼福，你们知道是什么地方吗？

生：蛟河红叶谷！

师：有去过这个地方的吗？简单给大家介绍一下你的感受？

二、师生互动，确定主题

师：刚才，在同学们简单介绍的时候，老师发现，好多同学的眼睛都瞪得圆圆的，也迫不及待地想一饱眼福。那么，如果让你去参观红叶谷，然后回来给大家汇报你的参观所得，你想了解哪些知识，用什么方式来展现给大家呢？【广泛

地听取学生的意见，并对学生提出来的问题进行梳理归类。】

师：咱班同学可真有表达的欲望，每个人都有自己不同的想法。可是，如果你们说的，都作为我们课上要研究的知识，有点太繁杂了。我们可以试着将刚才你们所说的，把类似的问题都放在一起，然后再进行简单的概括。

生：归纳主题，师进行简单指导。

初步确定研究的主题为：

（1）红叶谷红叶形成的原因。

（2）红叶谷几处著名景点。

（3）红叶谷旅游提示。（交通，饮食，住宿……）

（4）吉林省外的红叶谷及其特点。

……

三、明确分工，制订研究计划

同学们，我们这次的活动和以往开展活动一样，要靠我们小组成员的共同努力来完成。你们先进行主题的选择，然后明确各自的任务，并且要制定好本组的研究计划。

综合实践活动研究计划表

活 动 主 题	红叶谷红叶探秘		
小组研究主题			
人员分工		搜集材料的主要内容	
组　　长			
文字搜集			
图片搜集			
PPT 制作			
手抄报制作			
红叶贴画			
其　　他			
预计成果形式			
活动计划	1	主要任务： 完成时间：　　月　　日——　　月　　日	
	2	主要任务： 完成时间：　　月　　日——　　月　　日	
	3	主要任务： 完成时间：　　月　　日——　　月　　日	

四、实施阶段

1. 各个小组的成员在组长的带领下，按照制订的计划表进行实际操作。

2. 每个小组有相同任务的成员，可以相互借鉴方法，并有自己独立的创新。

3. 负责研究交通的组员，可在家长带领下去旅行社联系相关事宜。

4. 研究红叶谷成因和美丽景观等小组成员可以到网上搜集资料，也可以去图书馆查找更多资料，或者直接向曾经去过那旅游的家长、亲属等，直接采访了解，以便获取更直观资料。

五、成果展示阶段

1. 红叶谷介绍。（可以以一个小导游的身份，来介绍红叶谷）

吉林红叶谷最佳赏红季节是在每年的 10 月中旬之前，历时 10 多天的绝妙佳景、红叶满天、五彩斑斓。谷中景点众多，主要有红叶溪、南湖瀑布、爱林林场、林蛙沟、五彩路等。

红叶谷从庆岭镇的解放村一直到松江镇的沿江村，全长 50 多公里。每年的金秋季节，这里红叶满山，如同落霞，非常壮观。

红叶谷除规模宏大以外，景色也和一般的红叶生长区不同。它具有其他地区不可比拟的特色，主要是颜色比较丰富。比如说在红叶形成的时间，同时还有绿色的叶子，黄色的叶子，所以当地老百姓习惯的把它叫作五花山。

红叶谷其实是一条通往爱林林场的土石路，两侧山岭间呈现出一派宁静的乡村景象——零星分布的农舍、整齐的稻田、一条清澈的小溪蜿蜒流淌。当然，总少不了一片又一片高大的树木。

2. 红叶谷的成因。

吉林蛟河的红叶特别好，特别红。因为它处在长白山余脉，适合红叶树的生长。蛟河的红叶树种比较多，因为它处在松花江流域，适合于各种树的生长，是其他地方不可比拟的，因为霜期比较长。经霜一点就变得非常红，非常耀眼。

纬度高、霜期长，是使这里红叶色彩艳丽的气候优势；而地处长白山余脉和松花江流域的交汇地区，树种种类繁多，又为这里在红叶观赏期形成五彩斑斓的效果提供了地理优势。在红叶谷，森林植被呈垂直分布。树种包括阔叶林，针叶林，针阔混交林，岳桦林和高山草地。由于不同树种对霜冻的反应不一样，有的火红、有的橘红、有的金黄，还有的树种形不成红叶，因此仍然碧绿。所以形成了红叶谷色彩斑斓的独特景观。

红叶溪

3. 红叶谷著名景点。

吉林红叶谷最佳赏红叶季节是在每年的 10 月中旬之前，历时 10 多天的绝妙佳景、红叶满天、五彩斑斓。谷中景点众多，主要有红叶溪、南湖瀑布、爱林林场、林蛙沟、五彩路等。

林蛙沟

蛟河南湖瀑布

南湖瀑布位于庆岭景区，距蛟河市区 36 公里，区内森林茂密、空气清纯、山泉甘澈、鸟语花香，瀑布群由南湖、卧龙潭、古树瀑布等瀑布组成，气势磅礴，飞流直下，报恩寺青山掩映、钟声悠扬，更有珍珠泉、狍子窖、大青杨等景点的美丽传说引人遐思。在林中徜徉，仿佛在接受大自然的洗礼，达到超越自我的纯境界。

4. 红叶谷的交通：铁路以京哈铁路为主干，以长春、四平、梅河口等为主要枢纽，列车所到几乎囊括了省内所有县以上的地区。由长春到达几个主要旅游景区如长白山通化方向都有夕发朝至的火车。

民航：长春、吉林、延吉等都有自己的机场。长春机场与全国四十多个城市通航，但是通往成都、昆明等城市的班机并不是每天都有，出发的时候要计划好时间。吉林机场目前主要与北京、上海等几个大城市直接通航。

公路：沈哈高速公路横贯整个地区，这大大加快了吉林与外省的交流。境内的公路交错纵横，有长吉、长营等高速公路。

5. 饮食：吉林人口味浓重，喜欢大鱼大肉地吃，也喜欢简单的小炒凉拌。大葱蘸大酱，是吉林人永远也吃不腻的经典，现在发展到生菜、菠菜、小萝卜等花样小菜，配上同样精致起来的鱼子酱、蘑菇酱……新鲜、清淡、继续将这一传统发扬光大。猪肉炖粉条、土豆炖牛筋、酸菜炖白肉血肠……吉林的各色炖菜总是荤素相间、浓汤热菜一大碗。

6. 红叶谷之行作品展：

（1）摄影作品。（2）红叶粘贴画作品。（3）手抄报作品。（4）优秀习作作品等。

六、教师总结

同学们，听着你们的精彩解说，看着你们呈现出的美丽图片、贴画，还有精美的PPT，老师真的是特别开心。在活动中，你们不仅学会了知识，而且通过小组合作、探究，你们能够把家乡的美景和家乡的文化，风土人情，用你们的视角展现给大家，真的很了不起。希望同学们对此主题能继续研究，并争取有更多的发现与思考，老师期待着你们收获更多更新的成果。

课 后反思

对于三年级学生，在本学期刚刚开始这样的综合性学习，虽然前面已经有了几课的学习经验，但在具体操作中，仍需要我们教师在方法和汇报形式上进行指导，另外，一定要避免资料的堆积，特别是动手操作进行手抄报和红叶贴画的小组，要多给予时间及汇报机会。

迷津指点

本次活动的重点就是教会学生对所搜集的资料进行整理，并且了解红叶谷景色之美以及对这种天然景观的保护与宣传。当然，对于学生设计提出的问题，要尽量保护他们的兴趣和积极性。只要符合本次的活动主题就可以认可。不能让学生在学习综合实践活动课的初始阶段，就产生了畏难情绪。

（注：部分文字资料引自互联网）

我与小蜗牛

孙笑男

活动主题与背景

蜗牛是一种常见的小动物，容易捕捉、易于饲养、好观察。有的小朋友从小就喜欢捉蜗牛来玩。而且学生在小学三年级已经学习了蜗牛的一些知识，有不少关于蜗牛的感性认识。孩子们很有兴趣了解蜗牛，为了激发孩子热爱小动物，与小动物交朋友的热情，我们决定开展此次综合实践活动。

设计意图

本次综合实践活动通过观察蜗牛、互相讨论、亲自动手体验的方式，激发学生对小动物较强的好奇心、求知欲，激发学生珍爱生命的情感，养成与大自然和谐相处的生活态度。在观察实践中敢于提出自己的见解，初步养成主动参与、乐于探究、善于与人交流、协作、分享的习惯。

活动目标

1. 了解蜗牛的生活习性、外观形态以及运动方式。

2. 在观察蜗牛的体验过程中，激发对小动物较强的好奇心、求知欲，激发珍爱生命的情感，养成与大自然和谐相处的生活态度。

3. 初步学会使用放大镜并依据一定顺序观察生物的基本技能。

活动重点

了解蜗牛的生活习性，外观形态以及运动方式。

活动难点

初步学会使用放大镜并依据一定顺序观察生物的基本技能。

课前准备

蜗牛、放大镜、玻璃板、烧杯。

活动设计流程

一、创设情景，激疑生趣

（一）引入：猜谜语

师："说他是头牛，无法拉车走，说他力气小，却能背屋跑 。"猜猜它是什么？

生：蜗牛。

（二）板书：观察蜗牛

二、组建活动小组，细化研究小课题

展示蜗牛动画。关于蜗牛你还有哪些疑问，你最想知道什么？

问题预设：

生：蜗牛为何背着重重的壳？

生：蜗牛能看见东西吗？

生：蜗牛能听到声音吗？

生：蜗牛喜欢吃什么？

师：同学们想知道这么多关于蜗牛的知识，今天啊，老师就把蜗牛请进了我们的课堂。

1. 为了更好更全面地了解小蜗牛，我们根据研究的内容不同和自己的兴趣爱好，自愿组成探究小组，并推选出每个组的小组长。

2. 初步确定研究小课题：

观察蜗牛——了解蜗牛身体结构

饲养蜗牛——了解蜗牛生活习性

查阅资料——感受蜗牛重要作用

三、方法指导

（一）明确解决问题方法

师：刚才同学们提了很多问题，我们可以通过什么方法解决这些问题？

生：看书。

生：上网查资料。

生：做实验。

师：真不错，同学们知道这么多解决问题的方法。

生：有的小组想观察蜗牛，但是蜗牛那么小，我们看不清楚怎么办？

师：为了使我们能更大、更清晰地看清蜗牛，我们还得使用一件工具，这是什么？

生：放大镜！

（二）练习使用放大镜

说明放大镜的使用方法：一只手拿着放大镜，另一只手拿着物体，将物体放在放大镜的后方，前后移动放大镜或物体，以获得大而清晰的图像。如果所要观察的物体不能移动，可以同时移动观察者的头部和放大镜，以获得大而清晰的图像。

学生活动：学生用放大镜观察头发、指甲、尺子上的刻度等。

四、实践活动

每个小组的组长带领组员针对本组的活动主题，在班级或家庭中饲养并观察蜗牛，填写探究活动记录表。

探究活动记录表

组别_____ 姓名_____ 时间_____

你们想探究的问题是什么？	
你们的猜想是什么？	
你们需要哪些实验器材？	
你们的探究过程是怎么样的？	
你们观察到的实验现象是怎么样的？	
你们能得出什么结论？	
你们还有什么新问题？	

五、成果汇报

（一）师：当我们带着好奇与渴望观察饲养小蜗牛时，老师相信在每个人的心中都涌动着一种情感——激动与兴奋，那么现在就把你最精彩的发现汇报给大家，好吗？

（二）学生分小组汇报

第一组：观察蜗牛——了解蜗牛身体结构。

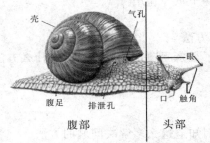

【通过放大镜等工具观察蜗牛，结合实物，借助幻灯片，介绍蜗牛身体结构。】

1. 组长总结汇报。

我们小组通过放大镜观察发现：它的身体可以分成三个部分，头部、腹部和壳部。

先说说头部：它的触角非常长，触角上的"黑珍珠"就是它的眼睛；在它的触角下面还有两条更小的触角，那张小得不能再小的嘴巴就长在小触角下面，与其说是嘴巴倒不如说是一条缝来得更形象。

再说它的腹部：它走路主要靠腹部，人们称之为"腹足"。而且，它走路非常有趣，能像吸铁石吸住金属一样吸住物体，再伸展长长的身体，像一名战士一样匍匐前进，并且还会一路留下一条长长的黏液。

2. 组员补充。

组员一：蜗牛的身体很柔软，而且上面总是有一层又湿又黏的液体。

组员二：蜗牛的触角的触觉非常敏锐，轻轻碰触，他都会缩起来。

第二小组：饲养蜗牛——了解蜗牛生活习性。

1. 小组代表汇报：

通过一个月的饲养和观察，我们组发现，蜗牛喜欢阴暗、潮湿的环境，强烈的光线刺激对蜗牛生长不利，所以我们可以在夏天下过雨后的墙角边、路旁的草丛里、树下或砖缝里找到它，蜗牛主要在夜间活动，它害怕白天直射的阳光，喜欢栖息在阴暗潮湿的环境。蜗牛的视力很差而且反常，在强光下看的较近。

2. 其他组员补充。

通过查阅资料，我知道蜗牛为杂食性动物，一般以采食绿色植物的根、茎、叶、花、果实等为主，如白菜及红薯、胡萝卜、各种瓜果，但不喜欢吃苟刺激性的植物，如韭菜、大蒜、葱头、辣椒和盐类食品。此外，它们还食取一部分沙粒和泥土，这是因为土中含有腐殖质的缘故。

第三小组：查阅资料——感受蜗牛的重要作用。

1. 小组代表汇报：

通过查阅资料我们了解到蜗牛浑身都是宝，它的肉营养丰富，丰腴鲜美，已列入西餐上等佳肴。壳中含有丰富的钙、铁、磷、钾等多种微量元素，可以加工

成营养全面的饲料添加剂。蜗牛入药具有清热、解毒、消肿、平喘等功效。

2. 小组其他组员补充：

通过问妈妈，我了解到蜗牛爬行时分泌的黏液可有效地避免皮肤老化，并能消除皮肤上的斑点、疤痕和痤疮。利用蜗牛的再生功效制作的护肤膏对皮肤是极有保护作用的。从蜗牛黏液中提炼出的尿囊素可以使皮肤再生，蛋白质和维生素可以增加皮肤的营养，使肌肤更加细腻和光滑。

（三）教师小结：同学们真了不起，通过刚才各小组的汇报，我们更细致更全面的了解了我们的好朋友——小蜗牛，增长了很多知识。让我们爱护我们身边的小动物，和它们一起快乐的生活，以后我们还将一起探索小动物的奥秘。

课后反思

小学生对动物有着天生的探究兴趣，但限于他们的观察水平，他们的认识往往是笼统的、片面的。《观察蜗牛》一课的教学中，我采用了"做中学"的学习方式，让他们通过观察与实验接触现实，激发想象力，扩展思维，改善交往和语言能力。让学生们亲自动手摸蜗牛、画蜗牛等实验来了解蜗牛的生活习性，使他们通过观察、提问、设想、动手实验、表达、交流等探究活动，获得对小动物丰富的直接认识，并在活动中体验到科学探究的过程、建构基础性的科学知识、获得初步的科学探究能力，培养了学生的科学素养。学生们在整个学习过程中，个个兴趣盎然，积极参与到各项活动中，做到会用文字和图画等方式观察记录蜗牛的行为特征，会用简单表格统计、整理蜗牛的食性等情况，活动过程中愿意与他人合作并交流想法。但由于该堂课中学生动手实验多、回答问题多、讨论多、教学时间尚嫌不足，教师应具备全局观，合理分配时间，在提问人数、讨论时间、完成实验个数上适当控制。

迷津指点

1. 活动过程中教师要基于学生已有的经验和知识，进行有效教学，防止"零起点"。

2. 活动过程中要充分发挥学生的独立性和主动性，放手让学生独立自主地进行探索活动，让学生研讨中寻求结论。教师不直接向学生讲解知识，甚至不做任何裁决。但在整个教学过程中，教师的作用是必不可少的。如精心设计和选择实物；创设有利于学习的情境、鼓励。

学生讲出自己的意见，因势利导地帮助学生讨论问题、解决问题等。

第二部分

人与社会 关注社区（四年级）

教学设计说明

　　通过一年的综合实践活动，学生具有了一定的问题意识，观察、实验、调查、访问等能力得到初步培养，对自己、对家庭成员有了初步的认识，对自然界的动、植物有了更进一步的了解，通过观察、研究、种植、饲养等实践活动对自然界充满了好奇与热爱。四年级我们将孩子们的实践活动范围拓展到身边的社区，从"关注我们的学校"到"走进我们的社区"两方面完成本年级的主题学习活动——人与社会、关注社区进而学会提出问题的方法，学会表述问题、学会设计活动步骤，能够进行成果总结与表达；能够针对感兴趣的问题展开调查，学会撰写调查研究报告；能够进行简单的小实验，学会作电子演示文稿。

校史知多少

侯秀云

活动主题与背景

当学生第一次走进学校的时候，他会对学校的建筑产生兴趣，想了解它的各个地方都有什么，但是随着年级的升高以及对学校的熟悉，学生们就会逐渐的想了解它的发展历史。针对这个特点我设计了这一主题活动——校史知多少？

设计意图

采用以学生为主体的活动方式，通过学生合作调查，了解学校的发展史，使学生更加热爱学校，进而坚定要好好学习，为学校争光的信念。同时，通过这一活动，进一步培养学生的合作意识，掌握更多的有效的学习方法。

活动目标

1. 学生通过亲身调查，了解学校的发展史；
2. 掌握通过调查学习知识的方法；
3. 培养合作能力和爱学校，做主人翁的意识。

活动重点

了解学校的发展历史。

活动难点

调查学校发展之初的历史。

课前准备

分小组进行调查，每个小组要有明确的分工。

活动设计流程

一、问题发现

同学们，作为二实验的一名学生都感到学习生活在这样一所学校而感到骄傲与自豪，那你对我们学校了解多少呢？（学生争先恐后地发表自己对学校的了解）

同学们说的都是学校现在的情况，学校的过去发展史你们还不十分了解，那么这次实践活动就让我们共同走进学校的历史，去发现他的魅力吧！

二、活动准备

（一）激发兴趣

师：我校是吉林市创办较早的学校之一，始建于 1917 年 3 月，到现在已有九十多年的历史了。谁知道我们学校建校 100 年是哪一年呢？

生：是 2017 年。

师：说得很对，学校准备在建校 100 年的时候进行隆重的庆祝，作为一名有悠久历史的学校的学生是不是更应该了解学校的历史啊。

师：说说你们都想了解学校的哪些呢？

生：校长是谁、有多少班级、有多少学生、多少老师、学校都有什么活动、还有学校的环境是怎样的、都取得过哪些成绩等。

师：好，那我们就以学习小组为单位，先来确定活动的主题（讨论）。

生：汇报所确定的主题。

第一组：我们的主题是"校长知多少"想了解各个时期的校长都是谁？

第二组：我们的主题是"校舍的变迁"想了解校舍有什么变化。

第三组：我们的主题是"喜欢的活动"想了解都搞过什么活动。

第四组：我们的主题是"名师优生在哪里"想了解我校的优秀教师和学生。

第五组：我们的主题是"成绩越来越好"想了解我校都获得过哪些荣誉。

师：那就按照你们的想法去了解吧，在了解之前要做好以下准备工作。

（二）明确职责

1. 确定了解对象。

2. 详细分工：了解记录的、摄影的、材料汇总、分类、汇报的人员等等。

3. 时间安排：第一、二天了解记录学校的发展史；第三天汇总、分类了解到的材料，做好汇报交流的准备工作。

三、实践天地

学生以组为单位，在组长的带领下各负其责开始调查了解。

四、交流展示

（一）第一组展示

我们组调查的是"校长知多少？"请看大屏幕（出示表格）

时　间	校　名	校　长	时　间	校　名	校　长
1917 年 3 月	永吉县城区第十三小学	郭增旗	1936 年	吉林市马路国民优级学校	松本宗日出（日本人）
1945 年 8 月	吉林市朝阳中心国民学校	徐伦	1948 年 3 月	林市朝阳区完全小学	殷耕一
1950 年 6 月	吉林市实验完全小学	陈守文庞凤阁	1953 年——1955 年	吉林市一区中心小学	王植

1956 年	吉林市昌区中心小学校	刘启	1964 年—1966 年	吉林市昌邑区中心小学校	王经国
1966 年—1970 年	昌邑区第一九年贯制学校	市二化工宣队校革委	1975 年—1978 年	昌邑区第一九年贯制学校	王经国
1978 年—1979 年	昌邑区十七小学	王经国	1980 年—1987 年	吉林市第二实验小学	李勃生
1987 年—1992 年	吉林市第二实验小学	郝文祥	1992 年—2007 年	吉林市第二实验小学	许淑琴
2007 年—2013 年	吉林市第二实验小学	陈福			

（二）第二组展示

我们组调查展示的是："校舍的变迁"。请看图片。（大屏幕出示图片）

由于早期设备有限没有留下校舍的照片，很是遗憾，但了解到那时的校舍很少很简陋，都是平房，冬天还要靠煤炉子生火取暖。1980 年我校迁入现在的地方，才有了我们现在的教学楼。

教 学 楼

主楼高达七层，建筑面积一万零八百平方米。内有教室三十六个，办公室十一个。（插入班级和办公室图片）

1992年又扩建了校舍和操场。建设了科技楼。

科 技 楼

体育馆、明德楼

天文观测台

2003 年又建了明德楼、体育馆和天文观测台；操场铺上了塑胶；在科技楼和明德楼里分别有多个微机室和电钢琴室。

微　机　室

明德楼内有省级蒙特梭利教育幼儿园，设有音乐教室、感统教室、学习室、休息室等。操场上铺着厚实的红绿的塑胶，周围是同学们自主实践的种植园。

总之，我们学校的现在和建校时期比较发生了翻天覆地的变化，我爱我们的校园。（掌声）

（三）第三组展示汇报

我们组展示的是："喜欢的活动"。我们学校同学们喜欢的活动太多了，像历史悠久的"夏令营"1983 年就开始有了，而且还是去了"比较大的城市——长春"，据了解那次同学们玩得很开心，去了有名的南湖公园，参观了第一汽车制造厂等，长了不少的见识，学到了很多的知识。可惜那时摄像设备比较少没有留下珍贵的照片。

从那年以后几乎是在允许的情况下，每年都搞夏令营和冬令营活动。在活动中有科技小制作、拓展训练、生活技能学习、红领巾大卖场同学们都可喜欢了。

夏令营　参观发电厂

夏令营　抓小鱼比赛

　　除了夏令营、冬令营学校还经常组织体育节、艺术节、读书节在这些活动中我们提高了素养，锻炼了体魄、增长了知识。

体育节

打雪圈

拓展训练

学习生活小技能

科技小制作

红领巾大卖场

（四）第四组展示

我们组展示的是："名师优生在哪里"。我校是培养优秀人才的摇篮，涌现出了许多的名师和优秀学生，以下列举的分别是名师代表和优秀学生代表。

1956年张玉坤老师被评为全国优秀教师，光荣地见到伟大导师毛主席。

20世纪80年代，学校开展红杏奖评比，高文会、张红心、马丽杰、赵秀贤等获红杏奖。

孙伟被评为全国体育工作先进个人，陈福被评为全国优秀教师。相继有张晓华、邹春红、张陆慧、马丽杰、李劲锋等被评为吉林市十杰教师。

近几年，学校又涌现出许多名师、特级教师：许淑琴、陈福、张晓华、邹春红、蔡晓晶。

优秀学生有：

孙桂芝烈士，一九五三年毕业于我校，在吉林联化就业，她为了抢救国家财产于一九五九年被火烧伤，抢救无效，不幸牺牲。被中共吉林市委追认为中国共产党正式党员和烈士。一九六〇年四月，在北山烈士陵园建造了孙桂芝烈士纪念碑。

学生孙士雅，因篮球特长突出，于2012年被清华附中破格免费录取。

梁博源同学，于 2012 年在第三届数学团体锦标赛上获得金牌。

真羡慕啊。让我们也加油，努力学习吧！

（五）第五组展示

我们组展示形式比较有特点，请同学们注意看啊，我们组通过向综合处和科研室的老师了解得到了以下的资料，请看：（出示）

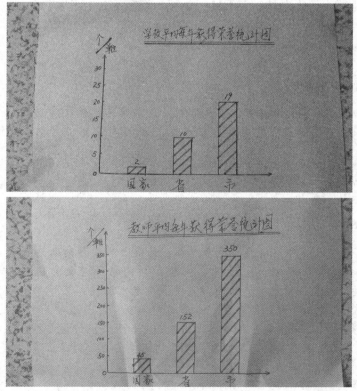

我们组把学到的数学知识和调查的内容整合在一起了，更有特点吧！

五、活动拓展

同学们用不同的形式展示了学校各个方面的发展变化,真了不起!通过了解学校的发展历史,我相信同学们会更加热爱学校了,都想为学校的发展做出我们的一点贡献,那么就让我们通过绘画、小报的形式描绘出你心目中的未来学校吧!

课后反思 ....

这节课对学生是一个新的挑战,要了解近百年前的学校历史难度比较的。但通过这节课,学生积极动脑筋想办法,思维更灵活了,增强了合作意识和克服困难的勇气,从而也更加的热爱学校,坚定了做好学校小主人的信念。

迷津指点 ....

对于校史的了解本身就是一件比较难、比较枯燥的事情,因此教师带领学生做好前期的准备工作,指导学生明确找那些人去了解,了解哪些内容,并且小组内既要分工详细,又要合作紧密,团结一心才能很好的完成任务。

校园"四节"徽标设计

马 莉

活动主题与背景 ....

"校园节日",是学校独有的教育财富,是学校文化建设的重要组成部分。吉林市第二实验小学将素质教育融入校园主题活动、节日文化。学校设立了读书节、体育节、艺术节、科技节,这些节日活动在提升学生全面素质、学校德育工作开展的实效性方面发挥着越来越重要的作用。精彩纷呈的校园节日形成了校园一道道亮丽的风景线,营造了二实验小学健康、礼仪、智慧的校园新气象。

设计意图 ....

通过节庆文化提升学生校园生活质量,开辟素质教育的新途径。学生通过动手设计校园"四节"徽标,更能升华学校活动的精髓"我自信!我参与!我快乐!"以活动促成长、以竞赛促提高,激发学生艺术潜能,展示学生的艺术设计能力,让丰富、有趣,实践、创新这一道道精神盛宴,彰显着学生独特的文化气质。通过这次主题活动,向学生介绍徽标设计的基本知识、设计思路和方法,使学生了解标志设计的基本审美原则,从而提高学生的审美能力,树立正确的审美观念。

活动目标 ....

1. 增强同学们对节日文化的热爱,扩大节日影响力,形成一种良好校园文化，提高同学们的创新能力、动手能力、展现设计才能，为校园生活注入新的活力。

2. 在实际活动中促进学生之间相互团结友爱的气氛形成。

3. 锻炼学生将课内知识综合运用，为自己的创造和创意服务。

活动重点

激发学生爱校荣校热情，积极参与的意识，锻炼学生动手能力及艺术设计能力。

课前准备

组成合作小组、参考网络、书籍的设计样式、搜集素材。

活动设计流程

一、欣赏引入

师：（PPT 演示）请同学欣赏几组节日徽标。

1. 这些标志传达给我们什么讯息？

师：同学们通过欣赏这些标志可以看出，每个标志都蕴含着大量的信息，具有一定的含义。因此可以说，标志是具有某种含义的视觉符号，犹如语言起着识别、示意和传递信息的作用。它通过精练的艺术形象，使人一目了然。它具有很强的概括性与象征性，同时也有着独特的艺术魅力。

2. 你最喜欢哪一个徽标，说出理由。

3. 这个图标突出了什么主题思想？

师：这些传达讯息的图形标志，就是我们今天研究活动的主题。

二、提出活动主题

师：我校的校园节日文化活动丰富多彩，深受老师同学的喜爱。我校有哪些校园文化节日？（读书节、体育节、艺术节、科技节）你最喜欢哪个节日？

在这些节日中，你有哪些收获？这节课的主题是"徽标设计，我来创意"。

同学们集思广益、共同合作，为我校的读书节、体育节、艺术节、科技节，设计一个精美有创意的徽标。

三、设计要求

1. 参加设计的作品必须为原创作品，不得抄袭侵犯他人著作权。

2. 作品要求为平面设计，要有强烈的视觉冲击力和直观的整体美感，紧扣主题、简洁大方、有时代感，能够突出节日的主题思想。

3. 能表现出我校学生朝气蓬勃的精神状态。

4. 体现我校的办学理念，能体现我校读书节、体育节、艺术节、科技节的特点。

四、制定计划，组建小组

1. 小组确定课题、起组名、选组长。

2. 小组成员分工，制订小组活动计划。

3. 活动流程：确定主题——分组——请指导老师——设计方案——查阅资料、走访、考查——阶段小结——评价修改——活动总结（成果展示）。

师：经过大家的认真思考，小组活动计划已经定好了，同学们可以根据计划开展活动了，赶快行动起来吧！

五、阶段展示

（一）主题活动资料搜集

标志的类别繁多，使用广泛。例如：用于国家标志的国徽、国旗。用于团体标志的共青团团徽、团旗、少先队的星星火炬。用于商品上标志称商标，如李宁牌商标、奥迪轿车标志；用于各行业、机关等职能部门的专业标志，如公路局的标志、中国铁路的标志、公安机关的标志、红十字的卫生标志等。

（二）标志的构思与创意

结合课件欣赏中外优秀标志作品的构思与创意。如奥运会标志、北京奥申委会徽、2008 年北京奥运会会徽等。

1. 奥运五环标志。它由 5 个奥林匹克环套接组成，5 个环从左到右互相套

接，上面是蓝、黑、红环，下面是黄、绿环。整个造形为一个底部小的规则梯形。奥林匹克标志象征五大洲和全世界的运动员在奥运会上相聚一堂，充分体现了奥林匹克主义的内容：所有国家和所有民族的"奥林匹克大家庭"主题。同时也象征着五大洲的人民团结起来，为创造光明的世界而努力。

2. 北京奥申委会徽。该标志图运用奥运五环色组成五角星，相互环扣，同时它又是中国传统民间工艺品"中国结"的象形，象征世界五大洲的团结、协作、交流、发展，携手共创新世纪。五星，似一个打太极拳的人形，以表现中国传统体育文化精髓。整体形象行云流水，和谐生动，充满运动感，以此表达奥林匹克更快、更高、更强的体育精神。

3. 2008年北京奥运会会徽。"中国印·舞动的北京"是中国特点、北京特点与奥林匹克运动元素的巧妙结合。以印章为主体表现形式，将中国传统的印章和书法等艺术形式与运动特征结合起来，经过艺术手法夸张变形、巧妙地幻化成一个向前奔跑、舞动着迎接胜利的运动人形。人的造型同时形似现代"京"字的神韵，蕴含浓重的中国韵味。

（三）标志设计的方法步骤

1. 选题：确定标志设计的题目、内容及要表达的信息。

2. 构思：怎样突出标志设计的特征，用什么手法来表现。

3. 构图：可多画几幅草图，反复思考，寻找简练、概括的形象，明确地表达信息；也可采用不同的手法来表现，以选择合适的设计方案。

4. 定稿：选择最理想的设计定稿。

5. 着色：设色单纯、醒目或用对比色彩。一般只用一两种颜色，防止杂乱影响效果。

六、小组作品展示

由每组学生代表讲解设计的意图、过程，小组内其他同学可补充。其他同学注意看哪个设计得比较新颖、有创意。有没有值得你学习的地方，学生进行评议。提出不足及改进方案，然后评出创新设计奖、最佳设计奖。

1. 体育节节徽设计组。

创意说明：会徽设计主题为"跨越"。

设计元素：图案以数字"2"变化为激情跨越的运动员，有机结合燃烧的奥运圣火和赛场跑道整合设计，突出显著的竞技体育属性；数字"2"经艺术变形为一名奋力向前跨越的运动员造型，图案书法笔触的描绘，充分体现了"更高、更快、更强"的奥林匹克精神，也代表吉林市第二实验小学飞速向前、快速发展的学校形象。上面的篮球火焰，代表

体育圣火、激情燃烧寓意吉林市第二实验小学以篮球为载体，体育事业将蒸蒸日上，阔步向前展现了运动会的热烈、祥和的气氛。绿色弧线代表赛场跑道，象征运动、体育，更加突出了运动会的主题，同时圆弧又寓意运动会圆满的召开。红、蓝、绿的色彩结合，鲜艳醒目、和谐靓丽、富有鲜明的时代感。

2. 科技节节徽设计组。

科技节主题为"掌握科技、创造未来"。

科技节会徽图案以一只大手掌握象征网络科技教教育来实现我校"在学生手指尖上构建世界课堂"的科技教育特色，手掌化身一只绿色的小鸽子，既代表未来科技发展的绿色环保主题。双寓意新时代少年奋发向上的一种活力，立足现在，寓意未来。

3. 艺术节节徽设计组。

艺术节主题为"展风采，露一手"。

艺术节会徽图案以一只大手托起象征音乐、舞蹈、美术的音符、绸带和画笔，寓意学生以主流艺术形式创造美、展示自我；音符、绸带和画笔变形为草书的"艺"字，突出了人校艺术教育目标，"普惠与个性化"兼顾相宜的艺术教育特色。外套三重明度变化的绿色圆环，即代表少年人的无穷活力，又寓意对艺术的探索永无止境。艺术节会徽采用械、蓝、绿的色彩结合，鲜艳醒目，深受学生喜爱。

4. 读书节节徽设计组。

读书节主题为"与小书虫对话"。

三本展开的书即三颗小幼苗，三个书虫。"书虫"是一个可爱的形象，它如痴如醉地沉迷于书卷，孜孜不倦地咀嚼着书香……"书虫"还会用它细细的鸣叫声不停地提醒着你：要坚持不懈地读下去，要广泛而丰富地读下去，也许有一天，你会突然发现，你已经如蝉变蝶，振翅欲翔了！

七、教师总结

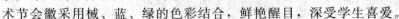

课 后反思

本课的活动形式是小组合作，但据我观察，本主题合作学习的效率不理想，

不少小组是由一个绘画水平相对比较高的学生说了算，其余学生只是作为旁观者，而没有发挥出小组团队的智慧，这样就失去了小组学习的意义。我要求小组内学生分工，有设计的、有绘画的、有配色的，但在实际的动手操作中，学生忙着做自己的。我想其中的原因还是要从我们教师身上找，教师如何有效地引导学生开展小组合作？学生是不是已经具有了合作意识？

迷津指点

"节日标志"在学生的眼里中并不陌生，在我们的生活中、校园里处处可见。这些标志大部分是由专业设计人员创作的，如何让一位小学生通过一次主题活动设计出有内涵且兼具形式美的标志呢？这就需要教师从学生的兴趣出发，从学生的实际生活出发，创设出恰当的教学情景，对学生进行美育和德育。可以从学生感兴趣的日常生活中常见的标志入手，引入主题，突出课中的知识点，背景音乐导入激发兴趣，体验情景教学之乐。

追寻校园明星足迹

周晓波

活动主题与背景

吉林市第二实验小学作为培养现代人的摇篮，我校始终把培养基础牢、会学习、能实践、会创造、有特长的小学生作为目标，提出了一班一品，一人一特色。在我校百年校庆来临之际，为了让学生更好地了解我们的学校、教师和同学。我校举行了评选校园明星的活动，一个校园明星就是一本书，打开它就能了解学校的发展历程，从而激起学生努力学习，为学校增光添彩的自信心和自豪感。

设计意图

榜样的力量是无穷的，在我校不同的历史时期，尤其是学校传统特色的熏陶和感染中，涌现出一批优秀学生。他们像璀璨的星星，闪耀着迷人的光芒。他们的优秀值得当代学生敬佩，更需要他们进一步地了解。为此我们要通过采访，深入了解人物，探究人物的成长历程。

活动目标

1. 通过采访校园明星，掌握采访的基本方法和要求，让学生在活动中学会与他人进行有效沟通。

2. 通过评选和表彰纪律、学习、卫生、管理、习惯、才艺等多方面的班级小明星，使这些小明星带动更多的同学成为新星。

3. 通过走进明星、感悟明星、争当明星等探究活动，培养学生的实践能力和创新能力，提高口语交际能力、口头表达能力等。

活动重点 ....

通过班级明星评选活动，给学生搭建一个自我展示的平台，有效提升学生的综合素质，发展学生的个性，丰富学生的文化素养。

活动难点 ....

学生掌握采访的基本方法和要求，有一定的采访技巧，并在活动中学会与他人进行有效沟通。

课前准备 ....

1. 课前调查。

"校园明星知多少"问卷调查

明星的姓名	明星类别	有何成就

2. 学生动员。

通过师生交谈，激发学生开展调查研究的兴趣，并学习有关采访的相关知识。

3. 家长动员。

发放《告家长书》，宣传本次研究活动的意义以及内涵，争取家长的积极配合支持。同时邀请一些有所特长的家长成为研究活动的参与者，为此次研究活动的顺利开展打下一个良好的基础。

4. 制订方案。

学生通过交流，最后确定了走进明星、介绍明星、感悟明星和争当明星四个板块来完成本次综合实践活动。学生根据自己的爱好选择几个板块分组进行活动，自己选组长，自主分工完成任务。

活动设计流程 ....

第一阶段：走进校园明星（历时一周）

这一板块的成员根据不同的人物分为三组进行：篮球明星孙士雅研究组（被清华附中录取的特长生）、科技明星徐军航研究组（国际少年科技金奖获得者）

和数学名星梁博元研究组（世界数学团体锦标赛单项赛第四名、大陆第一名）。

1. 每组把课前制定的问卷调查表，发放给同年级的同学、同学的家长、还有学校的老师，向他们了解情况，收集资料。

2. 调查、走访学校的老师，向他们了解三位名星级学生在哪个班、家住哪个地方。

3. 采访三位校园明星或其家属。

☆采访方法指导：一次完整的采访，需要先确定采访主题、拟定采访提纲、了解采访者背景、带好采访工具、提前预约等。

☆小组合作拟定提纲，至少提出三个你感兴趣的问题。

出示"校园明星采访单"。

采访主题			
被采访人		小记者	
采访记录			
采访提纲		被采访人回答	
1.			
2.			
3.			
4.			
5.			
采访感受			

☆采访活动小结：

通过学习，总结采访的技巧，填写采访感受。还可以用自己学到的采访方法，去采访更多的优秀学生，更深入地了解他们、学习他们。

第二阶段：介绍明星（历时一周）

各小组对自己收集到的资料进行分类、整理并装订成册。在班组中开设阅读长廊，利用早自习、中午等时间仔细阅读。然后完成介绍和宣传工作。

1. 选择自己最喜欢的有意义的话做成校园明星书签，送给老师、同学、校友或者家人。

2. 设计完成一张校园明星手抄报，在学校的宣传窗中展示，向全校学生做宣传。

3. 建立校园明星小档案。

第三阶段：感悟明星（历时一周）

1. 根据走进明星、介绍明星以及搜集的相关材料的情况，撰写个人体会。

2. 根据小组的活动情况，撰写小组活动小结、感想以及得失成败的体会等，并把活动过程中积累的各种资料整理到小组的档案袋中。

3. 交流本次活动的收获以及感受等，评选出优秀活动小组、最佳创意小组、团结协作榜样小组等。

第四阶段：争当明星（历时一周）

社会发展需要多元化的人才，教师应正视学生自身的差异，给孩子们一个公正的评价。争当明星这一板块就是让他们在宽松的环境中，张扬自己的个性，发挥自己的才能。

1. 举行才艺比赛。

在班中进行各种比赛，评选出"小小歌唱家"、"小小书法家"、"小小舞蹈家"、"剪贴小能手"、"故事大王"、"小小写作家"、"小小数学家"……为全体学生提供一个发挥潜能的舞台，给每一个学生充分展示才艺的机会，使每一个学生的特长得到发展的空间，激发学生比学赶超的精神。

2. 评选班级小明星。

为鼓励学生发展特长，增强对学生的榜样教育，树立典型，在班级中创设积极向上的学习氛围，培养学生全面发展，激发学生勇于争先的进取精神，形成良好的班风，增强集体活力，特此开展"班级小明星"的评选活动。

☆班级小明星评选内容及细则：

（1）奉献星：乐于助人、任劳任怨、踏实肯干、甘于奉献。

（2）诚实星：诚实守信、言行一致、不说谎话、不说大话、知错就改、讲信誉，答应别人的事一定要做到，做不到要向对方说明情况，不随意拿别人的东西，借东西及时归还。

（3）礼仪星：尊敬师长、孝敬父母、仪表端庄、对人有礼貌，主动问好、见面行礼、尊老爱幼、同学友好相处、互相关心、互相帮助、相互尊重、相互合作。举止文明、尊重他人、乐于助人，遵守学校的各项规章制度。

（4）孝顺星：孝敬父母、关爱长辈、理解体谅父母，尽力为家庭分忧解难。

（5）俭朴星：生活简朴、不摆阔气、不讲吃穿、不乱花钱。

（6）勤奋星：学习刻苦、成绩突出，在学习方面起模范带头作用。自主学习、勤思好问、乐于探究、积极进取各科学习成绩优秀。

（7）技能星：学习态度认真，动手能力强，技能比赛中有突出表现。

（8）才艺星：具有文艺、书法、美术、体育特长，在比赛中取得优异成绩。

（9）劳动星：热爱劳动，积极参加校内外劳动，自己能做的事自己做，主动为同学及家人做一些力所能及的事，有良好的劳动卫生习惯，珍惜劳动成果。坚持搞好班级和卫生区卫生，值日认真负责。

（10）进步星：学习态度端正、学习进步大的学生。

☆班级小明星评选条件及方法。

凡申报班级小明星的学生必须模范遵守《中小学生守则》和《中小学生日常行为规范》。按时完成作业、遵守纪律、团结友爱、尊师爱校、关心集体、讲文明、懂礼貌、乐于助人、实事求是、勤于奉献、有高度的集体荣誉感和使命感，有一定的榜样示范作用，并接受学校、教师和同学的监督。必须无违纪等不良表现，否则一票否决。

每个申报小明星的同学可以通过自荐和推荐的方式产生候选人，然后结合评选细则，由全体学生进行投票选举（学生选举率达80％以上为5分；学生选举率达70％以上为3分；学生选举率达60％以上为1分，学生选举率达50％以下没有参选权），科任教师的综合测评（满意5分；一般3分；合格1分）。满分10分，最高分者为每个项目的班级小明星。

对在才艺比赛评选出的"小小歌唱家"、"小小书法家"、"小小舞蹈家"等以及评选出的班级小明星进行颁奖。根据每个小明星的不同特点，用简洁、明快、贴近实际的文字及照片制成"小明星"挂像，挂在每一个教室外的展台上。

课后反思

历经一个月的时间，学生参加了这一系列的活动。由于活动前作了精心准备，学生对本次综合实践活动兴致高昂，能主动、热情地投入到活动中，从"走进明星"、"介绍明星"、"感悟明星"、"争当明星"这些活动中可看出，他们都有不同程度的收获，都能树立自信心，都充分地展示了自我。

迷津指点

学生在本次采访校园明星的活动中，掌握了采访的基本方法和要求，但采访的技巧还有待提高，在今后的活动中还要具体训练，以保证学生在活动口学会与他人进行有效沟通。

采访教师的一天

单 丹

活动主题与背景

在人们的心中，人民教师是光荣的，教师的职业受到全社会的尊重。学生的成长离不开教师的教诲，但学生很少了解教师工作的辛苦。因此通过采访教师的活动，帮助学生了解教师工作，增强尊敬老师、尊重教师劳动的思想认识与感情。

设计意图

以学生的生活为基础，以培养学生良好品德、乐于探究、乐于探索、热爱生活为目标。训练学生观察、采访、调查了解自己的老师，训练用比较准确的语言表达自己的见闻，使学生了解老师的辛勤工作和良苦用心。

活动目标

1. 在教师的指导下，学生初步学会拟定活动方案，成立研究小组。

2. 通过采访身边的老师等活动，了解教师工作的辛苦，加深对老师的理解和尊重。

3. 培养学生的小组合作意识。

活动重点

1. 采访方法的指导及资料的收集与整理。

2. 在汇报成果时组员之间的协作、分工。

课前准备

PPT 演示文稿。

活动设计流程

一、创设问题情境，确定活动主题

（一）猜一猜，导入主题

同学们在学校的美好时光，每天都是老师陪伴你们度过，对老师是不是很熟悉，我要考考你们？——猜猜这是谁？（教师出示 PPT 图片）

1. 看背影猜老师。

2. 听声音猜老师。

（二）记一记每个学科任课老师及他们的名字。

1. 给我们上课的老师还有哪些？

2. 你们知道老师的名字吗？

我们的成长离不开每一位老师。

（三）说一说我喜欢的老师。

1. 你们喜欢老师吗？

2. 说说你喜欢每位老师的理由是什么？

二、确立小组课题

同学们，在学校里，我们与老师朝夕相伴，你认真观察过老师的工作与生活吗？在本次综合实践活动的学习当中，你想要了解哪些内容？

对学生提出来的问题进行梳理归类，确定研究的子课题为：

（一）调查我们班每个任课老师的工作情况。

（二）调查班主任老师一天的工作情况。

（三）调查后勤老师一天的工作情况。

（四）通过访谈，了解老师的烦恼和快乐。

三、小组分工，制订研究计划

（一）全班自愿组成四个探究小组，并推选出每个组的小组长。

（二）组长的任务是负责召集本组人员商讨采访内容与采访提纲，负责和被采访老师的联系，并做好采访记录整理工作。

（三）根据小组研究内容的特点进行选择。

活动设计方案（一）调查我们班每个任课老师的工作情况

	语文	品社	数学	英语	音乐	体育	美术	科学	微机
每天课时									
任教班级									
所教学生									
其他工作									
调查收获或感受									

活动设计方案（二）调查班主任老师的一天的工作

老师忙碌的一天	
时间	工作内容
7：30	
第一节课8：00—8：40	
第二节课8：50—9：30	
眼操、课间操9：30—10：00	
第三节课10：00—10：40	
第四节课10：50—11：30	
学生午餐11：30——12：00	
午休12：00——12：40	
第五节12：50——1：25	
第六节课1：35—2：10	
阳光体育2：10—2：35	
第七节课2：35—3：15	
艺术活动3：25—4：10	
放学送队4：15	

活动设计方案（三）老师的烦恼和快乐的事

采访的老师姓名		地点		组长	
老师最快乐的事					
老师烦恼的事					
她对我们的期望是什么					

活动设计方案（四）调查后勤老师的一天的工作

组名	（　　　　　）小组		
成员	组长：		
	组员：		
我们的分工	采访员：		记录员：
	整理员：		
	摄影师：		PPT 制作：
	其他：		
活动流程		活动形式	活动内容
	第一次		
	第二次		
	第三次		

四、方法指导

同学们，在这次活动中，我们主要是要对老师进行采访，那怎样才能做好采访工作呢？

（一）采访前，要做好充分的准备工作。

1. 要确定被采访的老师、采访的目的以及相关的内容。

2. 事先预约，电话联系。

3. 编拟采访提纲。采访前把准备提出的问题一一列出，再列出采访的先后顺序，做到心中有数。并告之被采访对象，让其也有个心理准备。

4. 准备好笔、笔记本、照相机等采访用品。

（二）采访时，要有礼貌。

（三）采访后要致谢。

采访结束后，可以在同伴的帮助下与被采访者的合影。

五、实施阶段

（一）各个小组的成员在组长的带领下，按照制订的计划表进行实际操作。

（二）分组整理调查结果，合理运用掌握的资料，并做好多种形式汇报的准备工作。

六、成果展示

第一小组汇报：调查我们班每个任课老师的工作情况。

我们年级的英语、体育、音乐、微机、美术、科学老师，他们每天正课是四节课，通常是教七个班的学生，每个班的学生大约是 45 人。此外他们还要担任值周教师、护导的工作，如果学校要迎检，那么美术老师的工作就更忙了，他们还要负责学校的文化建设。除此之外，他们每天还要上两节艺术课。

采访后我们的感受是：尊重老师，首先要从尊重老师的劳动做起。老师的工作那么忙碌、那么辛苦。作为学生要认真完成作业，上课专心听讲，同学之间团结友爱……这些事情看似很小，但如果能天天坚持，就是对老师真诚的关爱与尊重。

第二小组汇报：调查班主任老师一天的工作。

早上 7：25，来到吉林市第二实验小学一年五班采访时，老师正在黑板上书写早读课文里的生字。每天早自习都是让学生进行积累背诵课文、读读学过的字、词。

7：35，老师和学生一起打扫室外卫生。她告诉小记者，学校要求学生"一日三扫"，一是保证校园环境的整洁，二是可以增强学生的劳动意识。

25 分钟后，老师上课了。对待不同的教学内容要分不同的方法。第一节课是从课文入手，让学生们跟着老师的思路走，让他们了解这篇课文的整体思想。第二节课是数学课，由于一年级的学生年龄小，她准备好教具和课件。

9：30 课间操时间到了。班主任老师都来到操场，监督学生认真做广播体操。课间操后，小记者发现老师一直在教室门口守着，便询问她是什么原因，她笑着解释道："这是我们学校实行接班制度，如果下一节课程的老师不到场，这一节课的老师是不能离开的，这样也保证了学生的安全。"

10：10，老师回到办公室，开始批改作业。她告诉记者，对作业没完成或者是完成质量不太好的学生，就要抽出时间个别辅导。

11：30 带领学生吃午餐。

12：00 带领学生打扫卫生，然后一部分学生在教室里读书，一部分在室外活动。

12：50 老师虽然第一节没有课，还是按时来到办公室，开始准备教案。

2：20 老师到操场带领学生参加阳光体育锻炼。

2：35 这节是自习课，老师来到班级讲作业，辅导学生学习。

3：15 两节艺术课。

4：15 放学时间到了，班主任老师要把每个孩子亲自交到家长的手里。

第三活动小组的汇报：

1. 老师快乐的事：

同学们遇到我时的一声呼唤；炎热的夏季，悄悄把冰镇的矿泉水放在我的身旁；虽然学生的字还不漂亮，但是我看到他认真练习，认真请教的样子就是我的快乐！我在讲课的时候，孩子们总是瞪大了亮闪闪

的眼睛望着我，那专心倾听的样子就是我的快乐！

我觉得当老师挺幸福的。有时候走在楼道里，一个学生一下子抱住我，跟我很亲近，我就觉得很幸福。

作为老师，当我看到孩子们成材，或者他们回到母校看望我时，我会非常有成就感。

在电视上或媒体上看到我教过的学生作品获奖了，心里是相当的自豪！

2. 老师烦心的事：

小记者调查发现，接受调查的教师工作时间平均都在 10 小时以上，除个别教师外，老师们都认为自己除吃饭、睡觉外，80％到 90％的时间都花在了工作上。一年级组的王老师幽默地说："我唯一的爱好就是睡觉，现在只要有时间，我就希望能多补充一下睡眠。"

面对社会众多因素造成的问题学生，都要求老师一个个解决，真的是身心疲惫。

第四小组的汇报：

1. 组长孙一涵汇报：视频（后勤刘老师为同学们修理桌椅、修暖器）。

2. 采访后勤老师。

3. 人物传记《我们敬爱的刘老师》。

课 后反思

这一课的教学内容力求密切结合学生学校生活，关注学生个体情感体验。通过指导学生的调查，引领学生在调查活动中体验，力求从儿童的视角观察教师，用他们的方式探究教师的工作。回顾本课教学：在参与课堂活动过程中，对于学生个性特点的知识经验、思维、灵感调动不够及时，这些都是需要教师进一步探索的问题。

特殊的节日礼物——剪纸

郝建辉

活 动主题与背景

秋风送爽佳节临，红花硕果暖人心。九月里，空气中弥漫着感谢师恩的气氛。为加强师生了解，增进师生感情，促进师生和谐共处，又能培养学生一技之长，特定此次综合实践活动的主题为"特殊的节日礼物"。

设 计意图

为发扬尊师重教传统，使学生学会向师长感恩，懂得感恩老师的爱心，感恩老师的劳动，感恩老师的教诲。大力开展感恩老师教育活动，让学生在活动中学会感恩老师，受到很好的教育效果。

活动目标

1. 了解教师，感恩教师，并用剪纸的方式表达这种情感，增进师生情感。
2. 提高搜集、整理、归纳信息的能力，与人沟通交流的能力以及熟练操作多媒体的能力。
3. 彰显摄影、美术、文艺、文学、手工制作等才能，并在实际运用中提升这种能力，获得成功体验、提高自信。

活动重点

了解教师、感恩教师，并用剪纸的方式表达这种情感，增进师生情感。

活动难点

捕捉感人瞬间，制成剪纸作品送给教师当礼物。

课前准备

剪纸用品及相关工具。

活动设计流程

一、谈话导入，激发创作兴趣

1. 了解"教师节"。

①我国的"教师节"是从哪一年开始的？

②哪些国家有教师节？

③我国为什么要设立"教师节"

各小组通过读报、听广播、看电视、请教老师、上网查询、上图书馆这些方法解决上述问题。

2. 怎样过"教师节"。

小组讨论交流：可以通过说一句祝福语，做一件好事，亲手制作一张贺卡等有意义的活动参与到"教师节"活动中，并决定下节课每人亲手将剪纸作品送给自己最喜爱的老师。

二、实践活动，制作剪纸作品

1. 邀请美术教师介绍剪纸的方法。

剪纸是我们中国民间美术的表现形式之一，剪纸的类型多种多样，窗花是剪纸艺术的一个主要品种，它多用于节日。民俗题材大多是对吉祥、幸福、美好的祝福，形式上则要求热闹、红火、有看头，起到装饰、美化环境的作用。

剪纸的基本技法有：

阴刻：图案上的装饰纹样被（剪）去，形成镂空效果，一般要求线线相断。

阳刻：将图中的装饰花纹留下，花纹以外的部分剪（刻）去，要求线线相连。一幅漂亮、完整的剪纸作品往往是阴刻、阳刻相结合的，它们互相连接、互相映衬，构成一幅完美的画面。

剪纸常用的装饰纹样：

（1）锯齿纹：常用来表现动物的皮毛、刺、草以及类似的东西，特点是较硬。

（2）鱼鳞纹：用来表现鱼鳞、波浪以及类似的东西、特点是柔和，具有动感。

（3）月牙纹：用来表现衣纹皱褶、头发、纹路以及类似的东西，特点是用途广泛，变化多端。

2. 学生尝试剪纸。针对学生在模仿中存在的问题，教师进行辅导，归纳剪纸步骤。

板书：①折、②画、③剪、④展开。

【在讲解"折"时，可以让学生根据书中提供的两种方法尝试着折一折，要剪纸先要学会"折"的技巧。】

教师示范剪出"花"图样，边示范边解说：把一张长方形纸连续对折，画上"花"的一半，沿线剪开，展开就成"花"的图样了，请同学们按照老师介绍的方法，自己试着做一张贺卡。

3. 独立创作剪纸作品。

4. 美化作品。可以将作品装裱，也可以制作一张贺卡，将作品粘贴在贺卡上等等。

5. 学写祝辞。

要求：力求情真意切及书写格式。教师节快到了，把最想对自己敬爱的老师说的话写在作品上。

6. 教师小结：同学们，今天你们亲手做了一张贺卡，准备送给你们敬爱的老师。我想当老师们收到你们的贺卡时，一定非常的高兴，看到你们心怀感恩，又多才多艺，老师也为你们自豪。

四、成果展示

1. 将作品在小组内交流，组长带领组员评选优秀作品，在全班进行展示，并由作者本人谈一谈作品的构思。

2. 邀请本班各任课教师参与此次活动，现场由学生赠送剪纸作品。表达对教师的感恩之心。

3. 各小组表演节目：如舞蹈、演唱、小品、朗诵、器乐演奏等。

4. 请教师代表谈一谈感受。

五、活动总结

本次活动，同学们能够细心捕捉教师工作中感人的瞬间，运用剪纸的方式表达对教师的感恩之心，并精心准备了精彩的节目，表达对恩师的感激之情。希望同学们在今后的学习生活中，更加关心我们的老师，把对他们的感激化作努力学习的动力，以实际行动回报我们的恩师。

课 后反思

综合实践活动这门课程的学习内容涉及到小学各学科的知识领域。它是基于各学科基础知识之上的学习活动。因此，它不是各学科知识的再学习，而是知识的延伸、重组与提升。在本次活动中，我让学生邀请本班的其他任课教师共同参与，不仅是为完成活动内容而活动，更重要的是引导学生在活动过程中走近老师、了解老师、亲近老师。在沟通的过程中学习交往技巧，增进师生间的情谊。

迷 津指点

此次活动需要学生使用剪纸工具才能进行，所以活动前教师要作好安全教育和使用注意事项的说明，在活动过程中教师要加强巡视，做好安全防范工作，避免受伤事故的发生。

设计班级的问题墙

邢 得

活 动主题与背景

我校始终坚持以学生综合素质发展为本的办学理念，努力建设发挥学生自主性的班级文化。例如由学生根据本班情况，设置班级"问题墙"、"感恩角"、"图书专栏"等等。班级文化建设为学生们张扬个性、展示特长、自主成长提供了平台。板报在学校里是最常见的宣传阵地，对学校教育、班级管理起到很大的促进作用。校园、班级的宣传美化离不开板报，同时也是锻炼学生能力的一个平台。所以，怎样体现"学生自主"的思想，我们该如何让学生敢于提问题，发表想法，尽其所能解决相关问题，让学生畅所欲言？由此班级里设置了"班级问题墙"这一园地。解决了小学生好知、好问、好奇这一问题。

设 计意图

通过孩子们各抒己见提出问题、整理归纳问题、解决问题，促进学生相互交流，丰富教室文化，激发学生的学习兴趣。体现学生自主管理。锻炼学生的组织、管理和动手设计能力。通过综合实践活动的指导，让学生学会思考问题，增强问题意识。

活 动目标

1. 初步了解"问题墙"设计的意义与基本方法，做出具体设计方案。

2. 对同学提出的问题能作出合理评价并提取有价值的问题。

3. 学会对一个项目进行科学设计并能付诸实践。

活动重点

尝试设计班级的"问题墙"。

活动难点

"问题墙"上"问题"的筛选。

活动设计流程

一、激发兴趣，生成设计主题

师：在这一周里，我们班级就"如何保护好新桌椅"这一问题，同学们献计献策，想出了很多好的办法。同学们想一想，在班级还存在哪些问题没有解决？（学生各抒己见）

师：你们一下子提出这么多问题，可以看出你们对班级的关心和热爱。我们怎样才能更好地、及时地去发现问题并解决这些问题呢？（生讨论）

生1：把发现的问题及时告诉老师。

生2：最好是能写在纸上、贴在墙上，让大家都能看得见也便于解决问题。

师：同学们想的办法非常好，让我们也行动起来，设计一个属于我们班的问题墙好吗？（师板书课题：班级问题墙设计）

二、主动探究，提出问题，整理有价值的问题

1. 观看其他班级的问题墙图片（课件展示）。

2. 引导学生提出问题。

师：同学们想一想，我们要想设计一个既实用又美观的问题墙需要哪些材料？

生：首先要有多个提出的问题材料。

师：请你们以小组为单位讨论所提的问题。

生：以小组为单位进行讨论，提出问题。

3. 帮助学生梳理有价值的问题。

A. 把提出的问题按类别写在表格里。

B. 研究讨论提取有价值的问题进行梳理。

C. 集体交流所提问题，把全班所提问题按类别进行整理归纳。

4. 合作研究设计问题墙。

师：有了提出的问题，问题墙该怎样美化？你认为问题墙的美化有应哪些特色？问题的呈现有哪些途径方法？你会怎么安排小组成员的分工？（小组讨论）

生：（特色）问题墙要设有问题回复区域。问题墙要体现学生自主性。

生：（途径方法）以贴条形式、书写形式、小报形式等方式呈现。

三、动手实践，设计问题墙

1. 经过大家的研究讨论，我们对班级问题墙的设计已经有了一个整体的认识，老师已经把它列成了一个表格：班级问题墙设计方案。这样一个问题墙的设计还需我们齐心协力、共同完成，每个小组承担一个类别的问题的具体设计任务，努力让我们的问题墙既实用又美观。

2. 交流确定各组设计问题的类别，对无人所选要素进行引导。

3. 小组确定类别的设计方案。

活动主题	设计班级的问题墙		
小组研究课题	关于班级卫生方面的问题		
组名	（　　　　　　　）小组		
成员	组长：		
	组员		
我们的分工	整理员：		记录员：
	设计者：		摄影师：
我们的问题	问题1		
	问题2		
	问题3		
	问题4		
问题呈现形式	贴条法（　　　）　　　书写法（　　　） 制作小报（　　　）　　　上网（　　　） 其他：		
版面设计样图			

四、展示成果，完善设计

1. 交流汇报设计方案。

①设计内容具有实用性。（设计要美观、清晰，突出重点内容，实用性强）②问题墙设计有特色。（体现班级特色、个人特色）③以小组为单位分工明确，操作性强。（体现自主参与，发挥个人所长）

2. 再次完善设计方案。

全班同学集体交流后，同学们互相学习、取长补短、完善设计。

3. 欣赏班级问题墙优秀成果图片，激发学生活动兴趣。

五、活动小结

回顾班级问题墙设计过程，进一步明确班级问题墙设计所需要素。小组讨论决定设计的要素（1. 提出问题。2. 选择合理性问题。3. 研究设计问题呈现形式，明确各项任务的具体分工。4. 进行问题墙设计。）

六、思考

问题墙的作用是什么？怎样才能利用好它？（学生讨论）

我们要充分利用好班级的问题墙，来帮助我们解决学习生活中的相关问题。

七、活动延伸

1. 以日记形式写下活动的过程和感受，交流活动体会。

2. 讨论围绕班级问题墙还可以开展哪些后续活动？

3. 对怎样解决问题墙上的"问题"进行初步探讨。

课 后反思

综合实践活动课的基本思想是突出学生主体地位，引导学生主动发展。将学生的需要、动机和兴趣置于核心地位，活动充分发挥学生的主动性和积极性，通过学习生活中存在的问题，获得对这个项目活动设计的需要，提出问题，积极开展活动，让学生觉得班级问题墙设计活动对自身学习的必要性、有益性。

为了进一步激发学生好奇心和探究欲，关注班级建设的文化氛围，培养学生的集体荣誉感和责任感。通过其他班级问题墙图片的精彩展示，学生有了一种自主设计班级问题墙的愿望，于是理所当然地提出设计班级问题墙需要哪些要素？自主提问，积极参与。

学生通过问题墙的设计活动，学生从实践活动中去发现问题、研究问题，从而解决问题。让学生学会主动思考，学会取长补短，在共同学习中进一步学会与人合作。让学生从学习生活中发现问题、研究问题，从而用所学知识来解决问题。同学们一起梳理有价值的、合理的问题，最终在教师的指导下形成综合实践课的主题。

本节设计重在体现学生的主体性，对自主性、主动性、创造性的主体学习，进行了实践，整个设计方案重视学生的学习过程，培养学生的主动创造性。

我们还应更好地设计好活动课的形式，使得课堂更加丰富多彩、生动活泼，更好地调动学生的学习积极性，让学生更专注学习，给学生创新思维与实践能力的发展提供更广阔的天地。

迷 津指点

让学生明白设计班级问题墙的必要性，在设计过程中所需的要素是什么（1. 提出问题。2. 选择合理性问题。3. 研究设计问题呈现形式，明确各项任务的具体分工。4. 进行问题墙设计。），最后通过这次实践活动让学生学会与他人合作探究，更好的完成学习任务。对学生来说，生活处处都有"问题"，关键是能否发现有价值的问题，并寻找到解决问题的有效方法和途径。班级"问题墙"的设计对学生综合实践活动的主题生成提供了很广阔的平台。

百年东市场

郑　丽

活动主题与背景

　　吉林市东市场位于吉林市昌邑区重庆街的繁华地段，具有百年的商贸历史，是吉林地区最大的批发、零售集散地。吉林东市场在变化莫测的市场运营中历经百年的风浪，日趋壮大、繁荣。不仅为吉林人民的生活带来了便利，更以其繁荣的景象、日新月异的变化成为我们吉林人的骄傲。本次综合实践活动我们就走进吉林东市场，探寻他的历史与现在。

设计意图

　　本次综合实践活动课程，通过网上搜集资料、采访、实地参观等方式，让学生们知晓东市场的由来，了解东市场的历史，感受东市场的变迁，培养学生合作的精神，激起他们的探究欲望，激发他们对家乡的热爱之情，从而树立建设家乡的愿望。

活动目标

1. 知道吉林东市场的由来，了解东市场的历史，感受东市场的变迁。

2. 深入地了解东市场在家乡经济建设中的重要作用。

3. 在活动中逐步懂得团队配合的重要性，并学习对网络资源的应用。

4. 激发学生加热爱家乡、努力学习，立志为家乡的发展做出自己的贡献。

活动重点

　　参观、调查、走访了解东市场的历史与现状，通过百年东市场的变化，感受家乡经济建设的巨变与蓬勃发展。

活动难点

　　感受东市场在家乡经济建设中的重要作用。

课前准备

　　参观相关事宜的联系。

活动设计流程

一、创设问题情境，确定活动主题

1. 谈话导入，激发兴趣。

　　师：在我们美丽的家乡吉林市，有一个具有着百年历史的大型商贸市场，位于昌邑区重庆街的繁华地段，是吉林地区最大的批发、零售集散地。大家知道他的名字吗？

生：东市场。

师：你们去过东市场吗？谁愿意把你知道的关于东市场的信息向大家介绍一下。

生：简单汇报。

2. 师生交流，确定主题。

师：吉林市东市场具有百年的商贸历史，是吉林地区最大的批发、零售集散地。它历经百年的风浪，日趋壮大、日益繁荣，不仅给吉林市人民的生活带来了便利，更为吉林市的经济发展做出了重大的贡献。现在就让我们来真正地走进它，了解它。那么同学们都想从哪些方面来了解东市场呢？【广泛地听取学生的意见，并指导学生针对提出来的问题进行梳理归类。】

师小结：看来同学们对于我们东市场的了解还真不少，但我们要收集的信息还是很多，要把这么多内容都作为我们的调查目标是不现实的，那么我们能不能把这些问题归纳一下呢？【学生开始归纳主题，老师为学生解答疑惑。】

3. 初步确定研究的主题为：

（1）东市场的名字由来。

（2）东市场的历史变化。

（3）东市场的发展现状。

（4）东市场的重要作用。

二、组建活动小组，细化研究小课题

1. 为了更好地进行实践，学生根据主题的不同和自己的兴趣爱好，自愿组成探究小组，并推选出每个组的小组长。

2. 每个组的组长带领组员针对本组的活动主题，进行活动方案的设计，填写每个小组的活动方案设计表。

3. 小组自由填写活动方案。

三、亲身实践体验，完成预计设想

1. 根据各自设定的目标和任务，通过网络等多种方式收集与东市场相关的资料。

2. 带领学生亲自到东市场参观、购物、体验，并且对东市场的环境设施、经营管理进行实地考查，同学们按小组实施方案进行分组活动。

3. 分组整理调查结果，合理运用掌握的资料，做好汇报前的准备工作。

四、成果汇报

师：通过大家对资料的搜集整理和对东市场的实地参观、考察，相信大家对于东市场这个百年商贸汇集地已经有了一个初步的认识，也对家乡的经济发展和人文环境有了充分而直观的感受，那百年沧桑历史中的浮浮沉沉，起起落落牵动着我们的思绪，更激发了我们对于家乡的热爱之情，接下来就请各个小组分享你们的所见所闻，所思所想！

（一）学生分小组汇报

第一组：东市场的名字由来。

通过采访东市场的管理人员，我们得知东市场是 1907 年在省城东莱门、朝阳门外开辟商埠后，逐渐发展起来的商贸区，因位于城东，故得名东市场。

第二组：东市场的历史变化。

1. 解放前的东市场。

解放前的东市场拥有怡春里游艺市场和东关菜市场两大场所。

怡春里游艺市场：俗称东关圈楼。旧址在成都路以南、长沙路以北、开封街以东、兰州街以西的方形地块，约 15900 平方米。当时是以商人安英伯为代表主张在此设市场、建商铺、开妓院、立烟馆，并上书省会警察厅："秦楼楚馆，为四民（仕、农、工、商）趋走之场、舞榭歌台，百艺杂陈之地……在东关商埠地请贵厅指定地点建筑房屋一百二十间，迁彼莺花、实此空谷，为公私之谋，作振兴商埠之地"。1924 年由商民纯锡堂、富益堂与军阀赵师准按照这一模式创办了圈楼。

东关菜市场：形成于 1921 年，俗称东关菜楼。

2. 解放后的东市场。

1978 年 12 月，十一届三中全会后，东市场以长沙路和兰州街为交汇口核心，东市的范围是北临保定路，南至上海路，西靠重庆街，东到天津街，约 16 万平方米。有开封街、太原街、兰州街、贵阳街、建设街、成都路和长沙路七条街路市场。主要有农副水产、轻工商品、粮米蔬菜、旧物估衣、家具五大街市。是当时吉林市最大的综合性市场、繁华经济区之一。

1990 年 12 月 29 日建业集团承建的东市商场竣工营业。

第三组：东市场的发展现状。

1. 商铺发展现状。

吉林市最繁华的商业区莫过于东市场，该商圈主要有：吉林国贸、吉林百货大楼、西春发商场、百信鞋业、大富豪鞋城、新东购物广场、东市 A 座、B 座、汇龙购物广场、美邦购物广场等。

2002 年，东市商场在商海运作中一举兼并与之相邻的"汇龙商场"，现商用面积 6 万多平方米，下辖 A、B、C 三座，为吉林地区零售业中最大的租赁加联营式商场。东市商场日拥 30 万客流，年拥 30 亿货流。2005 年，商场 A 座三楼与 B 座三楼金桥贯通，又把东市商场的人气推向了高潮。现在的东市场旺铺林立，人流如潮，场内寸土寸金，分秒流银。

2. 交通发展现状。

吉林市最繁华的商业区莫过于东市场，但也正因为人流密集，交通拥堵成为多年的历史遗留问题。市领导经过走访、研究，把东市场设为单行线，如今的东市场繁华依旧、但不拥堵，成为吉林市民购物的首选。

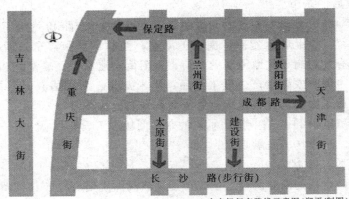

东市场行车路线示意图(郑平/制图)

第四组：东市场的重要作用。

东市场人头攒动、客源如潮。旺盛的商业人气的背后，彰显的是东市商场的企业文化品位。寸土寸金的东市商场不仅是纳税大户更为北国江城的城市品位增添了一抹浓浓的靓丽之笔。

秉承着"人以诚为本、店以誉而兴"的理念，东市商场已成为卓越服务品质的创造者，为吉林市社会经济发展做出积极的贡献，屡获殊荣、盛名远扬得到了江城人民的认可与信赖，再也没有"游玩在江城，购物在长春"一说，吉林东市已经成为时尚生活的代言，已经成为这座城市的美丽名片，一面引领时尚的旗帜。随着吉林市山水不断走向闻名，这个大型的现代化商业企业已经步入起飞的跑道。美景赋美名，美名添美景。

课 后反思

这是一次学生们特别喜欢也十分贴近学生生活的综合实践活动课。活动过程中，教师要千方百计地让学生自己动起来，尽量减少对他们的束缚，让孩子们通过各种方式进行汇报，既可以调动学生的参与积极性，也能丰富他们对于百年东市场的了解。学生们通过这一活动不仅能更好地激发他们热爱家乡的情感，更能从小树立建设家乡、服务家乡的愿望。

迷 津指点

本次综合实践课的指导重点就是通过网上搜集资料、采访、实地参观等方式，通过小组合作探究，收集并整理资料，恰当的运用已经了解到的采访技能在实际当中加以运用，从而真正地走进吉林东市场。教师可以因地制宜，带领学生亲自到东市场去进行现场性的教学指导，切实让孩子们了解查找资料的具体方法。

雏鹰淘宝公司

刘 伟

活 动主题与背景

"环保"是当代小学生必备的重要课程。作为全国绿色示范校，每学期我们都围绕"环保"主题开展系列活动。节约用水、节约用电、节约每一张纸、节约每一粒粮食……可是随着活动结束，同学们的环保意识也渐渐淡薄。怎样让环保活动有组织的可持续性发展，让更多学生知道垃圾污染的危害？让校园内垃圾能变废为宝，尽最大可能减少垃圾的污染。于是我们班在大队部的帮助下成立了雏鹰淘宝公司。

设 计意图

本次综合实践活动，主要是想通过对垃圾的合理分类处理，让学生知道怎样变废为宝，养成节约的意识。尤其是通过每天的定时活动，让学生知道环保是一项长期而艰巨的任务。尤其通过调查、参观、访问等形式，进行亲身体验和探究，使学生在生活中进行调查了解垃圾的来源、危害，怎样处理垃圾等常用方法，在不断地体验、不断地实践中养成从小事做起的习惯，激励学生积极参与环保实践活动，养成对自然的关心和强烈的社会责任感，增强学生的环保意识。

活 动目标

1. 关注校园日常生活和周围环境问题，激发探究的热情以及在实践活动中树立分工协作，团结进取的合作意识和责任意识。

2. 成立雏鹰淘宝公司，思考校园内存在垃圾管理的问题，找出解决减少垃圾的办法，并且认识到保护环境的重要性，能从小事做起，人人争做环保小卫士。

3. 通过社会调查、参观、宣传等方式，培养学生综合运用各科知识的能力和收集、处理信息的能力，逐步养成善于观察、勤于思考、勇于探究的习惯。

活动重点 ┄┄┄┄┄┄┄┄┄┄┄┄┄┄┄┄┄┄┄┄

成立雏鹰淘宝公司，思考校园内存在垃圾管理的问题，找出解决减少垃圾的办法，并且认识到保护环境的重要性，能从小事做起，人人争做环保小卫士。

活动难点 ┄┄┄┄┄┄┄┄┄┄┄┄┄┄┄┄┄┄┄┄

雏鹰淘宝公司的经营与管理。

课前准备 ┄┄┄┄┄┄┄┄┄┄┄┄┄┄┄┄┄┄┄┄

雏鹰淘宝公司成立前宣传工作的相关准备。（宣传海报等）

活动设计流程 ┄┄┄┄┄┄┄┄┄┄┄┄┄┄┄┄┄┄┄┄

第一阶段　准备阶段

一、发现问题，确定活动主题

导入：值日生又跑来"告状"。

生：老师快看看啊，矿泉水瓶、易拉罐又装了一垃圾桶，每天都是这样。

生：七嘴八舌，议论不休。

师：是呀，那么我们怎么样来解决这个问题呢？怎么才能把这垃圾回收起来充分发挥他们的作用呢？

师生交流，确立活动的主题。

师：这个问题看似简单，而我们要从根本上解决这些问题也不是一件简单的事啊，在这些问题的背后，我们都需要了解哪些方面的知识？

生1：校园垃圾是怎样产生的？

生2：这些垃圾最好的处理方法？

生3：这些垃圾最终去了哪里了？

生4：这些垃圾给我们的校园环境造成哪些危害？

生5：校园垃圾与我们的生活有那些关系？

师小结：那么，我们就可以把这些问题作为我们研究的主题。

二、选择小组，确定研究方向

（一）分小组明确各小组的任务

1. 查找有关垃圾的类别及产生来源的书籍、报刊文章、网上报道。

2. 参观环卫处、查找资料，了解垃圾的数量及处理情况。

3. 拜访环保专家，了解垃圾处理的先进科学技术。

（二）制订计划：每小组民主推选组长、制订自己小组活动计划，调查校内及生活区垃圾的的主要来源以及垃圾分类处理情况。

第二阶段　实践阶段

三、分组研究，交流汇报

（一）在分组研究过程中，要将收集到的各类信息进行整合，以手抄报、广告宣传、调查报告等形式举办展览办报，全面展开汇报宣传，另外还要关注组内的个别成员。

（二）交流研究进展，共享研究资料

1. 学生记录各种解决问题的办法。

2. 校园垃圾的产生：饮料瓶、酸奶瓶、小食品袋、纸张、方便袋……

3. 校园垃圾的负效应：脏、乱、差。

4. 对待校园垃圾的态度：视而不见、听之任之、主动拾起。

5. 对待校园垃圾的处理方法：丢进纸篓、扔进垃圾箱、废物利用。

（三）小组汇报

第一组：中国国家环保总局向社会公布了处理城市垃圾的国家行动方案。这个方案规定：中国的城市垃圾将进行填埋处理，并把垃圾填埋产生的气体收集起来发电。日常生活中，人们习惯将垃圾分成三类：有机垃圾，无机垃圾，有害垃圾，而我们校园和生活区内的垃圾属于前两种。

第二组：垃圾怎样处理。生活垃圾的管理主要分为清扫、收集、运输和处理四个环节。同学们每天在市区看到的清洁工人，大部分是清扫街道和收集垃圾的。（简介垃圾的处理）

组员补充：可回收垃圾包括纸类、金属、塑料、玻璃等，通过综合处理回收利用，可以减少污染、节省资源。如每回收 1 吨废纸可造好纸 850 公斤，节省木材 300 公斤，比等量生产减少污染 74%；每回收 1 吨塑料饮料瓶可获得 0.7 吨二级原料；每回收 1 吨废钢铁可炼好钢 0.9 吨，比用矿石冶炼节约成本 47%，减少空气污染 75%，减少 97% 的水污染和固体废物。

第三组：垃圾的危害：

1. 塑料难以分解，破坏土质，使植物生长减少 30%；填埋后可能污染地下水；焚烧会产生有害气体。

2. 电池：含有有毒重金属汞；含有有害重金属镉。

3. 剩餐：大量滋生蚊蝇，促使垃圾中的细菌大量繁殖，产生有毒气体和沼气，引起垃圾爆炸，油漆和颜料。如建筑、家庭装修后的废弃物。

师：同学们，通过这段时间的调查、了解、观察和亲自体验，大家对校园内及生活区内的垃圾有了一定的了解，现在请你们把你们所了解到的进行最终的成果汇报。

分组汇报：

1. 各组自由展示，学生自由参观、交流。

2. 全班性交流活动。

A. 垃圾产生

（1）查找资料，以文本形式展示；

（2）利用电脑绘画技术将垃圾产生途径用示意图的形式展示。

B. 垃圾的种类

收集资料、图片，以手抄报或科技小报的形式展示。

C. 垃圾的危害

（1）采访环保专家，了解垃圾的危害，录音并拍摄照片；

（2）联系数学学科计算：按现在的速度，若人类不及时处理垃圾多久后人类将被自己制造的垃圾所覆盖？

D. 废电池的危害

（1）查找资料，以文本形式展示；

（2）实验研究：种几盆植物，观察、比较放入与不放废电池物质植物的生长情况。

E. 垃圾的处理方法

（1）联系垃圾处理厂了解、拍摄目前本市垃圾处理的方法；

（2）联系环保局，搜集垃圾处理的录像、VCD 等资料；

（3）利用网络，查找国内其他城市，国外发达国家先进的垃圾处理方法。

F. 垃圾的回收利用

（1）查找资料，了解垃圾回收方法；

（2）搜集垃圾回收的录像、VCD；

（3）利用废弃物品，做一些工艺品。

师：通过你们调查了解到我们校园的垃圾比较单一，有些可回收的垃圾，像废纸、旧书本、饮料瓶、酸奶瓶等，也白白扔掉了，我们实践活动的目的是怎样找出解决问题的办法，这才是最优方式。最终在大家商讨下成立雏鹰淘宝公司，并且向全校师生发出倡议。（倡议书略）

第三阶段　成果展示

一、成立雏鹰淘宝公司

2010 年 8 月雏鹰淘宝公司正式成立，公司成立初期全部成员均为五年六班学生。公司设立淘宝公司总经理及助理各一名、下设整理部、收购部、财务部、宣传部、对外销售部共计五个部门。各部门分工细致、责任到位、面向全校。

二、雏鹰淘宝公司的经营与管理

公司刚开始成立由于没有完善的管理机制，也出现了一些问题，但是很快在大队部的协助下，公司制定详细的工作细则，公司很快步入正轨，针对不同年级，制定不同的回收时间，一年、三年、五年回收时间为每周的周一、周三的大课间和午休时间；二年、四年、六年为每周的周二、周四大课间和午休时间，而周五作为一周的盘点时间。一个月下来，孩子们越做越好，各部门之间既有分工又有合作，在月末清点时，竟然小有收益，尤其是在期末时，学校开展的和贫困山区小学手拉手活动中，我们雏鹰淘宝公司一次性向他们捐助了大约四百多元钱的物品，看着那些山区的小朋友们高兴的样子，孩子们的干劲更足了！

三、公司的未来发展

孩子不仅环保意识提高了，而且各方面的能力都得到了发展，但是俗话说的好"一枝独秀不是春，百花齐放春满园"。在新学期里，各部门公开向全校各班竞招环保小卫士，让更多的学生加入到我们的活动中来，我们要让环保之花开遍整个校园。

课 后反思

这项综合实践活动的实施，让"环保"不再是口号，而是成为了学生们的一种习惯，环保已经深入人心。在活动中，孩子们不仅付出着，也收获着，他们收获了责任，不仅仅是对学校的责任，更是对社会的一种责任。当然在活动中，有的孩子还是停留在完成任务层面，而不是用自己的言行去感染别人，影响别人，缺少宏观的环保意识。

迷 津指点

在公司成立前期，孩子们遇到很多问题，如怎样处理公司与班级任务之间的矛盾，公司活动与学校活动之间的矛盾，公司与其他班级之间的矛盾等。这就需要老师协助他们作好人员的分工，活动时间的调整，对外宣传等。最重要的是活动持续性发展，对后续学生的培养，如果我们要想把这项活动一直开展下去，必然要制定长远的目标，有了方向我们才不会迷路。

附淘宝公司活动照片

同学们纷纷将垃圾进行分类投放

淘宝公司成员正在回收学生的分类垃圾

我校被联合国评为国际绿色生态学校，来宾也将手中的矿泉水瓶投入到雏鹰淘宝公司的分类垃圾箱内。

淘宝公司用自己的经费为"手拉手"学校的同学们购买了学习用品

电影音乐会明星汇——PPT2010 综合应用

········· 陈存银

活动主题与背景

随着学生参与综合实践课活动的不断深入，学生迫切想把自己在活动中发现的问题、问题的解决方法及活动设计方案、活动过程、活动成果等与他人分享与交流，于是针对四年级学生的年龄特点及学习特征设计了《电影音乐会明星汇——PPT2010 综合应用》一课。

设计意图

本课旨在通过学生上网收集感兴趣的歌手、影星的文字、图片、声音、视频等资料制作完备的 PPT2010 明星档案，使学生在情境中探究掌握 PPT2010 的综合应用，为学生在综合实践活动的分享交流提供技术支撑。

通过制作学生喜欢的明星档案的情境激发学生参与活动的兴趣，然后通过资料的收集、制作动感且富于表现力的档案等环节提出问题，激发学生探究兴趣，在探究及小组互助合作中解决 PPT2010 制作的重点难点，完成对 PPT2010 知识的学习。

活动目标

学会通过百度搜索引擎搜索资料，学会图片、声音及视频的下载。

掌握 flv 视频格式转换 wmv 视频格式，并能把声音、视频插入到 PPT2010 中。

会设置符合内容的 PPT2010 风格主题样式，制作内容完备、风格样式合理、层次清晰、页面美观的明星档案。

活动重点

1. 学会通过百度搜索引擎收集资料。
2. 掌握 PPT2010 制作技能的综合应用。

活动难点

1. flv 视频格式转换 wmv 视频格式。
2. 在 PPT2010 中插入声音、视频及其控制。

课前准备

广播教学系统，明星部分文字、声音、图片资料、能上网的学生机，PPT2010

样例。

活动设计流程

一、提出活动课题

师：同学们，你有喜欢的歌星或者影星吗？

师：如果给你一次机会你想用怎样的方式把你喜欢的歌星或影星介绍给全班同学呢？

生：（纷纷说用自己的方式介绍）

师：（展示 PPT2010 样例）同学们，你觉得我这样是不是能全面详细且形象生动把我的偶像介绍给你呢？

师：这节课我们就一起研究使用 PPT2010 制作明星档案来向别人介绍你的偶像。【通过提问设置情境，激发学生的学习兴趣，引入活动主题。】

二、资料收集（活动准备）

（一）活动前分析

1. 资料准备分析。

通过组织学生分组讨论分析出制作 PPT2010 明星档案所需的资料，教师可以通过小组汇报总结，教师引导启发等方式总结出明星档案必备的资料即文字介绍、明星图片、相关音乐、相关视频。

2. 资料存储要求分析。

为了便于资料的使用，在资料收集前向学生讲解规范存储的重要性。（在"桌面"上新建一个文件夹重命名为"明星档案"，然后再进入"明星档案"文件夹，建"文字"、"图片"、"音频"、"视频"文件夹，在收集资料后把资料放入相应文件夹）

（二）自主探究下载资料

师：你们知道哪些获得资料的方式呢？

生：（报纸，电视，网络……）

师：你觉得哪一种方式更简便快捷呢？

生：网络。

师：网络上有数以万计的资料，你怎样才能快速准确的找到你的资料呢？

生：（百度，soso……）

师：同学们说得很对，你们说的这些网站术语叫作搜索引擎，我们要想快速找到我想要的资料就必须借助搜索引擎，同学们自主尝试在网络上找到资料并尝试下载下来。（1. 遇到困难自己尝试解决。2. 自己无法解决的可以找同桌或同组的成员帮助解决。3. 组内无法解决的求助老师。）

生：（自主尝试，教师巡视指导）

在巡视过程中，老师注意观察学生在使用搜索引擎遇到的困难及学生在下载中遇到的困难，然后根据学生掌握情况及本课重难点重点讲解。

（三）小结重点

教师根据学生自主探究学习的情况，讲解本次活动的重难点。下面把本次活动的重难知识点介绍一下。

1. 找学生汇报自主学习成果，教师讲解规范的使用百度引擎搜索资料。打开百度搜索引擎，确定要找资料的类别，根据类别在引擎中选择相应选项。（例如：找文字资料，在引擎中选择"网页"链接，查找图片资料选择"图片"链接等）为了更准确全面的查找资料，可以通过对关键字查找，关键字之间用空格隔开。

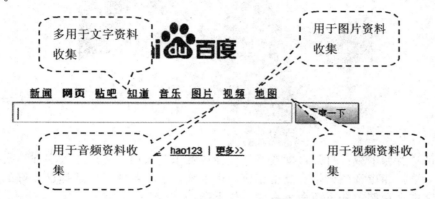

2. 强调讲解难点内容即下载文字、图片、音频、视频的区别。

（1）文字下载：打开百度搜索，选择"网页"选项，使用关键字搜索出文字资料，用鼠标选中文字，在选中区域点右键选择"复制"，然后在"文字"文件夹内新建 word 文档，点鼠标右键选"粘贴"把内容粘到 word 中。如下图：

（2）图片下载：打开百度搜索，选择"图片"选项，使用关键字搜索出图片资料，选择喜欢的图片，单击进入到大图片网页，然后在图片上单击鼠标右键选择"图片另存为"，给下载的图片选择已建好的"图片"文件夹存储，并重新命名图片。如下图：

（3）音频下载：打开百度搜索，选择"音乐"选项，使用关键字搜索出音频资料，选择相应音频链接，点击相应图标下载，把下载的音频选择已建好的"音频"文件夹存储，并重新命名音频。如下图：

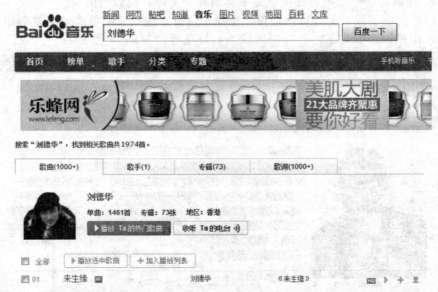

（4）视频下载：打开百度搜索，选择"视频"选项，使用关键字搜索出视频资料，选择相应视频链接，选择优酷网的视频点击下载。由于优酷视频格式是flv，下载需要使用优酷客户端才能下载，为了避免给学生增加额外的学习负担，教师应提前把优酷下载客户端装到学生机上。然后使用优酷客户端下载视频，并把下载的视频选择已建好的"视频"文件夹存储，并重新命名视频。如下图：

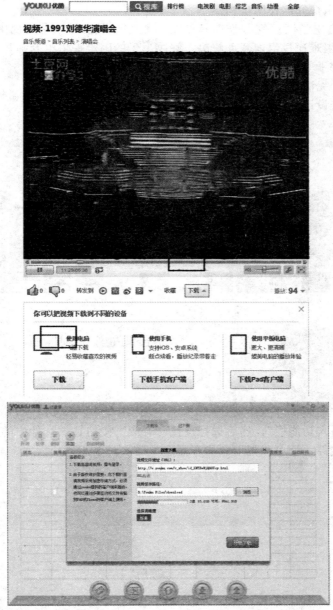

三、制作 PPT2010 明星档案

1. 讨论分析主题风格设定

教师与学生共同分析，内容与风格相符的重要性（举反例：如介绍摇滚明星就不要使用淡雅民族风的风格。如介绍童星就不要使用稳重、成熟的格调等）【通过反例讲解使学生认识到内容与风格相符的重要性，并初步确定自己的 PPT 风格。】

（二）自主探究制作明星档案

1. 学生自主尝试探究制作明星档案，教师巡视指导。在巡视中发现制作中的难点。（小困难通过组内互助解决，解决不了的困难提供给老师）

2. 教师依据学生提供的重点、难点及必备知识进行讲解。

预设一：无法找到主题风格

通过点击设计选项找到合适的主题风格。如下图：

预设二：音频文件的插入

点击"插入功能栏"，然后选择点住"音频"按钮选"文件中的音频"，找到下载的音频文件，就可以把下载的音频选项插入到 PPT 中。

预设三：视频文件的插入

由于从网上下载的视频文件多数是 flv 类型文件（本课通过优酷下载的视频

是 flv 格式）无法插入到 PPT 中，因此教师需要讲解使用格式工厂软件把下载的视频文件转换成能插入到 PPT 中的格式 wmv。

教师演示讲解格式工厂软件，先双击打开格式工厂软件，先点击左侧的"视频"栏找"所有转到 WMV"选项。如下图：

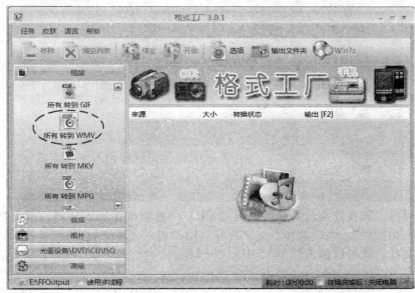

在弹出面板上点击"添加文件"按钮（同时点击"输出配置"按钮，位置设置到已建好的"视频"文件夹）如下图：

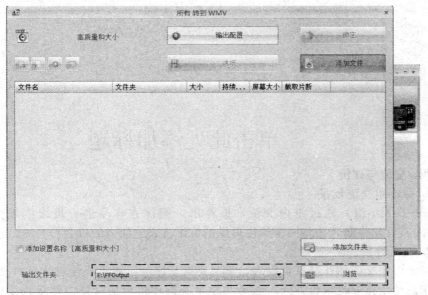

选择好下载的视频文件，单击"确定"按钮后自动回到主界面，然后点击"开始"按钮即开始格式转换。如下图：

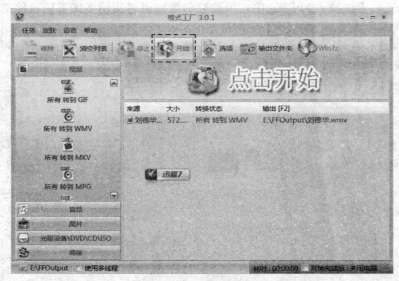

视频格式转换完成后，就可以通过 PPT 中视频按钮插入转码后的视频，点击"插入功能栏"，然后选择点住"视频"按钮选"文件中的视频"，找到转码后的视频文件，就可以插入到 PPT 中，如下图：

四、交流与评价

1. 分小组交流汇报。

（3～5 人小组）通过组内交流，推荐出一幅优秀作品进行班级汇报交流。（汇报人实行轮换制，为每一个学生提供锻炼语言表达能力的机会。）

2. 交流评价。

对于汇报交流的作品及汇报人，学生要给予评价，评出最佳表达星。教师对学生作品给予指导性评价，同时教师与学生共同评价出最具魅力明星档案作品，并颁发奖励徽章。

通过交流评价培养学生的交流沟通能力，同时培养学生的审美意识，分享、互助意识，在学会批评的同时学会发现别人的优点，学会宽容理解。

五、活动拓展

1. 完成未完成的 PPT 明星档案。

2. 尝试把 PPT 明星档案变得更具动感。

3. 尝试制作综合实践课活动过程分享活动心得 PPT 演示文稿。

六、小结

在使用百度搜索引擎搜索资源时，要注意分类选择，根据所需要内容，选择相应的分类。

在下载和插入不同类型资源过程中注意区分文字、图片及音视频下载及插入方法的区别。一般类型的网络视频资源不适合直接插入到 PPT2010 中，需要用格式工厂转换格式。

（课）后反思

这节综合实践活动课重点介绍 PPT2010 的使用，通过制作明星档案的情境激发学生学习兴趣，然后通过自主探究、小组互助、分享交流等方式扎实掌握知识点，通过对 PPT2010 的学习为学生的综合实践课活动交流提供了技术支撑。

（迷）津指点

在学生自主探究过程中，教师要有目的的巡视，发现难点及时帮助解决。以防止学生停滞不前，在有限的时间内不能完成自己的作品。体验不到成功的感觉，从而失去参与活动的兴趣。

（注：本文部分图片来自百度图片网）

火车站的变迁

————————————关　颖

（活）动主题与背景

当时代的脚步匆匆而过，城市发生着日新月异的变化。许多江城人不甚了解的是，就在这新建成的现代化站舍位置，吉林站已经发生过 5 次重大变迁。它悠悠的历史见证了家乡吉林的崛起。我校位于吉林火车站附近，师生亲眼目睹了近年来的巨大变化，彼此有熟悉的话题，因此我们设计了此次综合实践活动，以此对学生进行一次爱家乡主题。

（设）计意图

本次综合实践活动，通过采访、参观、收集资料、社会实践等活动，让孩子们了解吉林火车站的历史，认识到今天新的吉林站是经过历史几次重大的变迁之后，兴建起的具有现代化气息的新车站，作为吉林人应该为此自豪，同时了解我国改革开放以后经济的腾飞给人们的生活带来了重大的变化，培养学生热爱祖国、热爱家乡、热爱人民的感情。

活动目标

1. 收集并整理资料，更深入地了解火车站几次历史变迁。

2. 了解新建火车站的基本设施及各种功能，感受新建火车站的现代化气息。

3. 感受家乡的日新月异的变化，从而更加热爱家乡、努力学习、立志为家乡的未来发展做出自己的贡献。

活动重点

通过多种途径了解火车站的历史变迁，感受家乡日新月异的变化。

活动难点

在感受家乡变化的过程中树立为家乡未来发展做贡献的志向。

课前准备

与参观有关事宜的联系。

活动设计流程

一、创设问题情境，确定活动主题

1. 谈话导入，激发兴趣。

师：同学们，如果有外地来的客人不知道我们学校的地理位置，你能为他推荐几处我们学校附近的标志性的建筑吗？（学生自由交流：江城剧场、火车站、站前邮局等）

2. 师生交流，确定主题。

师：有哪些同学去过 2011 年正式投入使用的新火车站？（去过的同学向同学们简单介绍一下初步印象）

师：本次综合实践活动，老师将带大家到火车站参观。请各组讨论一下我们在参观吉林站之前，需要做好哪些方面的准备？

小组交流：明确主题、自由分组、明确分工、制定方案等等。

各组初步确定研究的主题为：

（1）吉林站的自然景观。

（2）吉林站的先进设施。

（3）吉林站的历史变迁。

（4）吉林站的重要作用。

3. 根据喜欢的研究主题自由组成小组，推选组长。

4. 组长带领组员进行活动方案的制定。（活动方案表格略）

二、组织参观活动，做好参观记录

参观过程中的注意事项：

1. 听从车站接待人员的指挥，注意自身安全，不得随意乱走，要统一行动。

2. 注意观察，并在观察过程中学会思考。

3. 在随机访谈过程中注意文明礼貌。

4. 活动过程中注意资料的收集与整理，如摄影、录像、录音、观察日记等。

三、成果汇报

第一组：吉林站的自然景观。

我们组的小摄影师拍下了一组吉林站的外景图片，由于技术水平有限，我们又在网上下载了一些，现在与同学们共同分享，同时也通过这组图片共同感受吉林站的美丽，我们为家乡有这样的火车站感到自豪。

第二组：吉林站的先进设施。

生 1：新的吉林站设施令人非常惊喜，自动检票机、自动售票机、自动查询系统等非常完善的引导显示系统。先进的设备投入使用，可以使旅客非常轻松便捷的独立完成购票、候车和登乘等一系列的活动。另一方面车站为了方便残疾人等特殊人群，设有无障碍电梯 9 部，还有残疾人专用的卫生间 6 处，这样就能实现全方位立体型的无障碍的通道。

生 2：此外在新的吉林站内，旅客可以通过 LED 的电子显示屏，还有引导标志牌、广播系统以及工作人员的引导，还有自动查询机、求助系统等准确快速查询到所需要的信息。

生3：新建成的吉林站站房的面积是53821平方米，分为东站房和西站房两部分，高架候车室的面积是20125平方米，分为软席的候车区、普通的候车区还有动车候车区，可以同时容纳近三千人。在检票口设了高架机的候车室内，采取的是自动检票机与人工检票作业相结合的方式，站场也采用了跨线式上进下出的站形，这种站形非常方便出站的客流和进站的客流互不干扰，形成一种全方位无障碍旅客的乘降的体系。

生4：新的吉林站建成之后，仅通过长吉的城际高铁年运输旅客能力就将超过2300万人次，长吉城际铁路的开通也使长吉通道成了那种城铁承担城际间旅客运输为主，兼顾部分中长的等高等级的跨线列车，既有这种高铁来承担货物运输为主，又有与公路、民航等运输方式共同组成一种分工明确、共同合理的综合的交通运输体系，方便我们两市的百姓出行，而且我们可以加快长吉一体化的进程，增强了长吉两市之间的经济的沟通，从而带动整个吉林省区域的发展。

第三组：吉林站的历史变迁。

组长：其实吉林站在漫漫历史长河中经过多次修建，它见证了从上世纪初外国列强侵略中国，到抗战结束再到改革开放以后，中国的历史的沧桑巨变。现在由我们小组的成员分别向大家作以介绍。

生1：第一次修建吉林站是在1908年，只是因为筑路权之争，铁路修建几经周折。1909年12月2日，长吉铁路开工修建仪式在长春举行。直到1912年10月20日铺轨完工，22日全线通车，吉林车站才正式投入运营。

这是吉林最早的火车站。（请同学们谈一谈看到这张图片的感受）

最早的吉林火车站

生2：1927年，东北军阀张作霖不满日本垄断、控制路权，决定修吉海铁路（吉林至朝阳镇段）。如今，屹立在我市黄旗屯街的哥特式尖屋顶建筑，造型如雄狮伏卧，就是吉海铁路总站，它建于1928年，该站舍设计者为中国著名建筑设计大师林徽因女士，审定者为林徽因女士的丈夫、著名建筑设计大师梁思成先生。1928年吉林至敦化线建成通车，1931年9月21日，日军侵占吉林城后，10月12日，日本人把吉海路在吉林站接通。此间吉林站进行了改建，这是车站的第二次大的变迁。此后，1942年进行了扩建。下图是1940年前后改扩建后的吉林站。

1940 年前后改扩建后的吉林站

生3：新中国成立后，吉林市继续沿用旧车站，只在 1972 年拆除天桥改建地下通道。1980 年由于站舍年久失修，拆除了主楼，改建成 740 平方米的临时候车室，这是第三次大的变迁。

生4：第四次变迁是在 1992 年，吉林市建成船形火车站，一直沿用到 2009 年 8 月 31 日。这是 1992 年修建的船形站舍。

1992 年修建的船形站舍

生5：如今，吉林站迎来第五次变迁。气势恢宏、雄伟壮观、功能完备的新站。

功能完备的新车站

第四组：吉林站的重要作用。

吉林火车站，原名船厂站、东关站，位于吉林省吉林市昌邑区，邮政编码132001。建于1912年。离沈阳站446公里，隶属沈阳铁路局吉林车务段管辖的客货一等站。客运：办理旅客乘降、行李、包裹托运。货运：办理整车、零担、集装箱货物发到；办理整车货物承运前保管；不办理危险货物发到。吉林火车站作为吉林省的重要铁路交通枢纽之一，长图线、沈吉线、舒兰线在吉林市相交。吉林火车站每日都有始发至北京、长春、沈阳、哈尔滨、齐齐哈尔、大连、通辽等地的旅客列车。

四、活动总结和延伸

师：吉林站的设计，充分体现了江城"暖江玉树，健橹激流"的独特理念。设计体现"摇橹人"精神。"四面青山三面水，一城山色半城江"，倾国倾城的雾凇奇观是江城人民的骄傲，"同舟共济，激流永进"更是江城不朽的城市精神。吉林站作为江城面向全国、面向世界的一个窗口，其设计主要以吉林市标志性的"摇橹人"为灵感，"橹"体现在车站外观舒展而有力的线条，"雾凇"体现在玲珑的细节，厚重有力、与时俱进的现代设计，体现出城市精神、城市标志与城市发展前景相互融合的现代化火车站的风貌。同学们可以在课后开展一次摄影展，通过自己的手和眼来展现吉林站的风采。

课后反思

通过本次活动学生感受到新建火车站的雄伟与现代化，激发起了学生热爱家乡的感情，对于车站的历史由于学生年纪较小，体会和领悟的还不深刻，需要通过结合其他历史资料进一步了解。如果可以邀请家长或长辈参与我们的活动，通过亲身讲述家乡的变迁及感受活动效果会更好。

迷津指点

查找资料也是本节课更好了解火车站发展的关键，因此课前的搜集整理也很关键，让学生在查找资料的基础上相互交流是实现本次活动目标的重要途径。

（注：本文相关图片及部分资料来自于百度）

我是社区敬老小义工

姜丽丽

活动主题与背景

尊老爱幼是中华民族的传统美德。在平时，许多有爱心的同学都愿意帮助别人，但一时不知道该做什么，不知道有哪些人、哪些困难需要帮助。而此次活动正是为爱心"小义工"提供了一个释放爱的机会。我们要求学生不必做一些惊天动地的大事，但只要在老人们需要帮助时帮上一下，都是敬老爱老的表现。通过此次"爱心小义工敬老院中送温暖"活动，在我们的班集体中营造一个人人愿做雷锋、天天都做雷锋的良好氛围。

设计意图

本次综合实践活动，通过陪老人聊天、打扫卫生、表演节目等一些生活力所能及的小事，让学生知道尊老爱幼是中华民族的传统美德，帮助别人自己也能获得快乐，更能收获了从学校里所学不到的东西。尤其通过这样的实践体验，给孩子提供实践锻炼的机会，懂得关爱他人、尊老爱幼，是小学生应尽的责任。

活动目标

1. 了解老年人的身体、生活、思想等状况，从而理解、关心、尊重老人，培养树立孝敬长辈、尊老敬老的美德。

2. 在此次活动中能大胆地用自己的歌声、行动、语言表达对敬老院爷爷奶奶的关爱。展示自己的才艺，提高与人交往沟通的能力，而获得关爱他人，尊老爱幼的情感体验。

活动重点

1. 了解所在社区老年人的生活现状，并作以分析。

2. 精心为老人准备服务的物品和老人喜闻乐见的节目。

活动难点

为敬老院的老人们送去关爱。

课前准备

与敬老院取得联系，确定活动内容、活动时间、活动场地等。

活动设计流程

一、谈话导入

1. 同学们，在我们的身边，有各种各样的好人好事，我们在听取他们事迹的同时，有没有想过这些事迹中我们能做到的有哪些呢？今天，我就向大家介绍一位朋友，他是一名普通的学生。他帮助过无数人，做过无数件好事，被评为"全国十佳少先队员"，是全国年龄最小的义工，他的名字叫张家林（展示张家林的图片）。

2. 教师讲解张家林的事迹。

二、了解义工

1. 师：刚才同学们听得很仔细，张家林的行为我们就叫他"义工"（板书），下面请同学们上网去了解一下什么叫义工。

网上的解释：是指出于奉献、友爱、互助和社会责任，经过登记，自愿、无偿地以自己的时间、技能等资源开展社会服务和公益活动的人员。

2. 学生进行网上的搜索。

3. 同学讲解义工的含义（要点讲述）。

4. 再次上网了解义工组织宗旨、义工一般作用、义工具体工作。

三、成立义工小队

师：爱心不止于一朝一夕，而在于年年月月；一个人有爱心只是一个光点，能团结一群人奉献爱心，那会造就一片光明；献爱心不需要选择时间地点，任何人、任何情况都可以。如给老人让座、帮助身边的同学、拾金不昧、关心集体、关爱老人等等，都可以去做，只要有心，就可以成为一个有爱心的人。

今天我们就将成立几个义工小队，走进社区敬老院，了解敬老院内老人的生活现状及心理，为老人送去一份爱心。

指导要点：

1. 活动前提示。

（1）让学生在深入敬老院进行调查时，了解他们的日常生活，同时帮助老人们做一些力所能及的事情。

（2）同学们通过自己的亲身体验，思考怎样去帮助他们，让他们的生活再多一份快乐。

2. 活动中指导。

参加此项活动的同学，首先以个人形式去周围的敬老院采访、作好记录，并通过互联网让学生了解世界各地社会敬老院事业的发展情况。

然后，让学生在课堂上进行交流，宣传尊老、敬老的思想，使周围的人们都能对敬老院事业有更进一步的了解。

其次，走进敬老院，用自己的歌声、行动、语言表达对敬老院爷爷奶奶的关爱。

最后，让同学们制定帮助老年人的计划，开展好代理孙子，孙女活动，并积极呼吁全校同学都参加到我们的"社会敬老小义工"活动中。

3. 活动后总结。

（1）通过本次活动，同学们了解了敬老院，都决心以实际行动去关爱老人。

（2）评选优秀"社区敬老"小义工。

评价要点：

"社区敬老"小义工评价卡

学校：　　　　　　年级：　　　　　　姓名：

活动日期	年	月	日
活动内容			
学生自评			
小组评价			
家长与社会评价			
教师综合评价			

四、成果汇报

（学生分小组汇报）

第一小组：如何展开话题。

如何展开话题，是我们小队遇到的最大问题。开始同学们不知道开口去说什么，认为很难。通过研究我们发现，可以先问一些简单的问题，比如问问他们姓什么，多大年龄，来这里多长时间，在这生活习惯吗等等。然后在深入问一些，比如，每天都做什么？喜欢看什么电视……慢慢发现老人的喜好。比如，有的老人就喜欢说自己的孙子如何调皮可爱，我们就投其所好了解他孙子的情况，老人会觉得很兴奋。为了让老人们感到不陌生，我们还可以陪同他们到院子里走走，边走边聊像他们的亲人一样。这样老人们会觉得很亲近，自然愿意交流了。最后，我们和爷爷、奶奶合影留念，爷爷、奶奶非常开心！

第二组：了解老人的日常生活。

我们小队的主要任务是了解老人的日常生活。通过调查我们了解到老人们在敬老院的生活很有规律。老人一般都是 5 点多起床，然后敬老院也差不多都是 7：00 左右吃早饭，差不多都是吃稀饭，中午晚上一般都是一荤一素，老人们一般睡的也比较早，一般晚上 8：00 就睡觉了，白天老人的娱乐活动就是看看电视，看看报纸、打打牌、打打麻将、互相聊聊天、偶尔社区会搞搞活动。总体来说老人们的生活还是比较丰富多彩的，他们每天也很开心。

如何让爷爷、奶奶感受到我们做晚辈的关爱呢？为此，通过讨论我们开展了代理孙子、孙女活动，帮助他们叠被子、梳头、捶背、剪指甲，让他们在快乐的同时感受到家人的爱，感受到家的温暖。我们亲手帮助爷爷、奶奶收拾整个房间，为爷爷、奶奶梳头、捶背、剪指甲等等。大家虽然是第一次合作劳动，但因先前大家有互相交流安排，所以分工明细，劳动效率还是不错的，在劳动过程中大家体会到了苦中作乐、团结协作的乐趣，收获是很大的！最后，我们亲手为爷爷、奶奶献上了水果。

第三小组：和爷爷奶奶同乐。

我们小队的主要任务是和爷爷、奶奶同乐。我们为爷爷、奶奶表演了我们精心准备的歌曲、优美的舞蹈、小品……我们还和爷爷、奶奶一起唱红歌，唤起了爷爷、奶奶对过去的回忆。在表演中我们还串插了游戏，如"捶背游戏"老人们你帮我，我帮你在互相捶背的过程中，老人们体会到协作、互助的乐趣！

五、活动总结

通过活动同学们体会到帮助别人自己也能获得快乐，更能收获了从学校里所学不到的东西。

课 后反思

这节综合实践活动课很有实际意义，孩子们在实践活动中，用心走近老人、尊敬老人，亲临敬老院与老人们近距离的沟通、交流，培养了"尊老、敬老"的优良品质，弘扬中华民族的传统美德，增强了孩子们的社会责任感，同时培养了孩子们自主学习能力与团队合作精神，提高了孩子们人际交往能力与社会实践活动的能力。

迷 津指点

在活动的过程中，同学们也遇到了一些困难，比如：见到个别老人有些邋遢不愿意靠近，这时候需要教师率先垂范，有教师的以身作则，胜过更多的语言教育。

我认识的社区名人

于丽宏

活 动主题与背景

社区是若干社会群体或社会组织聚集在某一个领域里所形成的一个生活上相互关联的大集体，是社会有机体最基本的内容，是宏观社会的缩影。社区是我们生活中的小社会，在社区里，总有一些人为了让我们的生活更美好做出了自己的贡献，引导学生走进社区，了解和认识生活在他们身边的名人，更能激发他们关心社会、关心他人的责任意识、树立努力学习、为社会做贡献的人生理想。

设计意图

本次综合实践活动，旨在引导学生走进社区，走近身边的名人，通过调查、采访、收集名人的先进事迹的方式，使学生感受到：一个人只有通过自身的努力，为社会做出贡献，为他人带来益处，才能受到大家的尊重和敬仰。激发他们努力学习、报效社会、服务他人的精神。在活动过程中，学生还会进一步体验到小组合作学习，共同收集信息整理资料是进行综合实践学习的最好方式。

活动目标

1. 调查自己所在社区的为社会做出贡献的名人。

2. 从不同侧面收集并整理名人的资料，更深入地了解名人为社会做出的贡献。

3. 在活动中逐渐懂得关心社会、关心他人，从而树立奉献社会、服务他人的人生理想。

活动重点

了解所在社区名人事迹，提升服务社会、服务他人的责任意识。

活动难点

约访及资料的收集与整理。

课前准备

调动全班同学利用节假日，调查了解自己所在的社区有哪些"有名气"的人。

活动设计流程

一、提出问题，确定活动主题

同学们，你们知道什么是社区吗？（社区是若干社会群体或社会组织聚集在某一个领域里所形成的一个生活上相互关联的大集体，是社会有机体最基本的内容，是宏观社会的缩影。）对，社区就是我们生活的小社会，在社区里居住着形形色色的人们，在你们所居住的社区里，一定有一些有影响的人，他的事迹家喻户晓，人们提起他们赞不绝口，这些人就是我们社区里的名人。

今天的研究性学习，我们要走进社区，走访我们身边的名人，深入挖掘他们的典型事例，用他们的事例激励自己。

二、交流探讨，确定走访对象

现在就请同学们在自己的小组内交流一下，在你们的社区里、在你们的生活中有没有人的事迹感动了你，说给同组的同学听一听，他们算不算我们今天研究探讨的名人。

1. 小组内交流探讨。

2. 各小组推举人选向全班同学汇报自己小组确认要研究的名人。

3. 根据同学们的发言整理出每个小组要走访的名人。

（1）种花老人——孙爷爷。

（2）著名摄影家——邹毅。

（3）世界科技小发明金奖获得者——徐军航。

（4）我们社区的大孝子——张叔叔。

三、组内明确分工，制定走访方案

1. 为了能全方位地、立体地了解名人的工作、生活、学习等方方面面的事例，各小组在组长的带领下，明确组员分工，制定出自己小组的研究方案。

2. 为更好地了解所要走访的名人，各小组要根据自己小组所研究的名人的特点，明确走访对象。比如：走访名人本人、名人的家人、老师、邻居、朋友等。

3. 明确分工后，获取同一任务的组员要根据小组的研究方案，制定出完成此项任务的走访方案，并填写表格。

第（　　）小组走访活动安排计划表　　　　　日期：

活动主题	我所认识的社区名人	
走访对象		
人员分工		明确主要职责及要完成的任务
组长		
采访记者		
采访记录		
摄影		
摄像		
视频、图片合成		
其他		
成果展示形式		

第（　　）小组社区走访记录表　　日期：

活动主题	我所认识的社区名人		第（　　）小组	组长：	
预设完成时间	年　　　月　　　日 —— 年　　　月　　　日				
走访对象	性别	年龄	家庭住址	工作（学习）单位	
被走访者与走访对象的关系	走访提纲：				
走访内容记录					
走访意外收获					
走访感言					
汇报呈现方式	PPT 演示文稿				

四、走访活动的方法指导

同学们，这次活动需要你们深入到社区，深入到学校，深入到单位或家庭去全面地走访和了解你们的走访对象，在走访的过程中，要注意以下几个问题：

1. 走访之前一定先列好访问的提纲，并与被采访人进行预约，在预约时间内完成采访任务。

2. 走访中要特别注意运用上"请、谢谢、您好、对不起、打扰了、再见"等文明礼貌的用语。

3. 在走访中要根据自己采访中的实际情况和所遇到的实际问题，及时调整和改变采访的方案，让我们的走访更有实效，让自己有更多的收获。走访后要及时对所获取的资料进行整理，个人的所得和感悟要及时记录。

五、深入社区走访，完成预设方案

1. 各小组根据各自所要走访的社区名人，在一周内利用课余时间预约被采访人，走进社区，探访名人，进行实地采访、拍照、摄像、记录采访到的相关内容。

2. 走访中做好资料的记录与收集工作。

3. 走访结束后，分组整理走访的资料，组内成员共同分享走访感言，感悟名人成长奋斗的历程，整理出走访中的所得所悟，并做好多种形式汇报的准备。

4. 交流共享成果，感悟走访名人所得，学习借鉴走访方式。

5. 活动方案预设：

（1）种花老人——孙爷爷。

生：我们家所在的社区是老旧小区，早没了物业管理，可小区花园里的花花草草却生长得特别好，这个花园的花花草草就是我们这座楼一单元的孙爷爷种的。每年的春天，大家都能看到他在花园里翻土，种上花籽，接下来，还要除草、浇水、社区内来来往往的人们都能看到这个天天忙碌在社区花园的老人，人们都不约而同地称赞着他，他是我们社区最有名的人。

采访重点：

①爷爷的照片。（最好是在花园劳动的照片）

②孙爷爷的生平资料。

③孙爷爷的家庭状况。

④孙爷爷为什么要打理社区的花园。他是怎么想的，怎么做的？

（2）著名摄影家——邹毅。

生：我们家的邻居有一位著名的摄影家他叫邹毅，今年六十六岁了，他和我爷爷是好朋友，我常听爷爷说，邹爷爷是著名的摄影家，在我市的江南博物馆的三楼还有邹爷爷的个人摄影展呢，爷爷领我观看过邹爷爷的摄影展，邹爷爷的摄影以冰雪为主，他拍摄的照片可好看了！

邹毅爷爷在讲授《摄影与人生》

采访重点：

①邹毅爷爷的照片。

②邹爷爷的生平资料。

③邹爷爷的摄影作品及所获得的奖项。

④邹爷爷走进班级，为我们讲《摄影与人生》。

⑤通过走访，整理出邹爷爷为什么能成为著名的摄影家？他的哪些事迹感动了你？邹爷爷身上有哪些值得你学习的？

（3）世界科技小发明金奖获得者——徐军航。

生：在我们小区里有一位小哥哥，他是毕业于吉林市第二实验小学的徐军航，他可是位爱科技、爱发明的小名人，他先后参加了第十一届吉林省机器人大赛、第五届吉林省航模大赛、全国科技创新大赛、均获一等奖的好成绩。并于2011年的10月代表吉林市二实验小学参加德国纽伦堡 IENA 国际发明展，作品获得世界创新发明展金奖，徐军航本人也获得世界发明创新少年组金奖，他穿上红色的唐装，走上德国纽伦堡国际发明展领奖台，捧回了国际金奖，为我们伟大的祖国增添光彩。

采访重点：

①徐军航获国际金奖的照片。

②徐军航是什么时候开始学习科技发明的，都参加过哪些比赛，取得了怎样的成绩。

③父母和老师对他在科技发明创造方面提供过什么样的帮助与支持，他最想感谢的人是谁？

④进入中学后，徐军航在科技发明创造方面有什么新的想法，怎样去实现。

（4）我们社区的大孝子——张叔叔。

生：我们家的楼下有一位全身瘫痪，长年卧床不起的老爷爷，他的儿子张叔叔是我们社区有名的大孝子，邻居们总能看到张叔叔每天中午都回家为老爷爷喂饭、翻身、天气好时，张叔叔还常常把老爷爷背到楼下晒太阳。每逢周末，张叔叔就用轮椅推着老爷爷在小区内散步，让老爷爷和邻居们聊天。大家都夸张叔叔是我们社区的大孝子。

采访重点：

①拍摄张叔叔背老爷爷下楼和用轮椅推老爷爷散步的照片。

②采访老爷爷，详细了解张叔叔对老爷爷的照看的感人事迹。

③采访邻居们，了解他们眼中的大孝子的形象。

④采访张叔叔，了解他的心声。

⑤写出采访报告，倡议"孝行天下"。

六、小组汇报交流

采访结束回到班级，各小组根据自己组内采访的形式，整理好交流汇报的资料，在班级做交流汇报。如：采访视频、人物照片、采访文字等，也可以把所采访的人物请到班级与同学们面对面地交流。

七、活动小结

同学们，通过这次社区名人的走访活动，我们要知道名人就在我们身边。他们也是生活在我们周围的普通人，我们要向他们学习，做品德优秀、学习努力、乐于助人的优秀小学生。

课后反思

走进社区，采访孩子们身边的"名人"，对孩子们来说是个全新的尝试，教师要多鼓励孩子们大胆提出自己的见解，精心设计采访提纲，做好录音记录和笔记记录。教师还要指导孩子们从记录采访中整理出自己最感动的，能打动别人的事例在班级交流。还要注意的是采访要事先联系好被采访本人，特别提醒孩子们在采访中注意使用礼貌用语，采访中要注意抓住有价值的问题进行深入采访，在采访中还要因人而异，及时调整采访提纲。让采访更有实效，让孩子们在活动中有更大的收获。

迷津指点

本次课的指导重点之一就是教会学生走近身边名人进行实地采访、收集资料、整理资料。在活动的实施过程中，教师应该事先帮助学生与社区当事人取得联系，获取社区和当事人对孩子们实践活动的支持与鼓励。

我是小小纳税人

胡　阳

活动主题与背景

四年级的学生已经有了一定的消费经验，但是对于如何理财以及如何合理纳税还没有清楚的认识。他们每天消费，却很难体会赚钱的辛苦；每次消费都伴随着纳税行为，可是他们却浑然不知。现在社会飞速发展，金钱的重要作用已经渗透到了学生的日常生活中，培养学生合理的消费观念，提高理财能力，并认识到公民都有纳税的义务，是培养现代公民的一项重要任务。

设计意图

本次实践活动旨在帮助学生提高买卖交易的技巧，并学会在交易过程中计算成本及收益，学会整理账本以及合理纳税。通过这些活动，学生对赚钱的辛苦会有所了解，对公民都有纳税的义务会有初步的认识。

活动目标

1. 在红领巾大卖场中试着将自己用过的物品进行交换或出售，体会赚钱的辛苦，并在交易中提高交易技巧。

2. 学习计算成本及收益，掌握记账方法。

3. 通过上缴税金，初步了解纳税是每个公民的义务，并对纳税的意义有所了解。

活动重难点

在交易过程中能顺利出售自己的商品，并计算出成本及收益，形成一定的理财观念。

课前准备

红领巾大卖场中用于交换或出售的物品。

活动设计流程

一、引入活动主题

师：同学们，我们都去商场、超市等购物场所消费过，花的都是家人赚来的钱，你们想不想自己体会一下赚钱的感受啊？大家都有许多用过的物品，如果可以把这些东西"卖"给其他"消费者"，不但可以赚到钱，还可以提高这些物品的使用价值。大家觉得这个提议怎么样？

（同学们纷纷发表看法，并总结出哪些东西可以用来交换或出售，也有同学提出可能遇到的问题）【通过交流讨论，提高学生参与活动的积极性，同时引发学生的思考。】

二、做个成功的"小商人"（方法指导）

1. 出售的技巧有哪些。

通过交流讨论，总结出一些出售技巧。

如何吸引消费者：大声叫卖；将自己要出售的商品合理摆放；制作宣传用品。

如何介绍商品：要将商品最吸引买家的方面介绍清楚。如介绍芭比娃娃，要介绍她的外形和服饰；如果是一支水彩笔，则要告诉买家这支笔笔油丰富，颜色漂亮，书写流畅等。

采用哪些促销手段：如买二赠一，多买打折等等。

2. 如何整理"账本"。

通过大家的讨论，设计出"账本"。

商品名称	成本	售价	盈利

需要说明的是这里所说的"成本"，并非"小商人"买这件物品时的价格，

因为作为目前出售的商品,它已经是折旧的。所以要引导学生为自己的商品合理定成本价以及销售价。

3. 买卖过程中可能遇到的突发情况。

如何处理买卖纠纷:在交易过程中,如果遇到钱物不清的状况,可以请老师作为"仲裁",切不可吵架或打架。

如何保管自己的"商品"及资金:最好用一个盒子将自己的商品有序排列,这样既方便自己保管,又能让顾客自由挑选。自己带来的钱以及销售所得的钱要放在有拉链的口袋里,或是放在小钱包里,钱包一定要保管好,不能将钱随便乱放。【通过细致的讨论交流,学生对商品交易有了一定的理解,对于操作过程中可能遇到的问题进一步明晰,为活动的顺利开展奠定了基础。】

三、红领巾大卖场

学生将自己的"商品"进行出售,实际体会买卖交易的过程。如果是整个年级都参与这次综合实践活动,可将交易地点选在学校走廊里,模拟夜市的销售模式。如果是一个班级,那么就在班内进行。教师要不断巡查,解决突发事件,并对不入门的"小商人"进行方法的指导,并总结共性的问题,在活动总结时和学生深入交流。

四、"我"的收获与体会

1. 好经验共分享。

交流自己售出商品的经历以及在这一过程中自己的收获。主要介绍自己用了哪些方式顺利地将自己的商品销售出去了,为其他同学提供先进的经验。

2. 展示小账本。

将学生记录的账本在幻灯片下展示,进一步总结记账的方法。有的账本记录得特别清楚,有的则比较混乱,请同学们说一说原因,帮助学生学会记账的方法。

3. 分析失败的原因。

有些学生在本次活动中,没有售出一件商品,请这些学生总结自己失败的原因,并找到解决方案。

4. 谈谈体会。

通过这次活动,很多学生都体会到了赚钱的艰辛和不易,纷纷表示以后一定不会乱花钱,要学会理财,做个"理财小能手"。【通过对买卖过程中获得的经验和教训及时总结,不仅做到了资源共享,同时也让学生们体会到了赚钱的辛苦与不易,有助于学生形成正确的消费观念、理财观念。】

五、我是小小纳税人

1. 理解什么是纳税。

纳税即税收中的纳税人的执行过程,就是根据国家各种税法的规定,按照一定的比率,把集体或个人收入的一部分缴纳给国家。这个概念对学生来说太过复杂,换成通俗易懂的说法就是纳税是将集体或个人的收入按比例上缴给国家,支援国家各项建设。

2. 为什么要纳税。

- 税收是国家组织财政收入的主要形式和工具
- 税收是国家调控经济的重要杠杆之一
- 税收具有维护国家政权的作用
- 税收具有监督经济活动的作用

简单来说纳税主要是为人民建设和谐、美好家园，促进我们社会发展的。可具体举例说明，如国家为了大力发展我国教育事业，于 2005 年决定，免除了九年制义务教育里所有的学杂费，但这些学杂费从哪里来的呢？当然是从国家征收的税款中来。以前，农村学校里的孩子和城市困难家庭的孩子，常常为了学费而着急，七拼八凑，可还是凑不齐，有的还不得不辍学。现在可好了，免除了学杂费，不会再有我们同龄人辍学了。还比如我们大家使用的公共设施，如街心公园、小区里的健身器材、平整的柏油马路、漂亮实用的火车站等等，这些都是用纳税人的钱修建的，其中也有我们贡献的一份力量。

3. 每个公民都要纳税。

纳税是每个公民的义务，作为小学生也是纳税人，每次购物我们都要缴纳税金，这些税金包含在了商品售价中。可具体举例说明，比如我们买一个面包，售价是 1 元，但其实商家可能只得到 0.9 元，剩下的 0.1 元则作为税金上缴给了国家。在很多国家，比如美国、加拿大等，消费者为商品付钱时，税金是单付的，这样消费者就会非常清楚自己买一样商品到底缴了多少税。我们国家暂时还没有采用这样的形式，但我们购物时同样是缴了税的。

4. 评选先进纳税个人。

对盈利的学生缴纳盈利额 10％的税金，缴税 1 元以上的学生被评为"先进纳税个人"。【通过这一活动，学生对纳税这个概念有了一定的了解，有助于培养学生作为公民的主人翁意识。】

六、活动总结

师：同学们，红领巾大卖场活动结束了，但我想这次活动给大家带来的收获和思考会成为大家人生中一笔宝贵的财富，希望同学们都能形成正确的消费观和理财观，对金钱有一个正确的认识。

附：部分红领巾大卖场活动掠影。

课后反思

　　在这次综合实践活动中，学生们获得了一次前所未有的体验，对赚钱、理财、缴税都有了初步的了解。在活动中，学生体会到了赚钱的艰辛与不易；知道了管理个人钱财的重要性；了解到了纳税对国家和个人的积极意义。本次活动得到了学生们的积极参与，在活动中收获到了许多前所未有的经验，可见本次活动贴近学生生活，满足了学生的需要。

　　本次综合实践活动也有一些不足，如学生准备的出售物品较为单一，对自己的"货物"不能准确定价……所以这就要求指导教师对于活动过程要有更加细致的考虑，进一步提高活动的实效性。

迷津指点

　　本次活动的重要内容就是让学生体会赚钱的辛苦和不易，并对"纳税"这个概念有初步的了解。对活动过程要有细致的安排，合理解决活动过程中出现的问题。要让每个学生都能积极参与到活动中，争取让每个孩子都有收获。

　　在这次综合实践活动中，学生们获得了一次前所未有的体验，对赚钱、理财、缴税都有了初步的了解。学生们积极参与，收获颇多，可见本次活动贴近学生生活，满足了学生的需要。

第三部分

人与社会　热爱家乡
（五年级）

教学设计说明

　　从关注自己、关心家庭、珍爱自然到关注学校与社区，两年的综合实践体验，孩子们丰富了视野，增长了智慧，综合能力得到了培养和提高。进入五年级，我们开始了关爱家乡之旅。家乡古老的文化、今天日新月异的变化、我们身边的科学都将成为孩子们新一程的综合实践活动内容。在这一年里，学生们将学会从事实或案例中发现问题，并能够提出两个以上的具体研究内容，学会撰写研究方案，初步学会组建团队和小组合作的方法，能够及时与同学或指导老师交流活动过程中的感受，尝试撰写调查研究报告、观察研究报告、小实验研究报告、倡议书、社会宣传提纲等，能够运用已有的数学知识统计调查数据，得出初步的调查结果，在实验中观察事物的变化，学会获得实验数据，经历上网、图书馆、实证调查等基本方式收集文献，学会制作简报、手抄报等。

乌拉的美丽传说

唐德喜

活动主题与背景

本次综合实践活动的主题为《乌拉的美丽传说》。对于生长在北国江城吉林市的人来说，提到"乌拉"每个人都不陌生，在这里有大家都熟悉的，地处于吉林市松江东路"乌拉"主题公园，吉林市永吉县的乌拉街古城，还有吉林市满族文化博物馆等等，得天独厚的历史题材，丰富的"乌拉文化"资源为开展好本次主题活动奠定了基础。更为重要的是，通过从身边的文化主题入手，让学生们从了解家长的历史，了解满族文化的发展渊源当中，更好地激发起热爱家乡，建设家乡的情感。

设计意图

开展本次综合实践活动旨在引导学生关注社会，关注身边的文化现象，初步学会拟定研究主题，并在活动的开展过程当中，进一步学习搜集信息和处理信息的能力。在组内成员协调努力中，在指导老师的帮助下开展好本次活动，并尝试用不同的方式进行汇报展示学习成果。

在本次活动中，进一步引导学生在实地勘察的过程中，搜集和保存好原始资料，同时注意运用方法指导课中了解到的采访技能进行实际的采访训练。

活动目标

1. 在指导教师的引导下，初步学会拟定调查研究的小课题，并成立研究小组，合作分工，做好调查研究的准备工作。

2. 在实地调查采访的过程当中，学会运用采访的方法，注意保存好相应的原始资料。

3. 通过开展本次活动，引导学生关注家乡，了解家长的历史变迁，激发爱家乡的美好情感。

活动重难点

在活动开展的过程中，要保存好各种图表、文字和相片等资料，并在后期整理的过程当中，分门别类进行处理，并借助得到的资料，确定各小组的成果汇报形式。

课前准备

PPT 演示文稿。

活动设计流程

一、问题引入，揭示主题

同学们，吉林市是满族的发祥地之一。你们知道在满语当中，我们现在居住的这块土地被称作什么吗？（乌拉）谁知道"乌拉"在满语里的意思是什么呢？（沿江的城池）

提到乌拉，你都想到了什么？（想到了吉林市乌拉主题公园，永吉县的乌拉古城，还有满族火锅，商场里卖的乌拉草做的鞋垫、枕头……）同学们提到的这些其实都是古代的乌拉古城留给我们的一笔宝贵的财富。（板书：乌拉的美丽传说）

二、初步确立研究子课题

或许同学们还不知道，在这片土地上，在这座乌拉古城当中，还有许多不为人知的故事和传说等着你去发现。围绕着我们这次活动的主题，你想了解哪些方面的知识呢？我们可以从两个方面入手，一个是对我们乌拉古城的研究，另一个就是对生活在这里的满族人民的风俗习惯的研究。

预设的研究主题如下：

走近乌拉古城；

满族人的饮食；

满族人的服饰；

满族人的礼仪；

……

三、明确分工，制订研究计划

同学们，我们这次的活动和以往开展的活动一样，要靠我们小组成员的共同努力来完成。你们在选择了小组内要研究的课题之后，下面要做的就是把各自的任务明确，并且要制订好本组的研究计划，填写好表格。（活动表格略）

四、方法指导

同学们，在本次活动当中，我们除了要去网上搜集查找资料以外，可能网上的资料也不太齐全，那么怎么办呢？同学们有没有什么好的办法？（可以到图书馆去，可以请教相关的学者）

你们的方法很好，其实搜集资料的办法之一就是到图书馆去查找，不过当你们走进图书馆的时候，就会发现，里面的书籍真的是太多太多了。咱们从哪里查起呢？（组织学生交流）

梳理方法如下：

（一）走进图书馆之前，要先明确自己需要哪方面的资料；

（二）进入图书馆以后，先向管理员咨询一下，馆内图书的分布规律；

（三）明确索引号，即每个大类都是由不同的字母代表的，再了解所包含的小类的内容；（教师可出示分类表，让学生明确）

（四）选择好图书后，请务必使用代书板。代书板主要起标识架位作用，以防乱架。所以在选取图书时，不要将图书乱拿乱放，不能搞乱图书排架顺序；

（五）一定不能把自己需要的东西直接就撕下来，或是把书乱放，直接影响其他读者的借阅。

五、实施阶段

（一）各个小组的成员在组长的带领下，按照制订的计划表进行实际操作；

（二）走近乌拉古城的小组可以到吉林市乌拉主题公园去，通过实地的参观，并听一听讲解员的介绍来了解古城的风貌；

（三）了解乌拉古城的名人一组，可以到图书馆里去搜集资料，也可以采访一下相关的学者；

（四）研究满族的服饰、饮食和礼仪的小组可以到网上搜集资料，也可以在生活中向年长的满族长辈实际的采访了解，以便获取更直观的资料。

六、成果展示阶段

（一）走进乌拉古城

1. 介绍基本资料。

乌拉古城位于吉林省吉林市西北 35 公里的永吉县乌拉街满族镇境内，原称布哈特乌拉，满语意为"沿江打猎"。乌拉古城两面近山，一面近水，正当吉林盆地北口和松花江要道，古时在军事上有重要地位。古城总面积约 90 万平方米，城内有一个四壁陡峭的土台，土台南面有 34 级花岗岩条石铺砌成的台阶。这土台就是当地颇有名气的"白花公主点将台"。传说这个土台是白花公主所造，是她出征前点将阅兵之地。

2. 出示古城乌拉的图片，介绍白花公主点将的传说。

3. 介绍吉林乌拉主题公园的照片和采访视频。

（二）满族人的饮食

1. 在乌拉街满族镇，许多建筑都带有满族特色，生活习俗也带有浓郁的民族色彩。在这里可以品尝地道的满族风味饮食，如哈依玛（水团子）、打打糕、菠萝叶饼、粘豆包、大小黄米"火勺"等，若时机凑巧的话，还可以亲眼目睹独特的满族婚俗和萨满教仪式。

2. 学生可以自带特色食品。

3. 学生讲述满族人不吃狗肉的传说。

（四）满族人的服饰

1. 资料和图片的介绍：

鞋子特色。满族妇女不缠脚，所著鞋子绣有漂亮花饰，鞋底中央垫有 10 厘米高的木质鞋跟，满族妇女穿着这样的鞋走起路来，可保持昂首挺胸的身姿和腰肢摇曳的步态。满族妇女的发式变化很大，姑娘时代，只简单地把头发在脑后挽一下。长到快出嫁时，就要把头发梳成辫子并挽成单发髻，

满族鞋样

结婚后的发式有双髻式、单髻式等多种，双髻式发型把头发从头顶分梳为前后两部分。前髻梳成平顶状，以便戴冠，颈后髻梳成燕尾状，在颈后伸展开来，它使得颈子总要保持挺直的状态，因此，满族妇女走起路来就更显得高贵、尊严。

男子旗装

历史上满族男子多穿带马蹄袖的袍褂，腰束衣带，或穿长袍外罩对襟马褂，夏季头戴凉帽，冬季戴皮制马虎帽。衣服喜用青、蓝、棕等色的棉、丝、绸、缎等质

地的衣料制作，裤腿扎青色腿带，脚穿棉布靴或皮靴，冬季穿皮制乌拉。顶上留辫子，剃去周围的头发。

女子旗装

女子喜穿长及脚面的旗装，或外罩坎肩。服装喜用各种色彩和图案的丝绸、花缎、罗纱或棉麻衣料制成。有的将旗袍面上绣成一组图案，更多在衣襟、袖口、领口、下摆处镶上多层精细的花边。脚着白袜，穿花盆底绣花鞋，裤腿扎青、红、粉红等色腿带。盘头翅，梳两把头或旗髻。喜戴耳环、手镯、戒指、头簪、大绒花和鬓花等装饰品。

2. 租借一部分满族服饰现场展示。

（四）满族人的礼仪

学生出示影视图片，让同学猜猜这是一种什么礼仪。

满族人最尊重的是请安礼（打千儿），满族人晚辈见长辈，下级见上级，奴

仆见主人都要施行请安礼，俗为"打千儿"。

男子请安礼的仪式为：服箭衣（即缀马蹄袖口之袍）者，先弹袖放下袖头，先左袖，后右袖；再将左脚略移前半步，左膝前屈，同时左手心向下自然地垂在左膝盖上；右足后引屈膝至地不及寸，同时右手下垂；上身稍向前俯，似拾物状。约一呼一吸时，右脚撤回，恢复立正姿势，施礼毕。施礼时，口称"请安"，比如"请阿玛（父亲）安！"、"请额娘（母亲）安！"

课后反思

这是一次十分贴近孩子生活的综合实践活动课。活动当中，最重要的就是让学生自己动起来，减少一些对他们的束缚，尤其是通过各种不同的方式进行汇报，既可以调动学生的参与积极性，也可能丰富他们对于乌拉满族文化的了解。

迷津指点

本次课的指导的重点之一就是教会学生去图书馆搜集和整理资料。在课堂的实施过程当中，教师可以因地制宜，带学生去本校或市区图书馆进行现场性的教学，切实让孩子们了解查找资料的具体方法。

雾凇美景甲天下

韩　琳

活动主题与背景

雾凇，是北国江城吉林市一张名扬海内外的名片。每到隆冬时节，来自海内外的八方游客就会来到这里一睹它奇丽的风姿。对于学生们来说，从小就对雾凇的别样风情，对雾凇的形成有所了解，但对于雾凇的观赏时机、类别及给当地百姓生活带来的作用还不甚明了。因此，开展这样一次全面而有趣的活动，更能够使学生们了解雾凇的美丽，和这美丽背后的神秘。

设计意图

开展好本次活动可以让学生们更好地走近雾凇，了解雾凇的形成和文化，从感性粗浅地了解走向深入，激发学生热爱家长的美好情感。同时也可以让他们在实地的了解过程当中，培养他们与人沟通的能力。因此，本次活动的重点之一就是进一步引导学生学会采访，掌握和熟悉采访的准备工作和问题的设计。

活动目标

1. 学生围绕本次活动的主题自主设计研究小课题和活动计划。

2. 在本次活动的开展过程当中，指导教师有重点的引导学生明确采访的基本知识和设计问题需要的技巧，并在实践当中加以运用和调整。

3. 通过开展本次活动，更全面的了解雾凇的形成和作用，了解雾凇的文化等知识。

活动重难点

在本次活动中，指导教师通过课堂训练和实地运用，让学生更好地掌握和运用采访的基本技能和知识。

课前准备

PPT 演示文稿。

活动设计流程

一、创设问题情境，生成主题

（教师出示 PPT 图片）

同学们，每到隆冬时节，坐落在松花江畔的美丽江城——吉林市，就成了银装素裹，白雪皑皑的世界，著名的十里长堤银柳闪耀，加上像玉菊怒放的苍松，犹如"千树万树梨花开"，这绚丽夺目的景色中，最绝妙的是"树挂"。（板书：雾凇美景甲天下）

你们知道树挂还叫什么吗？（进一步介绍：银枝、水汽花、冰花、雾冰，气象上称雾凇）

二、分解主题，初步确立小组课题

同学们，提起雾凇，我们都不陌生，可是你知道雾凇是怎么形成的吗？（学生初步作答）你们满意刚才同学的答案吗？看来，即使是生长在这里的我们，仍然不能具体地说出有关雾凇的形成。其实，关于雾凇，我们还有很多不知道的知识。结合以往的生活经验，你们说说，在本次综合实践活动的学习当中，你想了解关于雾凇的哪些知识呢？（小组研究讨论，经过指导老师的梳理确立子课题）

雾凇的形成；

关于雾凇的文化；

雾凇给人们生活带来的影响；

观看雾凇的最佳时机；

走近雾凇岛；

……

三、小组分工，制订研究计划

同学们，在之前的活动当中，我发现，你们很多问题就出在自己制订的计划不够详细，导致后来在实施的过程当中，不能把之前的想法落实。

表格样例

活动主题	雾凇美景甲天下			
小组研究课题				
组名	（　　　　　）小组			
成员	组长：			
	组员：			
我们的分工	采访员：		记录员：	
	整理员：		调查员：	
	摄影师：		PPT 制作：	
	其他：			
活动流程		活动形式	活动内容	
	第一次			
	第二次			
	第三次			
我们的研究方法	查阅资料（　　）　　　调查统计（　　） 外出采访（　　）　　　上网（　　） 其他：			
预定的研究成果				

四、方法指导

同学们，在这次活动当中，可能有不少小组要走出去，到户外去和那些了解雾凇的人面对面地进行交流，这也就是要进行采访。那么采访前要做哪些准备呢？（学生交流）

同学们做事想得真周到。活动前应将这些准备都写好，请看老师给你们提供的采访提纲。

小记者		记录员	
采访时间		采访地点	
采访对象		准备的工具	
采访的问题			
采访记录			

模拟交流：

（1）一小组 4 人，有一个同学当记者发问，一名或两名记录员，其他的同学负责摄像。

（2）选择好采访对象后，还要做到什么？事先要做好预约，这是对人家的尊重。

（3）准备的工具：摄像机、照相机、录音笔、记录表。

（在这步骤当中，教师帮助学生设计本次活动中要采访的问题。）

五、活动实施

各个小组按照既定的计划进行实施，同时在活动中调整本组研究的内容和方向。

1. 有关雾凇的形成小组的研究可以到丰满水电厂去采访工作人员。

2. 走近雾凇岛的小组可以在家长的带领下到实地去拍照，领略那里的风光。

3. 研究雾凇的作用小组可采访游人和交通警察。

六、汇报展示

（一）雾凇的形成研究小组

一是吉林市所处的特殊地理位置。它正处于松花湖丰满水电站下方约二十公里，这段江面由于丰满水电站发电，湖面"虽在严冬而不结冰，在零下 30℃ 左右的气温下，暖水面源源不断蒸发水汽"。它为树挂的形成提供了丰富的湿气源。

二是吉林市作为化工、冶金城市，有很多烟尘杂质能够提供树挂形成的"大量的结核"。

三是吉林市沿江的绿化带能够提供雾凇的承载媒介，因此，飘浮在空气中的过冷雾滴，遇到冰冷的树枝，便急剧地凝结成树挂。

四是吉林市的气象条件，冬季在冷高气压形势下，往往无云、微风、夜间降温强烈，有利雾凇的形成。

类别：雾凇一般分粒状雾凇和晶状雾凇两类。（结合图片介绍）

（二）雾凇的作用研究小组

1. 净化空气。

吉林雾凇是空气的天然清洁工。人们在观赏玉树琼花般的吉林雾凇时，都会感到空气格外清新舒爽、滋润肺腑，这是因为雾凇有净化空气的内在功能。空气中存在着肉眼看不见的大量微粒，其直径大部分在 2.5 微米以下，约相当于人类头发丝直径的四十分之一，体积很小，重量极轻，悬浮在空气中，危害人的健康。

2. 隔离噪音。

吉林雾凇是环境的天然"消音器"。吉林雾凇由于具有浓厚、结构疏松、密度小、空隙度高的特点，因此对音波反射率很低，能吸收和容纳大量音波，在形成雾凇的成排密集的树林里感到幽静，就是这个道理。

（二）走近雾凇岛

离吉林市仅 40 公里，松花江下游的雾凇岛却少为人知，雾凇岛因雾凇多且美丽而更加出名。地势较吉林市区低，又有江水环抱。冷热空气在这里相交，冬季里几乎天天有树挂，有时一连几天也不掉落。岛上的曾通屯是欣赏雾凇最好的去处，曾有"赏雾凇，到曾通"之说。这里树形奇特，沿江的垂柳挂满了洁白晶莹的霜花，江风吹拂银丝闪烁，天地白茫茫一片，犹如被尘世遗忘的仙境。远处，一行白鹭划过丛林，留下静寥的天空。

（三）雾凇文化小组汇报

1. 江泽民同志 1991 年在吉林市视察期间恰逢雾凇奇景，欣然秉笔，写下"寒江雪柳，玉树琼花，吉林树挂，名不虚传"之句。1998 年他又赋诗曰："寒江雪柳日新晴，玉树琼花满目春。历尽天华成此景，人间万事出艰辛。"

2. 曾巩（宋）的《冬夜即事》："香消一榻氍毹暖，月澹千门雾凇寒。闻说丰年从此始，更回笼烛卷廉看。"

3. 张岱的《湖心亭看雪》中写到："崇祯五年十二月，余住西湖。大雪三日，湖中人鸟声俱绝。是日更定矣，

余挐一小舟，拥毳衣炉火，独往湖心亭看雪。雾凇沆砀，天与云与山与水，上下一白。湖上影子，惟长堤一痕、湖心亭一点、与余舟一芥，舟中人两三粒而已。"

（四）观看雾凇的时机研究小组

夜看雾。夜看雾是指在雾凇形成的前夜，观看松花江上出现的江雾景观。该景一般会在夜里 10 时左右出现，松花江上开始有缕缕雾气出现，继而越

来越大、越来越浓，大团大团的雾气升腾着、翻滚着涌向松花江两岸。霎时间，江边的街路、建筑都被大雾所笼罩，游人将置身于浓重的云雾之中，江边的建筑物、树木也在雾中若隐若现，灯光也变得扑朔迷离。

晨看挂。是说清晨起来看"树挂"（雾凇）。经过一夜的浓雾，清晨当人们再次来到雾凇观赏区时，前夜那十里江堤上黑森森的柳树、松柏和千年榆树，居然在一夜之间被江雾染得一片银白，在眼前豁然呈现出一个银色梦幻般的奇妙世界。

"待到近午赏落花"。描述观赏雾凇脱落时的情景。一般在上午 9 点以后，阳光、微风怀着对雾凇的妒忌，促使凝结在树枝上的雾凇开始脱落。最初只是一点一片的脱落，接着是成串成串的滑落。微风吹起脱落的银片在空中飞舞，明丽的阳光辉映到上面，在空中形成五颜六色的雪帘。纷飞的雾凇好似雪花一样落到人们的头上、肩上，使人感到格外凉爽、清新。

课后反思

本次活动的开展对于学生来说并不难，更多的是资料的再现。因此在本次活动中，要在以往研究的基础上，避免资料简单重复的展示，而要让学生变成自己的知识来进行展示。

同时还要引导学生用多种形式来进行汇报，可以是视频，也可以围绕雾凇的形成自编自演童话剧等，丰富学生的表达思路。

迷津指点

本次活动的重点就是教会学生能够恰当的运用已经了解到的采访技能在实际当中加以运用。当然，对于学生设计提出的问题也不能过于的牵强，不能人为的拔高，只要是学生们最关心，最想了解的就好，不必过于刻意地强调问题的难、偏。

冰雪骄子

武雪莲

活动主题与背景

生长在北国江城吉林市的孩子们从小就对冰雪有着特殊的感情，赏雪、玩雪，到雪场上去滑雪圈、雪橇，他们沉醉其中，对于冰雪运动也是或多或少有所了解。冰雪不但给这里添上了一道得天独厚的风景，更是一份上天赐予孩子们的最好的礼物。引导他们在冰雪的世界里历练，打磨，以从这片黑土地走出去的冰雪骄子们的榜样，砥砺意志，阔达性情，是最好的方式。

设计意图

开展本次活动，旨在让学生了解从这片土地上走出去的冰雪骄子的故事，了解他们成长中的经历，同时也让学生们学习这些杰出运动员的精神。

在本次活动中，也要培养孩子们协调合作的能力，让他们能够在活动中学会相互担当，共同完成任务，尽量减少活动中的不和谐因素。

活动目标

1. 学生通过上网查阅、调查走访的方式，了解冰雪骄子们的故事，感受他们的精神品质。

2. 在主题活动过程中，学生会分工能合作，让成员在友好的气氛中共同努力，保证活动的正常完成。

活动重难点

以本次活动为载体，让学生学会合作分工，通过组长的协调努力，让成员化解矛盾，保证任务的顺利完成。

课前准备

PPT演示文稿。

活动设计流程

一、创设问题情境，生成活动主题

同学们，我们来聊一个有趣的话题。每年学校都组织开展冰雪冬令营，你们认为在冬令营里最感兴趣的，最刺激的活动是什么？（滑雪圈、雪橇）雪圈说起来是比较简单了，要说难一点的就是滑雪橇了。有没有会滑的，给大家讲讲有没有什么诀窍？（组织学生进行交流）

在我们这里，除了能够在冰雪世界里打雪圈，滑雪橇之外，其实你们还可以在冰上一展身手。再说说有什么好玩的活动？（抽冰猴、滑冰刀……）

冬天不仅给我们带来了一道独特的自然景观，也提供了让我们锻炼的机会。也有一群这样的人，他们和你们一样，从小就愿意在冰雪里玩耍，不过不同的是，他们从这里出发，成为为我们的家乡，为我们的国家争光的人。（板书：冰雪骄子）

二、讨论交流，确定小组研究课题

（出示PPT文稿）同学们，看到这些冰雪健儿在领奖台上获得奖牌，为国争光的激动人心的场面，谁能说说你想到了什么？（组织学生进行交流）

不同的运动在训练的过程中，会遇到不同的问题和挑战。今天我们就围绕着各种不同的冰雪运动，走到他们的光环背后，去了解一下他们身上发生的故事。

预设的子课题：

走进短道速滑；

冬季龙舟赛冠军——北华大学龙舟队；

吉林人的骄傲、滑雪冠军王春丽；

身边的冬泳爱好者；

……

也可以组织学生围绕自己感兴趣的话题进一步拟定小组研究的小课题。

三、组内分工，制订本组的研究计划

同学们，和以往开展活动是一样的，我们还要和自己有共同兴趣的同学组成小组，同时要制订合理的研究计划，相信咱们班的同学是最棒的。你们准备好了吗？现在开始。（指导老师到小组内巡视，帮助学生制订比较完整的研究计划）

四、方法指导

同学们，最近我们开展过的几次活动中，老师发现了一点小问题，虽然你们各个小组都能按时完成任务，不过总是会听到一点不和谐的音符。这不，前两天的时候，我就听到班级里的张雷同学和我讲了一件他们小组的事。这件事的大概情况是这样的：本来在小组制订研究计划的时候，已经安排好张雷负责制作PPT幻灯片了，可是同组的刘涛同学感觉这个活更轻巧一些，于是就抢了他的任务。他们两个发生了争吵，最后还是在组长的帮助下，解决了两个人的矛盾。

像这样类似的问题，你们小组里出现了吗？

（组织学生进行交流）

梳理出现的问题：

（一）不认真完成自己的任务

（二）和别人攀比获得的成果

（三）因为同学间的关系而在研究中斤斤计较，吵架

……

老师给大家带来一个绝招，你们想不想知道？这是一份表格，请小组长带领组员实施的过程中，把你们过程中每个人的表现记录下来，然后贴在班级的板报栏上。（出示表格）

表现评价 组员姓名	自我评价	同学评价	自我反思	学习收获

希望小组里的每个成员都能在组长的带领下，认认真真地完成任务。在活动

中，不但能获得知识，还能收获一份友情。

五、活动实施

1. 各个小组在组长的带领下，按照制订的小组研究计划，认真有效地完成任务。

2. 调查吉林市冬泳爱好者和北华大学龙舟队的小组在条件允许的情况下，可以就地进行采访。

3. 指导教师每隔一段时间就适时对班级墙报上张贴的关于小组合作情况的表格进行点评。

六、实践研究成果汇报

（一）吉林人的骄傲、滑雪冠军王春丽小组汇报

1. 主要成绩：

2003 年全国第十届冬运会传统 10km 第三名；

2005 年世界大学生冬运会女子接力第三名；

2005 年 2 月世界越野滑雪锦标赛 15km 双追逐第

27 名；

2005 年 11 月芬兰国际 FIS 积分赛自由 10km 第

一名；

2005 年 12 月瑞典国际 FIS 积分赛自由 5km 第一名；

2012 年第十二届全国冬季运动会冬季两项女子 15 公里冠军；

2012 年第十二届全国冬季运动会冬季两项女子短距离 7.5 公里亚军。

2. 名言：王春丽说："冲刺摔也是一种技术，平时我也是这么训练的，只有这样，才能在冲刺中占到优势。我对我今天运用这种技术的能力感到满意。"

3. 背后的故事：2007 年 1 月 30 日下午，吉林市北大湖雪场，王春丽以 0.09 秒的优势力压哈萨克斯坦选手叶林娜·克洛明纳夺得冠军。王春丽在冲过终点的一刹那摔倒在地，当时她自己甚至都不知道是否夺冠了。接受采访的时候她说："我当时只是尽我最大的努力，别的根本就想不到了，能够在家乡为国争光，我感到非常的高兴。"哈萨克斯坦选手在比赛的最后时刻给王春丽施加了非常大的压力，王春丽承认自己感觉到了来自身后的威胁，她表示："我当时有感觉她在向我逼近，事实上最后的那个直道大家都很接近，我只能把自己所有的努力都放在赛道上。"

（二）冬季龙舟赛冠军——北华大学龙舟队

1. 简介北华大学龙舟队的成绩。

2. 播放采访的视频和参加比赛的视频。

3. 组织班级同学进行讨论交流。

（三）身边的冬泳爱好者

1. 幻灯片展示冬泳爱好者游泳时的照片。

2. 播放采访视频。

3. 小组成员讲述冬泳的好处。

（1）冬泳先冷后热，先苦后甜，可砥砺意志、陶冶性情、增强抵御寒冷的能力，从而减少伤风感冒的发生。

（2）通过冬泳冷疗，改善局部和全身血管缩舒功能，血管先收缩后膨胀，促进血管微循环，反复不断的血管操，使血管更具弹性，防止血管硬化。

（3）冬泳与寒冷做斗争，要消耗较多的能量，防止脂肪在体内囤积而导致三高，是减肥的妙方。

（4）冬泳在冷水中深呼吸，纳入比平常更多的氧气，吐出大量的二氧化碳，能增强肺活量，对防治咽喉炎、支气管和肺疾起到良好效果。

（5）冬泳通过水对身体平衡承托，减轻足关节负荷；水不断地对肌体进行按摩，加之频繁在冷水中的关节运动，达到舒筋活络，强壮筋骨，防治腰腿痛和风湿关节炎。仰泳通过水的推压、按摩对颈椎病、腰椎间盘突出有奇效。

（四）走进短道速滑

1. 由四名同学分别介绍王蒙、李佳军、周洋和李琰四位世界名将的故事。

2. 观看比赛视频。

3. 介绍短道速滑运动在中国的开展情况以及多年来中国队在世界大赛中取得的成绩。

课 后反思

在本次活动开展的过程中，学生对于获得资料的加工和处理还需要进一步的引导。因为有些体育项目离学生较远，他们可能会照本宣科。为了避免这种情况，就可把比赛视频和采访视频引入进来，甚至可以把学生对这项活动的体验进行讲述，使其他同学得到更加直观的教育。

迷 津指点

这次综合实践活动的方法指导是以引导学生学会处理好完成任务与同学关系这一内容作为重点的，而这样的现象也确确实实的出现在每次活动的开展过程中，因此也只有不断地强化和引导才能达到效果。这种关注不能仅仅是在一次课上的讲解，指导老师更应当深入到学生开展活动的过程中去，切实解决出现的问题。

我们的种植园

——————————刘晓辉

活动主题与背景

本次综合实践活动的主题为《我们的种植园》。种植是孩子最乐于从事的实践活动，也是每一个孩子成长中应该经历的事情。为此在校园内开辟一块土地，建立一个种植园，由我们的孩子参与种植园的设计、开发，并由老师和孩子一起种植，一起体验全过程，给孩子提供一个实践的场所和机会，从中获得最直接的感知和技能。

设计意图

种植园是学生实施劳动与技术教育的天然场所。劳动技术教育最重要的特点就是他的综合性、实践性、技术性和创新性。它的有效实施必须具备足够的让学生实践的舞台，必须开发综合实践活动"基地"资源，为学生提供广阔的实践空间。是"人的全面发展"的重要组成部分，也是"教育与生产劳动相结合"的重要形式，逐步形成了以"种植园"为媒介的特色综合实践活动体系。

活动目标

1. 通过学生亲手去种植、浇灌、收割的过程让学生认识一些农作物。了解一些简单的种植方法，培养合作意识。

2. 初步掌握参与植物种植实践活动的基本方法培育蔬菜、花卉，实验实证的方法开展研究性学习。

3. 通过参与植物园综合实践活动，学生养成对劳动的积极态度，形成对自然的关爱和对社会、对自我的责任感。学生能更加珍惜劳动成果，理解"谁知盘中餐，粒粒皆辛苦"的含义。

活动难点

培养和发展学生的解决问题和劳动、实践的能力以及对自然环境和人类社会的责任感与使命感。

活动计划

1. 调查时间：每周二、周四。

2. 调查内容：学校的小菜园中各种农作物的名称、种植时间、成熟时间、营养或用途。

3. 指导学生选择自己感兴趣的问题，把学生按照研究的问题进行分组。

4. 指导小组学生制订研究计划、方案。

5. 全班讨论、研究、完善计划。

6. 活动成果形式：学生习作、图画、歌唱，学生谈经历体验、心得体会等。

课前准备

1. 每小组准备一本访察记录本。

2. 教师或有条件的学生可准备照相机或摄像机。

3. PPT 演示文稿。

活动设计流程

一、谈话引入，提出问题

同学们，你们知道我们吃的粮食和蔬菜都是谁种植出来的吗？（农民）那你们能说得出哪些农作物呢？（学生回答）

不错！大家知道很多，今天我们就去认认这些农作物。

二、分解主题，初步确立小组课题

（播放一些蔬菜的生长图片）看图提出问题：

如：①你们知道这是什么农作物吗？

②你们见过它们开的花是什么样的吗？它们又是什么时候开花的呢？

③你们了解它们是何时种植，又是何时成熟的吗？

（小组研究讨论，经过指导老师的梳理确立子课题。）

三、布置任务，制订研究计划

让学生知道种植园的具体位置，现场勘查自己的种植园内环境，在种植过程中让他们观察、辨认各种农作物。在这个过程中不断以问题来刺激他们，使他们产生很多的疑惑，从而激发求知欲。同学们，我们这次的活动和以往开展活动一样，要靠我们小组成员的共同努力来完成。你们在选择了小组内要研究的课题之后，下面要做的就是把各自的任务明确，并制订好本组的研究计划，填写好表格。（主要让他们采用实地访察法）

综合实践活动研究计划表
第一份表格样例

活动主题	播种农作物的最佳时机		
小组研究课题			
活动时间	活动任务	搜集资料提要	人员分工
第一阶段			

第二阶段			
第三阶段			
预期成果			

第二份表格样例

活动主题	田间管理的一些方法		
小组研究课题			
组名	（　　　　　）小组		
成员	组长：		
	组员		
我们的分工	采访员：		记录员：
	整理员：		调查员：
	摄影师：		PPT 制作：
	其他：		
活动过程		活动形式	活动内容
	第一次		
	第二次		
	第三次		
我们的研究方法	查阅资料（　　　）　　调查统计（　　　） 外出采访（　　　）　　上网（　　　） 其他：		
预定的研究成果			

四、方法指导

同学们，在这次活动当中，我们必须要走出去。了解农作物以及与别人面对面进行交流也就是要进行采访。那么采访前要做哪些准备呢？（学生交流）

小记者			记录员	
采访时间			采访地点	
采访对象			准备的工具	
采访的问题				
采访记录				

五、模拟交流

（1）一小组四人，有一个同学当记者发问，一名或两名记录员，其他的同学负责摄像。

（2）选择好采访对象后，还要做到什么？事先要做好预约，这是对人家的尊重。

（3）准备的工具：摄像机、照相机、录音笔、记录表。

（在这步骤当中，教师帮助学生设计有针对性的问题。）

六、实地研究

各个小组按照既定的计划进行实施，同时在活动中调整本组研究的内容和方向。

1. 有关农作物的生长周期、生长环境的研究可以通过自己的种植过程跟踪调查。

2. 走近小菜园的小组可以在老师的带领下到学校的自留地实地去拍照，领略那里独特的美！

3. 天气、光照对农作物的影响可以通过网络和书籍进行整合。

七、汇报展示

1. 春季最适宜栽培的农作物小组收集的蔬菜名字和照片。

五一劳动节过后，适宜栽种的有：青椒、茄子、西红柿等，适宜种植的有玉米、大豆等农作物。

2. 关于蔬菜的播种或栽种的过程，以及需要注意的问题。

播种小组：

（1）先将土翻好，让土晒晒太阳。

（2）撒下种子前将翻好的土整平，并将太大的土块敲碎，整好的土不要再踩在上头，以保持土壤的疏松、透气。

（3）将种子撒在土壤上头，不要太密，以免妨碍日后成长。撒好种子后，用把子轻轻地将土拨动，让种子可以被土轻轻的覆盖，也可防止麻雀来啄食种子。

植物栽培：

（1）有些种类的蔬菜（例如：西红柿、黄瓜），幼苗长高至约 10 厘米时，必须移植到较宽阔的土地上。

（2）也有些种类的蔬菜很难撒种发芽，可以直接购买苗栽回来栽种，例如茄子。

（3）依照播种时的整土方法，将土壤整理好，有些种类的蔬菜则必须先将土整理成垄起或沟状。

（4）种植时不要太深，以可以覆盖其根部为原则。

3. 展示成果体验乐趣。

把孩子的收获用图片、日记及手抄报的形式展现出来，让孩子真切的体会到种植的乐趣，以及明确"粒粒皆辛苦"的道理。孩子们记录了植物生长的每一个瞬间，也记录了自己的成长历程。

日记二则

回忆劳动

2012 年 6 月 19 日　　　　星期四　　　天气　　　晴

学校的西面，是我们的蔬菜基地。下午，我们芥菜秧小组成员，手拿着绿茵茵的芥菜秧，来到蔬菜基地，吴老师给我们分配了任务，以吴士铖为首的是清理杂石，以王颖诗为首的种植芥菜秧，而我自然就成了"施肥员"。大家二话没说就埋头干了起来，我去盛满了一盆水，等吴士铖他们清理好石头，筑好了垄，我就在上面洒了水，让泥土滋润下去，然后大家一起挖洞，种芥菜秧……随着时间的移动，芥菜秧都种好了并浇了水，等待它们茁壮成长。此时，大家汗水满了脸颊……

除虫记

2011 年 5 月 7 日　　星期四　　天气　晴

今天，我和我的好朋友去菜地里观察我们种的菜，到了之后，我量了我们长得最好的那棵，高 16 厘米，冠宽 12 厘米。忽然，我发现这棵菜的叶子有一些小洞，是不是有虫？我心想。于是，我蹲下来仔细观察，发现了叶子的背面有一些蜗牛在咬叶子吃，真可恶，我马上把它们"消灭"了。另外，我发现由于下了几天的雨，菜地里的水积得很深，雨水把泥土给冲走了许多……

课 后反思

本次活动的开展对于学生来说并不难，更多的是学习种植蔬菜的方法。开垦菜地，进行"田间管理"让学生明白：现在种田也讲高科技啦，只局限于会种能种是不行的！让学生更加热爱学习科学文化知识为将来的成长作铺垫，对植物种多深，种子洒多少不好界定，全凭感觉，植物出来可能会稀稠不均匀，以后再慢慢改进吧，还有老师对种植的知识也几乎是门外汉，还须加强学习。

迷 津指点

通过"综合实践活动"的学习引导学生运用"实践研究应用"的学习方式参与"小课题研究"。当然，对于学生设计提出的问题也不能过于的牵强，不能人为的拔高，只要是学生们最关心，最想了解的就好，不必过于刻意地强调问题的难、偏。

百年字号"福源馆"

王晓红

活 动主题与背景

福源馆是中华老字号食品店，坐落在吉林市繁华的河南街中段，前店后厂，始建于清朝初年。福源馆蛋糕是吉林市的特色食品。鉴于很多孩子对于家乡的风土人情、历史发展还不是十分了解，就让我们通过本次实践活动课，走进福源馆的商店和工厂，透过对福源馆百年的风雨传承，探寻家乡的历史与现在。

设计理念

本次综合实践活动课程，通过网上搜集资料、实地参观以及小组分工合作的方式，让孩子们了解百年字号的历史，培养学生对知识的探求能力和精神，激发他们对家乡的热爱之情以及对家乡文化的进一步深化了解。并且让学生学会使用网络进行资料的收集和整理，学会用网络进行知识的摄取。并且培养学生们团队配合的协调能力。

活动目标

1. 通过上网搜集资料和实地参观的方式，走进、了解百年老店的历史，知道制作蛋糕的原料和基本流程。

2. 通过对网络资源的应用，学生能对福源馆的历史资料进行搜集整理。

3. 通过活动，学生能更加热爱自己的家乡，懂得团队配合的重要性。

活动重点

参观调查了解福源馆的历史和现状，通过百年老店的变化，感受历史的沧桑感和家乡文化的丰富与厚重。

活动难点

对福源馆进行参观的约访。

活动设计流程

一、提出活动课题

（一）谈话导入，激发兴趣

师：在我们家乡的河南街，有这样一个百年名店，专门卖各种传统糕点，大家知道他的名字吗？

生：福源馆。【切换幻灯片，展示福源馆的品牌 logo，唤起学生对福源馆的记忆。或黑板板书本次活动的主题。】

师：同学们吃过福源馆的糕点吗？谁愿意把你知道的关于福源馆的知识向大家介绍一下。【尽可能多的让学生回答，使学生对福源馆有一个基本的了解。】

生：回答问题，交流信息。【最后由教师对学生交流中的不足进行总结，并做简要补充。】

（二）师生交流，确定主题

师：福源馆是我们吉林市的特色之一，是一家有着近四百年历史的百年老店，他的存在为我们的家乡——吉林市的文化色彩填上了浓墨重彩的一笔。现在就让我们来走进他，了解他，那么同学们都想从哪些方面来了解福源馆呢？【广泛地听取学生的意见，并对学生提出来的问题进行梳理归类。】

师小结：同学们对于我们家乡的文化了解的还真不少，但我们要收集的信息还是很多，要把这么多内容都作为我们的调查目标是不现实的，那么我们能不能把这些问题归纳一下呢？【学生开始归纳主题，老师为学生解答疑惑。】

（三）初步确定研究的主题

1. 福源馆品牌的历史背景；

2. 福源馆品牌的发展现状；

3. 福源馆食品的制作流程；

……

二、组建活动小组，细化研究小课题

1. 为了更好地进行实践，我们根据主题的不同和自己的兴趣爱好，自愿组成探究小组，并推选出每个组的小组长。

2. 每个组的组长带领组员针对本组的活动主题，可以进行活动方案的设计，填写每个小组的活动方案设计表。

3. 小组自由填写活动设计方案。【活动设计方案可以包括小组名称，组员姓名，活动方式，汇报方式，活动内容，反思总结等几个方面。】

三、亲身实践体验，完成预计设想

1. 根据各自设定的目标和任务，通过网络等多种方式收集与福源馆相关的资料。

2. 带领学生到福源馆的商店就餐，并且对福源馆的工厂进行实地考察，同学们按小组实施方案进行分组活动。

3. 分组整理调查结果，合理运用掌握的资料，并做好汇报。

四、成果展示（成果汇报）

（一）师生对话，引入课题

师：通过大家对资料的搜集整理和对福源馆的实地参观，相信大家对于福源馆这个百年老店已经有了一个初步的认识，也对家乡文化的丰富和厚重有了充分而直观的感受，那浓浓的糕点的香味仿佛还在我们的身边萦绕，那近四百年的沧桑历史中的浮浮沉沉，起起落落牵动我们的思绪，更激发了我们对于家乡的热爱之情，接下来就请各个小组分享你们的所见所闻，所思所想！

（二）学生分小组汇报

第一组：福源馆的历史背景。

福源馆是中华老字号食品店，坐落在吉林市繁华的河南街中段，前店后厂，始建于清朝初年。

福源馆始建于公元1628年，距今有近400年的历史，这个店始业当时叫埠源馆，是一个经营茶食的小店，店房只有现在营业室的一半，约85平方米。顾客主要是顺江（松花江）而下，到船厂（原吉林市名）赶集的客商、农民以及本市的居民，但由于店中的油茶出众，也颇得一些达官贵人的青睐。

道光三十年（公元1850年），一位人称"俊六大人"的京城富商，看中了埠源馆，遂出资入股扩大经营。为使财源永续，取"福之源"之意，改"埠源馆"为"福源馆"，并扩大前店后厂规模，生产满、汉、京、浙等各式糕点，兼营香肠、火腿、酱菜、名茶、瓜果、山珍、参茸等。开创了下帖子订货上门送果匣子、寿桃等生意形式，后又在吉林东市场、大东门开设了两个分号。

第二组：福源馆的发展现状。

1993年被国家内贸部认证为"中华老字号"企业。1999年由国有企业改制为吉林市福源馆食品有限公司。清道光三十年由俊六大人投资扩建，埠源馆易名福源馆。福源馆重新开业后，除经营香糕美点、龙凤礼饼外，中秋月饼更胜一筹。

中华人民共和国成立后，福源馆由私营走向公私合营，后又转为国营，生产能力逐步扩大，由手工操作变为半机械化，增设了电炉、打蛋机、和面机等设备。现已发展成为多种经营一体化的大型企业集团，经营的品种多样，其中中式传统食品京八件、梅花蛋糕等尤被广大消费者所喜欢。

吉林福源馆位居吉林最繁华的商业区，不仅具有378年历史的"中华老字号"和"中国驰名商标"的品牌，更具有得天独厚的优越地理位置。福源馆集团在规划中长期目标的同时，也不忘为实现其可持续发展奠基。据了解，近年，福源馆准备拆除吉林福源馆现址建筑，重新建设一座国内最具特色、最具规模的"福源馆食品城"及"明清仿古一条街"。

近年来，"福源馆"面貌发生了巨大变化，在生产经营规模、品牌知晓程度上实现了跨越式发展，现形成八大类系列产品近千个品种的格局。

第三组：福源馆食品的制作流程。

把和好的面揪成大小相同的小面团，并擀成一个个面饼待用。将馅团包入擀好的面饼内，揉成面球。准备一个月饼模具，放入少许干面粉，将包好馅的面团放入模具中，压紧、压平，然后再将其从模具中扣出。用鸡蛋调出蛋汁，比例为3个蛋黄1个全蛋，待用。把月饼放入烤盘内，用毛刷刷上一层调好的蛋汁再放入烤箱。烤箱的温度为180度，约烤20分钟左右，中间要取出一次，再刷一遍蛋汁。

课 后反思

在实践教育中，学生通过社会实践的方式，发现和认识社会，社会为学生的进一步学习提供了平台，又为学生上了生动的一课，社会以及社会中的各个机构组织在行使自己的专业职能的同时也行使了教育职能。

迷 津指点

本次课的指导重点之一就是教会学生正确的运用网络资源寻找自己需要的信息。在课堂的实施过程当中，教师可以通过亲身示范，教会孩子网络资源的运用方法，使孩子正确的认识和使用网络。切实扩充孩子们对课外知识获取的途径和欲望。

松花江环城游

张虹云

活 动主题与背景

学完写景的几篇课文，我要求学生运用学到的写景的顺序、方法、好词语等写写家乡的美景。吉林市群山环抱，碧水绕城，先后被称为"中国优秀旅游城市"，"中国魅力城市"，"中国十大休闲城市"和"国家园林城市"，我身在其中也感受着她的美丽。原以为学生们会写出如诗如画的美景，可是作文草稿交上来，80％写北山、龙潭山，还有几个按时间顺序写江边景色的。内容局限，语言中也缺少那份真爱的情感。

孩子们身为这座城市的主人，或是很多地方还没去过，或是还没真正地去琢磨去感受城市的美，真是遗憾啊！没有了解、没有感受就写不出好作文，没有了解就谈不上爱家乡、建设家乡。松花江在美丽的吉林市绕城而过，划过一个巨大的反S弧线，不仅增加了城市的魅力，也给了我们很好的启示。所以，我和孩子们决定开展这次综合实践活动——松花江环城游。

设计意图

这次综合实践活动意在，通过查资料、找图片、亲身游览参观吉林市的各个景点、与同伴交流等方式，让学生了解自己的家乡，感受家乡的美好。并能在活动中锻炼学生的观察力、表达能力，与人交流的能力，培养他们热爱家乡的情感。也是综合实践活动与作文课整合的一个尝试。

活动目标

1. 通过网上、书上查资料全面了解吉林市的概况、特色、美景等。学习查找资料的方法，会根据自己的需要筛选有用资料。

2. 选定一两个景点，和同学分组参观游览，记录必要的资料和真实的感受，在活动中提高学生的语文能力。

3. 通过本次活动，增进学生对家乡的了解，培养学生对家乡的热爱。

活动难点

1. 学生利用周末分组参观游览，要得到家长的配合，注意安全。

2. 参观要有目标计划，汇报形式要多角度。

课前准备

根据游览景点不同分组、确定时间及带队家长，交通安全等。

活动设计流程

一、从学生习作入手，生成主题

同学们，我们刚刚写了家乡的美景，谁愿意读给大家听？（2～3名学生读作文，大家评论）

吉林市有着悠久的历史，穿城而过的松花江水，孕育了古老的民族和文化。环绕的群山和回转的松花江水，使吉林形成"四面青山三面水，一城山色半城江"的天然美景。（电脑出示景观图片，学生不禁赞叹）虽然生活在这座城市，我们还没有真正放大眼睛去欣赏她的美丽，去感受她的魅力。今天我们开展综合实践活动，要拥抱我们的家乡，赞美我们的家乡！

你都知道我们吉林的哪些美景呢？你最想去哪里游览？根据学生交流，上网查找等确定了以下地点：松花湖、朱雀山、北山、龙潭山、临江门桥附近江边、文庙、炮台山、江南公园等。

大家根据自己要去的地点，自由分组，教师适当调整。

二、分小组、制订参观游览计划

大家分组，推选组长，邀请家长，商量出游计划，填写活动方案。活动方案中的活动方式、活动内容、汇报方式可多选，可自定。

小组游览地点		活动时间	集合地点
组长：	组员：		
活动方式	查找资料（　　）　　参观游览（　　）　　记录所见所感（　　） 访问管理人员（　　）　　询问家长（　　） 其他：		
活动内容	了解景点历史（　　）　　看景点简介（　　）　　搜集典故传说（　　） 欣赏拍照（　　）　　义务保护景点环境（　　） 其他：		
组员分工	1. 查资料　2. 摄影　3. 记录　4. 整理　5. 物品管理　6. 汇报展示 组员1： 组员2： 组员3……		
汇报方式	照片展（　　）　　优秀作文展（　　）　　幻灯片播放（　　） 绘画作品展（　　）　　让我做你的小导游（　　） 其他：		
活动准备	衣物、食品、交通……		

三、实施阶段，亲身游览

1. 各小组根据各自的游览地点，收集与本组活动主题相关的资料，并做好实地参观游览的准备。

2. 各小组学生在家长的带领下，按照约好的时间地点参观游览。同学们按小组实施方案进行分组活动，在活动中根据实际情况可临时修改自己的活动计划。

3. 合理运用掌握的资料，随时记录新的发现和感受。并做好多种形式汇报的准备。

4. 活动中团结协作，快乐出行，有所收获。

四、汇报展示

（一）魅力松花湖小组

松花湖位于吉林市的东南 24 公里处，是在 1937 年拦截松花江水建丰满水库时形成的大型人工湖。松花湖面积 500 平方公里，湖形为狭长的一串，周围有南楼山、老爷岭等群山环抱。松花湖风景区主要景点有金龟岛、骆驼峰、北天山、五虎岛、卧龙潭、凤舞池、石龙壁、醉石坡等，湖内物产丰富，有湖鲤、银鲫、鳌花、松花白鱼等，除鱼类外，湖区周围还盛产多种动植物和中草药。

（二）文化北山小组

吉林北山公园，位于吉林省吉林市西北，始建于 1924 年，是吉林市重要的旅游胜地，地处市中心。是一座久负盛名的寺庙风景园林。占地万平方米，以山地景观为主，主峰海拔 270 米。园内峰峦叠翠，亭台楼阁遍布，一座卧波桥把一池湖水分为东西两部分。

北山公园山上有建于清朝年间的古寺庙群，佛、道、儒三教杂糅相处，独具特色。公园内建有诸多的亭、桥、廊、榭，点缀于林木葱郁、景象幽深的山间。昔日"吉林八景"中，北山以"北山双塔"、"药寺晚钟"、"德碑夕照"而著称。每年农历四月的北山庙会期间，当您走进北山的大门，眼前是三个小湖，东边是划船湖和荷花湖，西边是静水湖，水域总面积近 8 万平方米，湖上有岛有亭，环境宜人。每到盛夏，绿树成荫，湖里荷花盛开，吸引众多游人划船戏水，散步赏荷，给人一种"赏心最是荷塘月，暗渡歌声到水涯"的意境。北山公园已成为人们春逛庙会、夏野游、秋观荷、冬赏雪的旅游胜地。

（三）秀美江南公园组

江南公园吉林旅游江南公园始建于 1908 年，是以林木、花卉、动物、金鱼为主的综合性公园。花卉是公园的主要特色之一，有草本、木本名贵花木 210 余种，15000 余盆。园内有动物近 50 种，主要有猴、虎、狮、狼等动物，还有旱冰场、冰上乐园、游泳池、电影院、大型原子滑车、激流勇进、儿童乐园等文体娱乐场所。

四、多彩松花江组

作文：《迷人的松花江》。

松花江是一个美丽又多彩的地方。

清晨，雾气笼罩着美丽的松花江，波浪一次又一次拍打着岸边的石头，发出了悦耳的"哗哗"声。江边的绿草挂着透明闪光的露水，水边的花朵争奇斗艳，柳树好似一个个舞蹈家在跳舞呢！又好似一个个士兵在站岗一样。

中午，阳光在水面上跳跃，金黄金黄的，好像把一个大金矿砸碎了撒在了水面上一样。

美丽的黄昏到来了，先呈现出黄的颜色，又呈现出了金黄的颜色，最后从金黄到红，太阳贴着山边滑了下去，一眨眼的工夫就不见了，只留下了一片霞光的天空。站在岸边看江心与白天完全不同，清晨的江心是朦朦胧胧的感觉，中午是金光刺眼的感觉，此时的江心似乎是变成了红灿灿的感觉。

夜晚终于来了，月亮也在和我们一样等待着音乐喷泉的开始。随着音乐的响起，喷泉开始了。月亮也慢慢地露出了它那黄黄的圆圆的可爱小脸，忽然，几束强烈的水柱冲上天空，五颜六色，好高好美呀！喷泉转眼又变成了各式各样的形状，有贝壳形状，有花朵形状，还有的形成了五角星。渐渐的喷泉消失了，黄黄的月亮也做上了甜甜的蒙。

美丽的松花江是一个多彩而产生梦幻的地方。

课后反思

这节《松花江环城游》综合实践活动课让学生亲近自然，了解了家乡的美景，热爱家乡的情感油然而生。孩子们在实践活动中查资料、分组活动，培养了学生的组织沟通能力、互相协作的能力。整理资料、习作交流的过程中，培养了学生的表达能力，提高了语文素养。和预设的相比，学生的汇报形式还比较单一，还是以照片、作文展示为主。以后鼓励学生汇报形式多样。

迷津指点

学生在活动中，还是缺少问题意识，只是开心地游览参观，缺少理性的思考。比如，一个同学发现，松花江上游的水比下游清，松花江有的河段水少到甚至露出河床来了。同学们应该根据这些发现继续探究——怎样保护江城的美景。综合实践活动是一个有预设更有生成的课程，学生在活动中要不断地发现问题，解决问题。

包饺子

潘 军

活动主题与背景

饺子源于古代的角子。饺子原名"娇耳"，又称水饺，是深受中国汉族人民喜爱的传统特色食品。相传是我国医圣张仲景首先发明的，距今已有一千八百多年的历史了。是中国北方民间的主食和地方小吃，也是年节食品。有一句民谣叫"大寒小寒，吃饺子过年"。饺子多用面皮包馅水煮而成。另外，中国特色健康保健食品——饺子，已走向世界，深受世界各国人民的喜爱。如日本饺子、朝鲜饺子、韩国饺子、越南饺子、墨西哥饺子等。

本次综合实践活动我们就来学习包饺子，来体验这种传统食品的魅力。

设计意图

包饺子的过程，实际上是一个综合活动。它需要劳动的设计，比如：用什么做馅、用什么做皮；它还需要劳动的技能，比如：擀皮的方法、包馅的方法；它需要劳动的分工，比如：谁和面、谁擀皮；它更需要劳动的合作，比如：擀皮的用怎样的速度能和包馅的做好配合。同时，对于平时少做家务劳动的小学生而言，他们缺少的生活经验，恰恰也成为了这次活动的一个有利条件。在活动中学会技能，在活动中学会分工、合作，在活动中体会劳动的乐趣。

活动目标

1. 通过活动，学生了解包饺子的基本技能，初步掌握包饺子的基本方法。

2. 引导学生自主探究各种造型饺子的包法，在活动过程中培养学生观察、思维、想象的能力和创造精神，感受劳动的乐趣。

3. 培养学生耐心细致的劳动态度。

活动重点

1. 学会包饺子的方法。

2. 在活动中乐于与人合作。

活动难点

学生往往会只关注于完成自己的任务，而忽略了合作，教师要合理组织。

课 前准备

1. 初步了解包饺子的方法。

2. 学生以小组为单位，准备拌好的饺子馅和饧好的面团、面粉适量，擀面杖，面板，盖帘等。

活 动设计流程

一、情境引入，确定主题

（一）多媒体出示课题图片：包饺子

同学们，有一句民谣叫"大寒小寒，吃饺子过年。"

唐代称饺子为"汤中牢丸"；元代称为"时罗角儿"；明末称为"粉角"；清朝称为"扁食"。现在，北方和南方对饺子的称谓也不尽相同。北方人叫"饺子"，南方不少地区却称之为"馄饨"。

请大家看看这些图片，看过之后会有什么感受？（PPT 课件出示图片）

在馋涎欲滴的同时，我们也要知道，这种饮食是我们中国的特色食品，我们当然要了解。

会吃不如会包。学会了方法，什么时候想吃饺子了，就可以自己包了。

（二）介绍经验

谁能说一说你是怎样包饺子的？（邀请包过饺子的同学介绍经验）

听了这几位同学的讲述，谁会包饺子了？

看来，光听不练假把式。只听，自然是学不会包饺子的。那我们应该怎么办？（让学生懂得得亲自动手做一做才行。）

对啦，"纸上得来终觉浅，绝知此事要躬行"。

（三）做准备

那么，今天，老师就给大家提供了这样一个场地，你们愿意动手试一试吗？（调动学生的积极性）

可是，要想干好一件事，必须得做好准备，包饺子也是同样如此。现在就请大家将包饺子前的准备工作做好。

二、探讨方法，共同学习

（一）和面

1. 准备温开水一杯，一盆面粉。

2. 水要徐徐的倒入盆中，筷子不停地搅动，感觉没有干面粉，都成面疙瘩的时候，就可以下手和了。

3. 揉面要用力，揉到面的表面很光滑就好了。

注意 1：和面要提前，因为要有"醒"的过程，最好早上和好，下午包。

注意 2：面锅要盖盖，防止水分蒸发。

（二）拌馅

1. 准备好馅料、调味料。

2. 将准备好的馅料和调味料顺时针搅拌，感觉所有的东西都融合在一起即可。

注意：拌好的肉馅放半个小时为好，叫煨。这时肉和作料融合在一起，比较好吃。

（三）揪面团

1. 取出醒好的面团，大致分成四份（几份都可以，只要是等份），先拿一份，剩下的放回盆中，用盖子盖好。

2. 将这一小份面团，揉成长条状（圆柱形），用刀切成小段（宽度2.5cm大小）。

（四）擀皮

1. 在案板上撒些干面粉，俗称"薄面"。将小面团放到案板上用擀面杖将面团压扁。

2. 在面饼表面再撒些薄面，用擀面杖卷起并擀平，一边改变卷的方向，一边慢慢擀开。

3. 用擀面杖擀成尽量薄的大面皮，圆形、长方形均可。

4. 用手摸摸看面皮厚度是否均匀，如果有较厚的部分，需用擀面杖将面皮擀成一致的厚度。

（五）包馅

1. 拿起饺子皮手弯成窝形放入适量馅；

2. 对折成半圆，捏牢中间；

3. 由两边向中间封口，用双手拇指和食指按住边；

4. 每个饺子做好时，要在饺子底部沾少许面，摆放在帘子上。

（六）煮饺子

1. 烧一锅开水，等水沸腾时，将饺子放入，并及时的搅动（顺时针），防止饺子在水中粘在一起。

2. 开锅后，把大火改成小火，加盖煮，等到饺子胖胖的浮在水面上即可。

三、组建小组，分工合作

（一）学生自己在组内练习包

（二）讨论交流在包的过程中出现的问题，应该如何解决

四、发现问题，解决问题

（一）放馅不能过多，否则会将馅挤出，包的饺子会漏。

（二）先捏中央，再捏两边，然后由中间向两边将饺子皮边缘挤一下，这样饺子就不会漏了。

（三）擀皮时，边儿上要薄一些，中间可以稍厚一点。这样，饺子边更好捏在一起。

（四）擀皮时，不能将太多面撒到皮的上面，否则很难将这样的饺子皮捏到一起。

五、提高难度，激发兴趣

（一）其实，包饺子的方法还不止这一种，老师还给同学们带来了一些花样饺子，想不想看啊？（出示课件：各种花样的饺子）

（二）自主尝试

这么好看的饺子，其实方法也是很简单的，你想不想动手做一做呢？

学生尝试着根据自己的想象包出各种各样的饺子，包出自己的创意来。

六、成果展示，体验快乐

让学生将自己的劳动成果展示给同学们看，将自己的创意说给大家听。

七、总结活动，深化情感

"纸上得来终觉浅，绝知此事要躬行"。其实，生活中处处皆学问。我们学到了更多的技能，我们的生活也能更加丰富多彩。包饺子是中国的一种传统饮食文化，今天我们学会了方法，我们才能领略到这种文化的魅力。你想，一家人或几个好朋友在一起包饺子，那是多么其乐融融的和谐画面。希望下次你们的家里包饺子，你一定要参与，并体会包饺子的过程带给我们的和谐美好的亲情体验。

课后反思

这节综合实践活动课很有实际意义，虽然学生们包的饺子形状各异，有的像卷饼，有的像小饼，有的像蒲扇，但看起来也还是像模像样的。学生们从劳动中体会到了亲手创作的乐趣。在活动中，采取了分组合作的方式，令学生们充分体会到了合作的快乐。

迷津指点

一、学生在自主分组时，教师要关注到学生准备工具的情况和个性的差异。要让每一个学生都在活动中有分工、有角色、有收获。如：没带工具的可以让他按小饼、摆饺子。动手能力弱的，可以让组内能力强的同学带一带。

二、因为是第一次包饺子，因此，可将面和馅提前准备好。在揉面团时，要提供帮助，以防学生因初次操作切到手。

三、此项活动最好能得到学校食堂的支持，如果能将学生们包好的饺子煮熟，让他们亲口尝一尝，会有更好的效果。

中国民族风——图表与表格

鞠　明

活动主题与背景

本次综合实践活动的主题为《中国民族风——图表与表格》。我国是一个统一的多民族国家，汉族人口占绝大多数，除了汉族外，在大陆地区还有五十多个少数民族。在东北地区主要分布着满、蒙、回、朝鲜族等多个少数民族。在一个班级中，也总会有几名同学是少数民族，因此，研究我国各民族人口数量的发展变化，通过数据的对比，分析其成因就显得非常有意义。通过对各民族人口数量发展变化的研究，了解我国的计划生育政策，少数民族政策，及西部大开发，富强边强战略的重大意义。

设计意图

开展本次综合实践活动旨在引导学生认识和了解我国是一个多民族的统一国家，为了五十六的民族的团结，为了国家富强，我国制订了计划生育政策和民族政策。这些政策开展的怎么样？各民族之间是否和谐共生？通过对各民族人口数量的发展变化的研究就能得出结论。因此通过对历年来人口普查数据的获取、分析培养学生搜集信息的能力，通过对数据表格及图表的制作培养学生处理信息的能力。通过演示文稿的展示讲解，培养学生的总结、表达能力。

本次活动中，要引导学生辨识网络信息的能力，教给学生如何鉴定网络数据的权威性、有效性。哪种图表最适合展示你的数据。引导学生通过对数据的分析得出结论。

活动目标

1. 在指导教师的引导下，以小组为单位尝试以不同的关键词在网络上搜索我国的人口数据，并学会如何辨识数据。

2. 建立数据表格，整理数据，针对我们感兴趣的数据进行研究。

3. 学会利用数据制作图表，并能根据数据的特点选择图表样式。

4. 通过对数据的研究，得出结论，印证我国的计划生育政策和民族政策。

活动重难点

在活动开展的过程中，各民族人口数据的获取和图表样式的选择相对较难，需要老师的认真指导，发展变化过程中的数据适合用折线图，百分比数据适合用饼图，这些方法的指导对学生非常重要。同时对基于数据的研究，教师要做认真准备，分析数据，得出结论。帮助学生建立科学严谨的学习习惯。

活动设计流程

一、调查入手，激趣引入

同学们，我们班有不是汉族的学生吗？你的亲人、朋友中有不是汉族的吗？那谁能给同学们介绍一个你所熟悉的民族？（指导学生说清名称、外貌特征、服饰、语言、饮食习惯）

同学们说得很好，在我们吉林省除了汉族外还有满族、蒙古族、回族、朝鲜族等多个民族，我们将除汉族外的其他民族称为什么？（少数民族）为什么说他们是少数呢？各个民族的人口到底有多少？我们怎样才能知道？（需要国家的调查，统计）很好，国家级别的人口调查统计有一个很好记的名字叫"人口普查"。

学生通过搜索引擎以"人口普查""少数民族人口"等为关键字查找我国的民族人口数量数据。（网络上的数据统计很复杂，学生找到的数据并不一致，来源可能主要有"百度知道"及其他各种网站的转帖，辅导教师要根据数据来源可信度，统计时间，出处等，对学生的搜索行为进行分析指证）

如果学生在网络上找到了国家统计局的网站，可以予以肯定，如果没有找到，辅导老师可以提示访问中国国家统计局的官方网站，查找人口普查数据。

参考网址如下：

人口普查公报：http：//www.stats.gov.cn/tjgb/rkpcgb/

第六次人口普查数据：http：//www.stats.gov.cn/tjsj/pcsj/rkpc/6rp/indexch.htm

二、分析数据，确定研究子课题

学生阅读六次人口普查公报，辅导教师适时指出，段落式的文字加数字描述，大小写混杂的数字格式都不利于对数据的直观分析，因此要对数据进行整理，制作数据表格，并标明表格题目和出处，为了便于展示使用演示文稿中的表格功能（可以使用续表的方式）。

预设的研究主题如下：

我国历次人口普查人口总数的变化规律；

我国历次人口普查汉族人口数量的变化规律；

我国历次人口普查少数民族人口数量的变化规律；

第六次人口普查少数民族人口占比分析。

三、明确分工，制订研究计划

同学们，我们这次的活动和以往开展活动一样，要靠小组成员的共同努力来完成。大家在选择了小组内要研究的课题之后，下面要做的就是把各自的任务明确，并且要制订好本组的研究计划，填写好表格。

综合实践活动研究计划表

活动主题	中国民族风——图表与表格	
小组研究主题		
人员分工		搜集材料的主要内容
组　　长		
数据读报员		
数据录入员		
数据校准员		
图表制作员		

数据分析员			
其 他			
预计成果形式			
活动计划	1	主要任务： 完成时间： 月 日—— 月 日	
	2	主要任务： 完成时间： 月 日—— 月 日	
	3	主要任务 完成时间： 月 日—— 月 日	

四、方法指导

同学们，在本次活动当中，我们需要的数据，主要来自网络，可是网络上的数据有时也不那么准确，有些数据还可能失效，你们打算怎样查找我们需要的数据呢？同学们有没有什么更好的办法呢？（使用搜索引擎、百度知道、查找书籍）怎样保证我们输入数据的准确性？我们打算制作一个怎样的图表呢？

梳理方法如下：

1. 查找数据首先要选择合适的搜索方式。

2. 可以尝试几个不同的搜索关键字。

3. 找到数据后首先要看看数据的出处和统计时间。

4. 数据的摘取和校准很重要，否则可能出错，影响我们的分析判断。

5. 表格一页放不下的数据可以分多页放置。

6. 根据数据的特点选择图表样式。

7. 根据数据格式选择按行或按列制作图表。

8. 分析数据和图表，得出结论。

五、实施阶段

1. 各个小组的成员在组长的带领下，按照制订的计划表进行实际操作。

2. 各个小组的成员访问中国国家统计局的官方网站，下载并整理第六次人口普查统计公报。

3. 根据选定的研究主题确定从公报中提取必要的数据。

4. 利用演示文稿制作数据表格。

5. 利用演示文稿制作统计图表。

6. 分析数据得出结论，并再次查找人口数量发生变化的深层次原因。

六、成果汇报

历次人口普查少数民族人口统计表

年代	少数民族人口	少数民族百分率
1953	35320360	6.06％
1964	39883909	5.78％
1982	67233254	6.7％
1990	91200314	8.01％
2000	106430000	8.41％
2010	113792211	8.49％

历次人口普查少数民族人口统计图

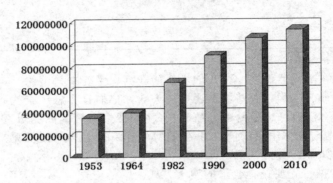

历次人口普查少数民族人口统计折线图

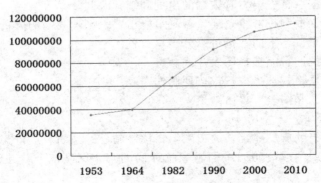

研究结论：

按照人口自然增长规律，少数民族人口本应按接近直线的人口数量递增，但少数民族人口实际数量在 1953 年至 1964 年这十年间增长缓慢，1964 年至 1990 年增速较快，2000 年至 2010 年增速较缓，主要原因是与我国建国初期少数民族地区经济较薄弱，人们生活水平较低有关，1980 年左右开始实施计划生育政策，少数民族地区人口数量增长开始逐年放缓，人们生活水平有了较大提高。

课 后反思

这是一次结合数学统计与信息技术相结合的综合实践活动，活动中学生对涉及自身在内的中国人口与民族人口发展变化问题非常感兴趣，在网络上查找到了大量资料，认真制作数据表格和统计图表，对哪个民族的人口多，哪个民族的人口最少等问题非常感兴趣。各族人口的数量为什么不是按照自然增长规律变化，为什么有时多，有时少，什么原因引起了人口数量的变化，这些问题学生都非常感兴趣。

本次活动设计的不足之处就是在查找人口数量发生变化的深层次原因这个环节，不能简单的只是听取老师的解释，应该让学生们带着图表和问题去走访不同年龄阶段的中老年人或长辈，听一听他们的分析并录音，这样在汇报环节就能更准确、更有说服力。

走进丰满发电厂

.... 王玉霞

活 动主题与背景

在吉林市美丽的松花江畔，吉林市南部 24 公里处，坐落着我国最早建成的大型水电站——丰满发电厂。宏伟的拦江大坝，高耸的输电铁塔，清丽的湖光山色，构成了一幅极富神韵的旅游画卷。它对东北电力的供应起着极其重要的作用，是我们吉林人的骄傲。本次综合实践活动我们就走进丰满发电厂，揭开她神秘的面纱，让我们更好地了解家乡的这座水电摇篮。

设 计意图

本次综合实践活动，通过采访、参观、亲自动手操作等方式，让孩子们亲历发电过程，了解发电厂的历史，培养学生学科学、爱科学的精神，激发他们的探究欲望，从而更加热爱自己的家乡，并努力学习，用知识为家乡做出贡献。在小组分工与合作中明确个人与小组的作用。

活 动目标

1. 通过参观、采访等方式真正走进丰满发电厂，了解发电厂的历史，知道电厂发电的工作原理。

2. 通过小组合作探究，收集并整理资料，更加深入地了解发电厂在家乡建设中的重要作用。

3. 节约用电，从我做起，能养成节约电能源的好习惯，做一名合格的环保小卫士。

4. 通过活动能更加热爱自己的家乡，努力学习，立志为家乡的未来发展做出自己的贡献。

活 动重点

1. 参观调查了解发电厂的历史和现状感受变化。
2. 电厂是安全重地，对学生做好安全教育。

活 动难点

约访及资料的收集与整理。

课 前准备

小组分工、组织参观的交通及与参观有关事宜的联系。

活 动设计流程

一、创设问题情境，确定活动主题
1. 谈话导入，激发兴趣。
师：在我们美丽的吉林市，有一处景观被誉为"水电之母"，也有人把她叫作"水电摇篮"你们知道是哪里吗？
生：丰满发电厂。
师：你们去过丰满发电厂吗？谁愿意把你知道的关于丰满发电厂的知识向大家介绍一下。
生：简单汇报。
2. 师生交流，确定主题。
师：其实丰满发电厂就像一颗璀璨的明珠镶嵌在松花江的中游，那我们今天就来走进丰满发电厂，全面的了解她。大家说说你们想从哪些方面了解丰满发电厂呢？【广泛地听取学生的意见，并对学生提出来的问题进行梳理归类。】
师小结：同学们的思维可真开阔，看来我们要了解的知识可真不少，可是把这么多内容都作为我们的研究对象，就太繁杂了，那么我们能不能把这些问题归纳一下呢？关于归纳的方法，我们以前已经实践过了，就是——（生：把类似的问题圈在一起，再进行简单的概括）
学生归纳主题，老师巡视——
交流（初步确定研究的主题为：）
（1）丰满发电厂的悠久历史。
（2）丰满发电厂的自然景观。
（3）丰满发电厂的先进设施。
（4）丰满发电厂的重要作用。
……

二、组建活动小组，细化研究小课题

1. 为了更好地进行实践，我们根据主题的不同和自己的兴趣爱好，自愿组成探究小组，并推选出每个组的小组长。

2. 每个组的组长带领组员针对本组的活动主题，进行活动方案的设计，填写每个小组的活动方案设计表。

3. 小组自由填写活动设计方案。

（1）师：请大家汇报交流每个小组的活动设计方案。

（2）学生评价：你认为他们小组这个活动计划，好的地方在哪里？不适合于实施的地方在哪里？

（3）老师指导：我们研究的问题要小一点，要多方面获得问题的答案，汇报的方式要多种多样，新颖全面。

（4）根据老师和同学们的意见，修改各组的活动方案。

三、实践体验，完成设想

1. 各小组根据各自的研究课题，在一周内收集与本组活动主题相关的资料，并做好实地参观的准备。

2. 带领学生到丰满电厂进行为期一天的实地考查，同学们按小组实施方案进行分组活动，在活动中根据实际情况可临时修改自己的活动计划。

3. 分组整理调查结果，合理运用掌握的资料，并做好多种形式汇报的准备。

4. 交流共享成果 借鉴活动方法。

四、成果展示（成果汇报）

师：当我们带着自己的好奇与渴望，走进丰满发电厂时，老师相信在每个人的心中都涌动着一种情感——激动与兴奋，想必那干净整洁的厂区让我们惊叹，想必那绿草如荫，鲜花似锦也让我们陶醉，而参观后，丰满发电厂那悠久的历史，神奇的发动机转轮更给我们留下了深刻的印象，更激发了我们探究科学的梦想，那么现在就把你们小组感受最深，最精彩的内容汇报给大家好吗？（学生分小组汇报）

第一组：丰满发电厂的悠久历史。

（以 PPT 幻灯片为主进行汇报，配以组员说明介绍发电厂从建厂至今的主要经历）

小丰满的原始地貌和丰满大坝位置图。大坝位于风门峡谷。据记载，丰满大坝长 1100 米，高 91 米，蓄水量 112 亿立方米，工程之浩大，当时号称"亚洲第一"。

小丰满的原始地貌和丰满大坝位置图

这是早期的厂牌。最早是日伪时期：松花江丰满发电所。

展馆展现了中国每个年代典型的水电工程，体现了改革开放三十年以来我国水电事业的蓬勃发展。

第二组：丰满发电厂的自然景观。

（以图片资料为主进行汇报，让大家欣赏大坝泄洪，大坝的高大建筑，电厂的独特地理位置等照片）

如果说松花江是条银链，那么松花湖就是银链上的明珠，而托起这颗明珠的则是丰满水电站的拦江大坝。

大坝的东侧：丰电码头、航运码头位于此。

大坝西侧：十一个泄水闸门静静地关闭着。

小结：

丰满大坝，不但见证了中国水电发展的沧桑历程，而且形成了绮丽诱人的风景区——松花湖。

第三组：丰满发电厂的先进设施。

（以手抄报的形式进行汇报，了解先进的发电设备，进而使同学明白发电原理，以及发出节省能源的倡议。）

大坝东侧下面的发电厂房、变电站

照片左边展品是多油断路器

照片左边展品水泥喷浆机
右边展品是三相异步电动机

第四组：丰满发电厂的重要作用。

（1）惊人的发电数据。

丰满发电厂始建于 1937 年日伪时期，是当时的"东亚第一大型水电工程"。现总装机容量已经达到 100.25 万千瓦，跨入了百万大型发电厂的行列。丰满发电厂被人们形象的称为"中国水电博物馆"。

算一算：比如一户家庭一天用 10 度电，请同学们计算电厂每天发的电供 1 万户用电多少天？我们要从我做起，节约电能源，做一个真正的环保小卫士。

（2）培养人才的水上摇篮。

70 多年来，丰满发电厂不仅为全国工农业生产的发展提供了强大的动力能源，而且为电力工业培养了 2000 多名领导干部和技术人才，遍布长江、黄河流域，及全国 20 多个省、市、自治区，因而享有中国"水电之母"之美誉。

（3）名人写给丰满发电厂的重要题词。

当代著名诗人贺敬之赞道："水明三峡少，林秀西子无。此行傲范蠡，输我松花湖。"

国家副主席董必武游松花湖后，曾赋诗一首："出门一笑大江横，冒雨驱车丰满行。湖上荡舟青入眼，四山松韵庆升平。"

全国政协副主席陆定一称松花湖为"北国明珠"，并为"松花湖风景区"题写匾额。

贺敬之的"光来丰满，热源松花，水电之母，青春焕发"的诗句，正是恰到好处的评价。

（4）曾是第二代五角人民币的背景。

我国第二套人民币五角钱背景图案是丰满大坝（1953 年版）。

（5）雾凇形成的重要条件。

吉林雾凇的形成是由于丰满发电厂发电时经水轮机流出来的深层湖水，温度为 4℃ 左右，江水流到吉林市区时，水温还未降至 0℃ 以下，即使是最寒冷的 1 月份，流经吉林市的江水也是不冻的。因为江水的温度与江面气温的温差很悬殊，江水向寒气中大量散发水汽，使空气中的水分增多，形成大雾，雾随风移，飘到江岸冰冷的树枝上，变成晶莹的冰花，雾凇便结成了。"忽如一夜春风来，千树万树梨花开"写的正是这种景观。

3. 教师小结：有了实践就有了真切的感受，通过刚才的汇报，不但让我们了解了丰满发电厂的历史，还让我们欣赏了她周围的旖旎风光，不但让我们明白了发电的原理，让我们知道了要做一个节约能源的小卫士的道理，更让我们开阔了眼界，更加感受到了我们家乡的富足与可爱，孩子们，好好学习吧，让我们用知识的力量为家乡的明天增光添彩。

课后反思

这节综合实践活动课很有实际意义，走出课堂，融身家乡的摇篮，这是自然与科学的综合，是知识与情感的提升，孩子们在实践活动中充分的搜集与整理资料，在这个过程中得到了关于发电厂的多方面知识，另外，这是家乡的一处胜地，孩子通过这一活动能更好地激发他们热爱乡的情感，从而立志为家乡服务，孩子们快乐着并收获着，学习着并成长着。

迷津指点

活动设计方案的填写是此次综合实践活动成功与否的关键，如果没有前期基础，教师要加以详细指导，在这个过程中，要把人员分工以及小组的小课题明确，这样才能让活动更好地实施。

长白鸟岛

韩　萍

活动主题与背景

在吉林市松花江沿岸，松江大桥与清源大桥之间，有一个松花江城区段最著名的鸟岛，叫长白鸟岛。这里是吉林市重要的越冬水禽栖息地及雾凇最佳观赏点。随着生态环境的改善和保护力度的逐年增大，每年有20多个种类的越冬水禽飞抵这里栖息过冬。每年冬天，越冬水禽与雾凇相得益彰，吸引全国各地数以万计的游客前来观赏。

设计意图

在孩子们眼中，鸟是可爱的，美丽的。它有着漂亮的羽毛，能在天空中自由自在地飞翔。可是，对于孩子们来说，鸟的生存活动又是陌生的。因此，开展这一主题活动的目的是引领孩子们进一步认识鸟，了解鸟，认识家乡爱护鸟类并为鸟类生存而努力的人。增强爱鸟意识，并用自己的实际行动保护鸟。通过参观、采访、收集资料等方式，培养学生保护环境和生态平衡的意识，帮助学生建立起爱护小鸟、保护环境的思想观念，自觉地成为鸟类和环境的保卫者。

活动目标

1. 通过参观、采访等方式走进长白鸟岛，了解鸟岛，知道鸟岛在保护野生鸟类中的作用。

2. 通过小组合作探究，收集并整理资料，更深入地了解人类活动对鸟类生存的影响。

3. 以学习爱鸟、护鸟为基础，培养学生保护环境和生态平衡的意识。

4. 通过活动使学生能更加关爱生命，懂得人与自然和谐相处的意义。

活动重点

1. 参观调查了解长白鸟岛的产生、发展。

2. 了解家乡爱鸟人。

活动难点

约访及资料的收集与整理。

课前准备

小组分工、组织参观的交通及与参观有关事宜的联系。

活动设计流程

一、创设问题情境，确定活动主题

（一）谈话导入，激发兴趣

师：在我们美丽的吉林市，松花江穿城而过。在松花江边，松江大桥与清源大桥之间，有一个松花江城区段最著名的岛，那里是吉林市重要的越冬水禽栖息地及雾凇最佳观赏点。同学们知道那个岛叫什么名字吗？

生：长白鸟岛。

师：你们去过长白鸟岛吗？谁愿意把你知道的关于长白鸟岛的知识向大家介绍一下。

生：简单汇报。

（二）师生交流，确定主题

师：提到长白鸟岛，大家自然就会想到吉林市护鸟模范任建国。那我们今天就来走进长白鸟岛。大家说说你们想从哪些方面了解长白鸟岛呢？【广泛地听取学生的意见，并对学生提出来的问题进行梳理归类。】

师小结：同学们的思维可真开阔，看来我们要了解的知识还真不少，可是把这么多内容都作为我们的研究对象，就太繁杂了，那么我们能不能把这些问题归纳一下呢？关于归纳的方法，我们以前已经实践过了，就是——（生：把类似的问题圈在一起，再进行简单的概括）

学生归纳主题，老师巡视。

交流（初步确定研究的主题为：）

1. 长白鸟岛简介；

2. 长白鸟岛的鸟类；

3. 长白鸟岛的保护神——任建国；

4. 长白鸟岛与吉林市人；

……

二、组建活动小组，细化研究小课题

（一）为了更好地进行实践，我们根据主题的不同和自己的兴趣爱好，自愿组成探究小组，并推选出每个组的小组长。

（二）每个组的组长带领组员针对本组的活动主题，进行活动方案的设计，填写每个小组的活动方案设计表。

（三）小组自由填写活动设计方案。

活动设计方案之一　　　　　　　　　　　　　　　　日期：

小组活动主题名称	长白鸟岛简介	组长	
活动方式	1. 查阅资料 2. 参观长白鸟岛		
汇报方式	PPT 幻灯片配组员介绍		
组员分工	组员1： 组员2： 组员3： ……		

活动内容	1. 展示长白鸟岛的图片 2. 介绍长白鸟岛的地理位置 3. 展示长白鸟岛的四季风光 4. 展示市民对长白鸟岛的评价和感受
活动准备	

三、实践体验，完成预设

（一）各小组根据各自的研究课题，在一周内收集与本组活动主题相关的资料，并做好实地参观的准备。

（二）带领学生到长白鸟岛进行为期半天的实地考查，同学们按小组实施方案进行分组活动，在活动中根据实际情况可临时修改自己的活动计划。

（三）分组整理调查结果，合理运用掌握的资料，并做好多种形式汇报的准备。

（四）交流共享成果 借鉴活动方法。

四、成果展示（成果汇报）

当我们带着自己的好奇与渴望，走进长白鸟岛时，老师相信在每个人的心中都涌动着一种情感——人与自然原来还能如此和谐！有群鸟飞翔的天空是那样灵动，有水鸟嬉戏的松花江真正成为了一条拥有生命的江！那么现在就把你们小组感受最深，最精彩的内容汇报给大家好吗？（学生分小组汇报）

第一组：长白鸟岛简介。

（以 PPT 幻灯片为主进行汇报，配以组员说明介绍）

长白鸟岛位于吉林市松花江沿岸，松江大桥与清源大桥之间，是吉林市重要的越冬水禽栖息地及雾凇最佳观赏点。随着生态环境的改善和保护力度的逐年增大，每年有 20 多个种类的越冬水禽飞抵这里栖息过冬，其中包括中华秋沙鸭、花脸鸭等濒临灭绝的种类。绿头鸭、普通秋沙鸭等已由候鸟变成留鸟，扎根在该岛繁衍后代。截至目前，常年逗留在长白鸟岛的水禽多达 2000 余只。每年冬天，越冬水禽与雾凇相得益彰，吸引全国各地数以万计的游客前来观赏。

第二组：长白鸟岛的鸟类。

20 多个种类的越冬水禽飞抵这里栖息过冬，其中包括中华秋沙鸭、花脸鸭等濒临灭绝的种类。绿头鸭、普通秋沙鸭等已由候鸟变成留鸟，扎根在该岛繁衍后代。

长白鸟岛的赤麻鸭

中华秋沙鸭

普通秋沙鸭

第三组：长白鸟岛的保护神——任建国。

任建国是吉林省吉林市松花江边义务护鸟人，他用了近 20 年的时间在松花

江边创造了一个人与自然的奇迹。有了他的精心呵护，如今的长白鸟岛已经成为江城一道亮丽的风景，一道独特的人文景观。

任建国独白：总得有人帮鸟儿一把，不能让它们因害怕、失望而抛弃我们，有水鸟鸣叫飞舞的大江才是真正的大江！

第四组：长白鸟岛和吉林市人。

携手共同保护精灵已经成为江城人共同的责任，已有许许多多的人自愿加入到了爱鸟、护鸟的行列当中。

松花江护鸟队伍逐步扩大，越来越多的市民在他的带动和影响下，以各种方式支援他的护鸟行动，有企业家给他按月开工资，有单位捐献了护鸟小屋，每天光市民捐献的鸟食就有 50 多公斤。如今，这里已经成为鸟儿栖息的一片乐土。

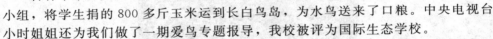

远在蛟河市天北乡小学的师生给长白鸟岛送来了玉米近千斤。

吉林市第二实验小学人组成的爱心护鸟小组，将学生捐的 800 多斤玉米运到长白鸟岛，为水鸟送来了口粮。中央电视台小时姐姐还为我们做了一期爱鸟专题报导，我校被评为国际生态学校。

吉林市政府为了支持老任的义举，为他出资 10 万余元建起了配套设施齐全的景观式居住小屋；吉林市"都市 110"电台捐助了价值 7 千元的高架望远镜；市九·三学社捐建了一个可存 20 吨粮食的移动铁房。

2006 年 5 月 14 日，吉林市被授予"全国爱鸟护鸟文明城市"，这是中国野生动植物保护协会命名的全国第一个，也是唯一一个爱鸟之都。

吉林市鸟类环境保护站提供的资料显示，目前，在松花江不封冻江段共发现水禽 20 种，总数 8000 只以上，其中国家级保护动物两种，数量最多的是赤麻鸭和绿头鸭，其次为鹊鸭和秋沙鸭。此外，丹顶鹤、白头鹤、金雕、苍鹭等水鸟也多了起来。长白鸟岛则成为吉林市松花江段水鸟最多、种群最稳定的栖息地。

五、教师小结

有了实践就有了真切的感受，通过刚才的汇报，不但让我们了解了长白鸟岛的过去、现在，更展望到了它美好的未来。正是有了像任建国这样的家乡人，我们的"长白岛"才真正的成为了"鸟岛"，才使我们的家乡拥有了人鸟和谐相处的动人画面。如果我们每个人都能拥有环保意识，都能用我们的实际行动来维护生态平衡，我们生存的世界才会拥有更多的碧水青天、鸟语花香。

课后反思

这节综合实践活动课很有实际意义，走出课堂，融身家乡的摇篮，这是自然与科学的综合，是知识与情感的提升，孩子们在实践活动中充分的搜集与整理资料，在这个过程中得到了关于爱鸟护鸟、保护生态的具体感知，另外这是家乡的一处胜地，孩子通过这一活动能更好地激发他们热爱家乡的情感，从而立志为家乡服务，孩子们快乐着并收获着，学习着并成长着。

迷津指点

活动设计方案的填写是此次综合实践活动成功与否的关键，如果没有前期基础，教师要加以详细指导，在这个过程中，要把人员分工以及小组的小课题确定明确，这样才能让活动更好地实施。

科学家的贡献

韩　萍

活动主题与背景

本次综合实践活动的主题为《科学家的贡献》。人类世界的发展越来越仰仗科技的日益进步，历史上那么多的科学家，如夜空中的群星熠熠闪光。他们的发明创造推动了历史的进程，改变了我们的生活。提起科学家，学生们都会列举出很多名人。但对于这些著名的科学家又能了解多少呢？的确，对于这些科学家们所做出的贡献，学生们缺乏的就是深入的研究和体味。

设计意图

开展本次综合实践活动旨在引导学生关注科学家，关注科学家的贡献及其对人类社会发展所带来的巨大作用，从而知道科学家是我们学习的榜样，继而培养学生学科学、爱科学的兴趣。

活动目标

1. 在指导教师的引导下，初步学会拟定调查研究的小课题，并成立研究小组，合作分工，做好调查研究的准备工作。

2. 在实地调查采访的过程当中，学会搜集信息、处理信息，注意保存好相应的原始资料。

3. 通过认识科学家和制作手抄报，深刻地认识到科学家的发明创造让人类的生活发生了巨大的变化，知道科学家是我们的学习榜样。培养学生学科学、爱科学的兴趣。

活动重难点

在活动开展的过程中，要保存好各种图表、文字和相片等资料，并在后期整理的过程当中，分门别类进行处理，并借助得到的资料，确定各小组的成果汇报形式。

课前准备

PPT 演示文稿。

活动设计流程

一、问题引入，揭示主题

同学们，人类社会的发展需要很多必然的要素，你们说说，会有哪些呢？

刚刚大家所说的各项要素，都离不开一种人，他们就是——科学家。

你都知道哪些科学家？（会有很多学生发言）

这些科学家都有哪些著名的发明创造？（发言的学生有些减少）

这些发明创造对推动人类进步，起到什么作用了呢？（发言的学生更少了）

这次活动，我们就开始来研究"科学家的贡献"。（板书：科学家的贡献）

二、初步确立子课题

同学们，科学家的贡献在人类历史发展的过程中发挥了重要的作用，我们怎样在有限的时间里，从哪些角度来研究，才能够比较全面的了解他们呢？

每小组研究一位科学家，预设的研究内容如下：

科学家简介；

科学家的创造发明；

科学家发明对人类的贡献；

选编材料制作手抄报；

……

三、明确分工，制订研究计划

同学们，我们这次的活动和以往开展的活动一样，要靠我们小组成员的共同努力来完成。你们在选择了小组内要研究的一位科学家之后，下面要做的就是把各自的任务明确，并且要制订好本组的研究计划，填写好表格。

综合实践活动研究计划表

活动主题	科学家的贡献	
小组研究主题	（研究一位科学家）	
人员分工		任务内容
科学家简介		
创造发明		
对人类的贡献		
PPT 制作		
手抄报制作		
文字编辑		
图片处理		

四、方法指导

同学们，在本次活动当中，我们可以去网上搜集查找资料，可能网上的资料也不太齐全，那么怎么办呢？同学们有没有什么好的办法？（可以到图书馆去，可以请教相关的学者）

五、活动实施

（一）各个小组的成员在组长的带领下，按照制订的计划表进行实际操作。

（二）可以到图书馆里去搜集资料，也可以采访一下相关的学者。

六、成果展示阶段（以第一组为例）

第一组，研究主题：发明大王——爱迪生。

（一）科学家简介

托马斯·阿尔瓦·爱迪生是位举世闻名的美国电学家和发明家，他除了在留声机、电灯、电话、电报、电影等方面的发明和贡献以外，在矿业、建筑业、化工等领域也有不少著名的创造和真知灼见。爱迪生一生共有约2000项创造发明，为人类的文明和进步做出了巨大的贡献。

（二）科学家的发明创造

1868年10月11日发明"投票计数器"，获得生平第一项专利权。

1870年发明普用印刷机。

1877年8月20日发明了被证实为爱迪生心爱的一个项目——留声机。

1879～1880年经数千次的挫折发明高阻力白炽灯。

1882年发明电流三线分布制。

1885年5月23日提出无线电报专利。

1888年发明唱筒型留声机。

1890～1899年设计大型碎石机，研磨机。

1893年爱迪生实验室的庭院里建立起世界上第一座电影"摄影棚"。

1909年费时10年的蓄电池的研究，终于成功。

1910年发明"圆盘唱片"。

1912年发明"有声电影"。研制成传语留声机。

1915～1918年完成发明39件之多，其中最著名的是鱼雷机械装置，喷火器和水底潜望镜等。

1928年从野草中提炼橡胶成功。

（三）科学家对人类的贡献

爱迪生将人类带入了电器时代！正如比尔·盖茨将我们带入了电脑时代！当然，前者的贡献价值更大，他对人类的贡献可谓史无前例，至少将我们的生活质量推进了50年都不止。

1. 同步发报机。

早期的电报机，一次只能传递一个讯息，而且不能同时交换信号，由于爱迪生本身是电报技师，便着手改良传统发报机，制造出二重发报机，1874 年又研发出四重发报机，也就是同步发报机。在无线电还没有发展的当时，同步发报机是一项重大的突破。

2. 改良电话机。

现代电话是由贝尔所发明的，事实上，电话是爱迪生发明的。但是贝尔比爱迪生提早了两个小时递交专利申请书。所以首先夺得了专利权。但电话能够清晰的接收与发话，要归功于爱迪生一次又一次的试验，突破传统的窠臼，制造出碳粉送话器，一举提高了电话的灵敏度、音量、接收距离，否则，我们打电话时还是会常常：喂！喂！听不到啊，听不清楚啦。

3. 留声机。

1877 年 12 月的一个夜里，梦罗园实验室的工作人员微微颤抖着，不是因为寒冷，而是因为他们听到了人类有史以来第一次的录音："玛丽有只小绵羊，毛色白皙像雪样，不论玛丽到哪里，小羊总在她身旁……"这项伟大的发明，不用多做介绍，大家都可以了解，它的应用面有多广。法国政府还因此授予爱迪生爵士的头衔呢！后来，爱迪生又多次改良留声机，直到将滚筒式改成胶木唱盘式为止，这中间可不是一两年而已，而是历经几十年的不断改进！

4. 电灯。

18 世纪初，爱迪生为自己制订了一个不可能的任务：除了改良照明之外，还要创造一套供电的系统。

于是他和梦罗园的伙伴们，不眠不休地做了 1600 多次耐热材料和 600 多种植物纤维的实验，才制造出第一个碳丝灯泡，可以一次燃烧 45 个钟头。后来他更在这个基础上不断改良制造的方法，终于推出可以点燃 1200 小时的钨丝灯泡。

18 世纪 80 年代中期，爱迪生的电灯事业获得了成功，这一成功比以往任何成就给他带来的声誉都大。

5. 复印机。

起初，爱迪生发明的石蜡纸只是普遍运用于食品、糖果的包装材料上，后来他尝试在蜡纸上刻出文字轮廓，形成一张石蜡刻字纸版，在纸版下垫上白纸，再用墨水的滚轮从刻字的石蜡纸上滚一滚，奇妙的事发生了，白纸上出现清楚的字迹。之后又经过多次的改良试验，1876 年，爱迪生开始量产他发明的复印机，一下子，机关、学校、事业单位、团体都采用这种蜡纸复印机。由于爱迪生复印机大受欢迎，风行全球，使得爱迪生深切体验到，应该发明人们普遍需要的东西。

四、手抄报展示

课后反思

本次活动课是以学生的活动为主体。从活动伊始，学生们就已经开始了对科学家的了解和学习，而学习和收获，随着活动的展开而逐渐深入。学生通过对科学家的资料进行查阅、分析、整理、再现，通过对所研究内容的展示、讨论、交流，体会到了科学家的发明创造对人类发展所做出的巨大贡献。这种分工合作的活动方式，营造了自主、合作、探究的学习氛围，既培养了学生的组织能力、合作能力、表达能力，又突破了教学中的重点。让学生成为了学习的主人，课堂的主人。

迷津指点

本次活动课需要大量的资料，所以需要在过程中指导学生查阅、筛选资料。由于学生的生活背景和科学家所处的时代有很大的反差，再加上课堂时间、空间有限，因此需要指导学生查阅图文并茂的资料。图片的展示可以更直观的说明问题，并为学生制作 PPT 课件、手抄报做好准备。

我们身边的科学

王玉霞

活动主题与背景

说到科技，人们首先想到的就是核武器、载人飞船或其他一些好像离我们的生活很遥远的事情，其实，我们日常生活中，就有很多科技的元素。比如看云识天气、生活发现、搞小发明、小实验……这些都是探索科学的一种。通过这次综合实践活动让我们走进科学，了解科学，我们会发现科学界中有许多妙不可言的事情。相信人类因科学而进步，科学因人类而改进。

设计意图

本次综合实践活动，通过观察、实验、亲自动手操作、做手抄报等方式，让学生体会科学知识不只是科学家用来研究的触摸不到的东西。而是在我们最平凡的生活中处处都有科学的存在。我们以后要多留心生活，善于发现身边的科学，充分地利用这些知识，让科学使我们的生活更加方便快捷，更加丰富多彩。

活动目标

1. 通过观察和实践，发现我们身边更多的科学知识。

2. 激发学生对科学的向往,培养和形成发现问题和提出问题的意识。

3. 努力学习掌握科学知识,再把学到的科学知识都运用到我们的生活中来,让我们的生活充满现代气息。

活动重点

通过"观察"各种自然现象,让学生对科学产生一定的兴趣。这次活动的关键是让学生意识到"观察"在生活中学习科学的重要性,及如何通过观察去得出实验答案。

活动难点

从生活中的自然现象,到最新科技在生活中的应用,在这个探究过程中,让学生感受到科学就在身边,并且认识到,科学在生活中占据了越来越重要的地位。

课前准备

阅读与科学有关的书籍,提出或讲解一个生活中的科学小常识。

活动设计流程

一、创设问题情境,确定活动主题

1. 谈话导入,激发兴趣。

师:随着时代的不断进步,我们身边的事物也在不断地创新,科技更是越来越先进。那么在你的印象里,究竟什么才是科技呢?

生:略。(各抒己见)

师:同学们说得都对,其实科学就存在于我们的生活中,无处不在。不管大小,只要你留心观察,你就一定会发现——科学就在我们身边。(板书课题)

2. 师生交流,确定主题。

师:可以说科学的范围很广泛,那你们都想探讨和研究哪方面的科学知识呢?

(学生归纳主题,老师巡视)

学生交流,初步确定如下研究主题:

(1)动物篇;

(2)植物篇;

(3)生活篇;

(4)自然篇;

……

二、组建活动小组,细化研究小课题

1. 为了更好地进行实践,我们根据主题的不同和自己的兴趣爱好,自愿组成探究小组，并推选出每个组的小组长。

2. 每个组的组长带领组员针对本组的活动主题，进行活动方案的设计，填写每个小组的活动方案设计表。

3. 小组自由填写活动设计方案。

（1）请大家汇报交流每个小组的活动设计方案。

（2）学生评价：你认为他们小组这个活动计划，好的地方在哪里？不适合于实施的地方在哪里？

（3）简单指导学生解决问题的途径与方法：网络资源、书籍、报纸、媒体，或询问专业人士等。

（4）根据老师和同学们的意见，修改各组的活动方案。

三、实践体验，完成设想

1. 各小组根据各自的研究课题，在一周内收集与本组活动主题相关的资料，并做好各项实验的准备。

2. 分组整理调查结果，合理运用掌握的资料，并做好多种形式汇报的准备。

3. 交流共享成果，借鉴活动方法。

四、成果展示

通过一周的观察和实践，同学们一定在我们身过发现了很多神奇的科学知识。记得法国罗丹曾经说过：我们的生活不是缺少美，而是缺少发现。相信只要我们有一双善于发现的眼睛，我们就会在我们的身边发现无穷的知识和力量，也就是这些知识和力量使我们的生活变得更加方便，更加丰富多彩，那么就把你们的新发现汇报给老师和同学吧，看看哪个小组汇报得最精彩。

第一组：动物篇。（汇报以实验、观察日记为主）

1. 蜗牛爬过的地方为什么有湿的痕迹？（实物演示观察）

2. 蚂蚁是怎么交流的？（实物观察）

3. 蚯蚓被切断身子后会死去吗？（实物实验）

4. 读观察日记。

5. 播放关于动物科学的视频资料。

……

组长小结：老人曾讲，麻雀虽小却五脏俱全，神奇的动物世界里藏着太多太多的奥秘，让我们也去当法布尔，让我们也去洞察神秘的动物科学世界吧。

第二组：植物篇。（汇报以图文并茂的PPT为主，配合组员介绍）

1. 仙人掌为什么没叶子？

2. 秋天树叶为什么会变色？

3. 冬天为什么要把树干刷白？

4. 为什么落叶大多叶背朝上？

5. 为什么有的花闻起来很臭？

6. 花为什么有各种不同的颜色？

……

第三组：生活篇。（汇报方式以作文和日记为主）

范文1：

我身边的科学
小学五年级

在我们的身边，隐藏着许许多多的科学常识，只是我们没有发现罢了。只要我们认真观察，留意身边的每一件事物，就不难发现我们身边的科学常识。

在那一年里的夏天，我用一个瓶子装满水，放进冰箱里，冰冻起来。为了待会儿要喝它来降温。过了几个小时，我把它从冰箱里取了出来。只见，这个瓶子比刚才放进去的时候要大的多，里面的水似乎多了许多，胀得整个瓶子都鼓了起来，看起来像个白胖小子，还散发着一鼓鼓冷气，使我感到凉丝丝的。我想应该是热胀冷缩的道理吧。咦，好像不对。我忽然感到一种怪怪的感觉。对了，这好像不是热胀冷缩呀。我把这瓶水放在这么冷的冰箱里，本应缩小的，可今天却膨胀了，鼓得像个白胖小子，难道，这热胀冷缩也有错的时候？我的脑子里冒出了好几个问号。

过了一段时间，瓶子里的水渐渐融化了，瓶子也跟着渐渐变小了。白胖小子变成了瘦老头。这使我更加奇怪了，刚才水遇冷变多了，现在水温升高了，这水就变少了。从前的热胀冷缩，现在却成了热缩冷胀。难道本来就不是热胀冷缩，而是热缩冷胀？我真是百思不得其解，好奇心使我下决心一定要找到答案。

于是，我翻遍了所有课外书，终于在《中国少年儿童百科全书》中找到了答案。原来，一般物质都会热胀冷缩，水也不例外。在北方寒冷的冬夜，如果你把放在院子里的水缸灌满水，水缸可能被厚厚的冰胀破。这是因为水在4℃以上时是热胀冷缩，但在0℃到4℃之间却是热缩冷胀。这个现象表明，水遇冷结冰时体积不但没有收缩，反而膨胀了，这是水的反常膨胀。在北方的冬季，当温度降到4℃以下，湖面的水冷胀的结果使体积变大，比湖面下的水轻一些，所以湖中的水不再对流。当湖面冷到结冰时，冰层下的温度仍然高于0℃，鱼类仍旧可以自由自在的在水里游来游去。哦，原来是这样啊，原来不但有热胀冷缩的现象，还有热缩冷胀的现象呀。

在我们的日常生活中，还隐藏着许许多多的科学知识，正等待着我们去发现呢，我以后一定留心生活，发现更多的科学知识。

第四组：自然篇。（汇报方式以手抄报为主）

3. 教师小结。

这就是科学。它存在于我们生活中的每一个角落，只要我们做一个有心人，我们就一定会发现，科学就在我们身边。让我们努力学习科学文化知识，用科学的知识来武装我们的大脑，用科学去解释我们身边的现象吧。

课 后反思

这节综合实践活动课，同学们体会到了我们的衣食住行一刻都离不开科技的贡献，让学生明白了在享受生活的同时，更要创造新生活，同时也要养成多积累，勤动脑筋的好习惯，这样我们的生活才能处处闪耀出科技之光。

迷津指点

因为科学知识涉及的范围很广，所以在确定活动主题时要引导孩子善于归类。同时在选择小课题时，要强调从我们身边的生活实际入手，切忌太大、太空、太遥远的东西。这样学生才会感兴趣，而且学习起来也会比较轻松容易。

科学小实验操作竞赛

郑　丽

活动主题与背景

为了使综合实践活动和研究性学习的实施有机地结合，为了不断提高学生的科学素养，培养小学生的科学兴趣、科学精神、动手能力和探究意识，特此开展科学小实验操作竞赛的综合实践活动。通过实验操作竞赛，有效地激发学生的实验探究兴趣，培养学生动手操作的能力和全面细致的观察能力，从而提高学生的实验探究能力，使学生们从小建立爱科学、学科学、用科学的理念。

设计意图

以培养学生的科学素养为宗旨，以探究为核心，尊重学生的意愿，让学生大胆设计猜想，着重培养学生的动手操作能力，让孩子们通过观察和实验接触现实，激发想象力，扩展思维，改善交往和语言能力。让每个学生都亲身经历一个较深入的科学研究过程，体验成功的喜悦，并在实验的观察中发现现象，从而明白科学道理，激发学生对科学的热爱。培养学生自主探究的能力和兴趣。

活动目标

1. 通过进行科学小实验操作竞赛，培养小学生的科学兴趣、科学精神、动手能力、探究意识，提高其科学素养。

2. 通过小组合作探究，分工合作，使学生懂得团队配合的重要性，并初步掌握进行科学小实验的操作要领。

3. 能按要求设计小实验，会写简单的实验报告。

4. 激发学生对科学小实验的操作兴趣，提升科学小实验的操作技能。

活动重点

让学生从小学会科学实验，掌握一般性科学实验步骤，从生活中的一些自然现象以及实验发现的现象中，明白一些科学道理。

活动难点

能按要求设计小实验，会写简单的实验报告。

课前准备

准备实验器材，进行小组分工。

活动设计流程

一、创设问题情境，确定竞赛主题

1. 谈话导入，激发兴趣。

师：老师知道同学们都非常喜欢做科学小实验。那你们都喜欢做什么科学小实验？谁愿意把你做过的科学小实验简单地跟大家说一说。

生：简单汇报。

2. 师生交流，确定主题。

师：看来，同学们在以往的学习和生活中都或多或少地进行过一些有趣的科学小实验，那我们这次综合实践活动就来进行一次科学小实验的操作竞赛。我们共同来确定竞赛的主题。【广泛地听取学生的意见：电磁铁的磁力、摩擦力的实验、让鸡蛋能"跳"起来的实验、趣味指南、纸盒发音、不掉瓶盖、哪个是导体、电磁铁展示、万花筒、抵抗弯曲……】

师小结：看来，同学们对于科学小实验的操作竞赛都很感兴趣，列举出这么多想操作竞赛的题目，但我们一一进行竞赛是不现实的，那么我们能不能在这些题目中选择一个你们最喜欢的进行竞赛呢？

3. 初步确定进行操作竞赛的主题为：电磁铁的磁力——影响磁力大小的因素。

二、师生共议，制定评比标准

在老师的指导和组织下，师生共议，制定科学小实验操作竞赛的评分标准，细化评分细则。

科学小实验操作竞赛评分标准：

学生实验满分 100 分，其中实验设计 20 分、实验操作 40 分、实验报告 20 分、实验问答 20 分。实验在 30 分钟内完成，超时 5 分钟以内者扣 2 分，超时 5 分钟以上者扣 3 分。

项目	操作内容要求	满分	得分
实验设计	1. 实验目的明确。	4 分	
	2. 正确写出实验仪器和实验材料。	4 分	
	3. 简单写出实验过程。	6 分	
	4. 写出实验现象或实验结果的假设或猜想。	6 分	
实验操作	1. 根据实验设计，离开参考书小组合作完成实验。	5 分	
	2. 实验材料准备充分，实验过程中无因材料、器材使用不当而损坏的现象。	5 分	
	3. 实验操作规范。	12 分	
	4. 实验现象和实验结果展示效果好。	12 分	
	5. 实验完成后，整理实验台和实验材料。	6 分	
实验报告	1. 独立完成实验报告且实验报告完整。	4 分	
	2. 实验报告能完整反应实验过程和实验结果，需要记录数据的实验，有原始数据和数据处理示例，数据记录科学合理。	6 分	
	3. 能对实验结果或实验中出现的问题进行分析。	7 分	
	4. 实验报告卷面整洁。	3 分	
实验问答	1. 实验操作相关内容答辩。	7 分	
	2. 实验报告相关内容答辩。	6 分	
	3. 实验原理及原理应用答辩。	7 分	

三、组建竞赛小组，制订研究计划

　　1. 为了更好地进行竞赛，学生根据自己的意愿，自愿组成合作小组，并推选出每个组的小组长。

　　2. 每个组的组长带领组员根据自己的特长、兴趣，进行细致地分工，填写每个小组的科学小实验操作设计方案。

　　3. 小组合作交流：让学生在小组合作中尝试成员之间的交往合作，学会倾听、质疑，相互接纳，通过赞赏分享共同设计、逐步修改、完善设计方案，并在此过程中学会表达自己的见解、理解别人的想法，在讨论、辨析中形成较科学的实验计划。

科学小实验操作设计方案

日期：

活动主题	
组长	
组员	
组员分工	组员1： 组员2： 组员3： 组员4： ……
提出问题	
做出假设	
选择实验器材	
记录实验过程	
归纳实验结论	

四、竞赛阶段

各个小组的成员在组长的带领下，进行实验设计，在规定的时间内按照制定的设计进行实验操作，撰写简单的实验报告，并进行实验问答。

五、评比表彰，成果展示

评委根据科学小实验操作竞赛评分标准进行打分，核算成绩，评比出冠、亚、季军。

附：获胜小组的过程资料表格

1. 我们对"电磁铁的磁力大小与什么因素有关"的假设。

我们的假设	假设的理由
电磁铁磁力大小与线圈圈数有关； 线圈多，磁力大；线圈少，磁力小。	磁性是由通电的线圈产生的。

2. 检验电磁铁磁力大小与线圈圈数关系的研究计划。

研究的问题	电磁铁的磁力大小与线圈圈数多少有关系吗？
我们的假设	

检验的因素（改变的条件）			
怎样改变这个条件	1.	2.	3.
实验要保持哪些条件不变			

3. 电磁铁磁力大小与线圈圈数关系实验记录表。

线圈的圈数	吸大头针数量（个）				磁力大小排序
	第一次	第二次	第三次	平均数	

课后反思

　　科学小实验是学生们特别喜欢的综合实践活动，尤其是以竞赛的形式进行，从选题、作出假设，到设计实验、检验假设、如何检验等一系列过程都交由学生自主选择，自主探究，更能激发出学生的探究操作热情，拓展学生应用知识解决问题的能力，帮助学生认识到科学的学习规律，激发学习兴趣，掌握科学的学习方法。活动中教师充分地发挥了学生的主体地位，调动了学生主动参与的意识，提高了学生的探究能力，放手让学生自主探究，鼓励学生大胆猜想和实验，引导学生在探究学习各阶段中提出合理的问题，培养学生良好科学习惯的养成，有效地提高了学生的实验探究能力，培养了学生良好的科学素养。

迷津指点

　　本次活动的重点就是让学生体验到科学探究的历程，探究既是学习的目标，又是学习的方式，所以要始终以合作探究为主线，让学生经历"问题——预测——设计实验计划——完善实验计划——动手实验、记录——整理分析数据——得出结论——反思、应用"等一系列探究活动，培养善于观察、勤于思考的科学态度，从而能够大胆想象，又有根据地假设；培养学生，不断深入研究的探索精神。

第四部分

人与自我 树立理想
(六年级)

教学设计说明

　　小学六年级的学习生活对于学生来说，是一笔宝贵的财富。作为小学阶段的最后一年，教师有必要引导学生应用已有的知识、经验和综合能力完成对金色童年的梳理与总结。这部分综合实践活动的教学设计紧紧抓住六年级学生的年龄特点和认知特点和，通过"竞聘校长小助理"等活动展示学生的风采，实现自我的再认识；通过"社会职业面面观""小小服装设计师"等活动引导学生树立正确的人生理想，实现积极的人生态度的基本确立。学生在综合实践活动中学会合作、学会思考、学会学习，从而完成小学至中学的顺利衔接。

学习方法经验交流会

———————姜亚秋

活动主题与背景

在小学阶段的最后一个年级，学生们即将步入初中的学习生活，有必要对自己的学习经验、学习方法进行梳理和总结，在相互交流中取长补短，提高自己的学习效率，以更好的学习状态迎接崭新的初中学习生活。因此，我们设计了此项主题活动。

设计意图

本次综合实践活动，旨在让学生挖掘自己和他人的学习方法与学习经验，相互交流，取长补短，并尝试将好的学习经验、学习方法运用到自己的学习实践中，感受科学的方法给学习、生活带来的改变。让优秀的学生能够看到别人的长处而不骄傲；中等的学生们因看到目标而不迟疑；落后的学生因看到自己的长处而不气馁。初步树立正确的人生理想和积极进取的人生态度。

活动目标

1. 总结提炼自己的学习方法，同时学习他人的学习方法。

2. 善于交流学习方法，提高学习效率。

3. 认识到交流和合作在成长中的作用。

4. 在活动中找到适合自己的学习方法，对自己的未来充满信心。

活动重点

1. 在交流过程中使各层次的学生都能找到自信。优秀的学生能够看到别人的长处而不骄傲；中等的学生因看到目标而不迟疑；落后的学生因看到自己的长处而不气馁。

2. 找到适合自己的学习方法，从而达到事半功倍的效果。

活动难点

找到适合学生自己的学习方法并在学习过程中不断实践。

课前准备

梳理总结自己的学习方法或学习经验。

活动设计流程

一、准备阶段

1. 学生个体梳理总结小学阶段自己认为比较科学有效的学习方法或学习经验。

2. 学生个体通过阅读名人传记、网上搜集资料等途径了解他人的学习方法或学习经验。

3. 以小组为单位采访成绩优秀的同学、崇拜的教师、毕业的校友、自己的长辈、亲属等，了解他们的学习方法或学习经验。

二、整理阶段

整理资料：

1. 将个人梳理总结出来的自己认为比较科学有效的学习经验或学习方法提供给小组成员，由组长带领组员将学习方法或学习经验分类：成绩优秀的学生的学习方法；成绩中等的学生和成绩较差的学生在其他领域（除语文、数学成绩较差外）学习方面的成功经验（如体育、美术、音乐等方面学习的成功经验）。

2. 将采访的音频资料和影像资料编辑处理，选取有代表性的片断准备在全班进行交流。

3. 将多种途径搜集的关于学习方法的资料进行再次筛选，制成 PPT 准备在全班交流汇报。需要推荐给大家的学习经验或学习方法做简单阐述或以典型事例做说明。

三、交流阶段

召开班级或学年、学段的学生学习方法、学习经验交流会。

交流会会序：（预设）

1. 学生主持人开场白：亲爱的同学们，在校园里我们已经共同走过了 5 个春夏秋冬，在这 5 年的学习生活中，好多同学都形成了自己独特的学习方式和学习习惯，在不同的领域或多或少的都曾有过成功与失败的体验。今天我们就请同学们来谈一谈自己在某一领域的学习中获得成功的经历，让大家在分享中学习借鉴。

2. 进入今天交流的第一个环节：好方法同分享。邀请 2~3 名学业成绩不同层次的学生介绍经验。（一名是学年成绩特别优异的学生介绍提高成绩的好方法，一名是读书活动被评为读书小博士的学生介绍读书习惯如何养成及给他带来的益处，另一名是运动场上的佼佼者或科技创新大赛的获奖者介绍综合素质提高的重要性）

3. 第二环节：名人方法推荐。

例如：鲁迅的"跳读"法：

鲁迅先生认为："若是碰到疑问而只看那个地方，那么无论到多久都不懂的，所以，跳过去，再向前进，于是连以前的地方都明白了。"这种方法是对陶渊明的"不求甚解"读书方法的进一步发挥。它的好处是可以由此节省时间，提高阅读速度，把精力放在原著的整体理解和最重要的内容上。

老舍的"印象"法：

老舍说："我读书似乎只要求一点灵感。'印象甚佳'便是好书，我没功夫去细细分析它……。'印象甚佳'有时候并不是全书的，而是书中的一段最入我的味；因为这一段使我对全书有了好感；其实这一段的美或者正足以破坏了全体的美，但是我不管；有一段叫我喜欢两天的，我就感谢不尽。"

华罗庚的"厚薄"法：

华罗庚主张：读书的第一步是"由薄到厚"。就是说，读书要扎扎实实，每个概念、定理都要追根求源、彻底清楚。这样一来，本来一本较薄的书，由于增加了不少内容，就变得"较厚"了，这是"由薄到厚"。这一步以后还有更为重要的一步，即在第一步的基础上能够分析归纳，抓住本质，把握整体，做到融会贯通。经过这样认真分析，就会感到真正应该记住的东西并不多，这就是"由厚到薄"这样一个过程，才能真正提高效率。

杨振宁的"渗透"读书法：

杨振宁教授认为：既然知识是互相渗透和扩展的，掌握知识的方法也应该与此相适应。当我们专心学习一门课程或潜心钻研一个课题时，如果有意识地把智慧的触角伸向邻近的知识领域，必然别有一番意境。在那些熟悉的知识链条中的一环，则很有可能得到意想不到的新发现。对于那些相关专业的书籍，如果时间和精力允许，不妨拿来读一读，暂弄不懂也没关系，一些有价值的启示，也许正产生于半通之中。采用渗透性学习方法，会使我们的视野开阔，思路活跃，大大提高学习的效率。

余秋雨的"畏友"读书法：

散文家余秋雨提出："应该着力寻找高于自己的'畏友'，使阅读成为一种既亲切又需花费不少脑力的进取性活动。尽量减少与自己已有水平基本相同的阅读层面，乐于接受好书对自己的塑造。我们的书架里可能有各种不同等级的书，适于选作精读对象的，不应是那些我们可以俯视、平视的书，而应该是我们需要仰视的书。"

4. 第三环节：学习方法真人秀。

例1：邀请成功校友（地区中考状元王一夫、德国纽伦堡国际科技创新大赛金奖获得者徐军航、原篮球队长清华附中免费录取的孙士亚）现场介绍成功的学习经验。

例2：邀请学生崇拜的名师或行业精英来校参与交流，并现场演练"一招半式"，让学生感受科学的方法给思维带来的转变。

四、实践阶段

参加交流会后，选择自己最喜欢的一到两种学习方法，在实际学习的过程中尝试应用，体会其中奥妙，品尝科学方法给学习带来的效率。

课后反思

在基础教育阶段的学习中，关于方法的学习是最重要的学习内容，所以新课程改革强调"过程与方法"的目标指向，同时，小学阶段的学生学习方法和经验的总结对于他们初中的学习十分重要，因为，随着初中学科门类的增加和学习内容的加深，思维方式、学习方法的优化将成为学习的重要内容。

这节综合实践活动课中我注意了以下几个转变：

一是把问题转化为方法。学生在日常学习的过程中会出现这样或那样的问题，遇到许多的困难，教师不要单纯地把问题留给学生或家长去寻找答案，而是要对问题有所作为。设计此项活动，就是让学生在活动中解难答疑，适时引导学生总结出"定时学习法""定量学习法""交叉学习法""兴趣学习法"等方法，提升学生的认识。

二是把方法转化为习惯。教育在很大程度上是培养习惯，习惯是行为，知识是认知，好的教学就是要把好的知识认知转化为好的行为习惯，这是教育的一个大主题。一堂课，一次主题活动，要有好的教学目标、好的教学设计、好的教学流程、好的教学情景，但这并不是好的教学评价的全部，最重要的评价应该是学生学习习惯的改变和优化。所以交流会结束后不等于活动结束，而是安排学生进行实践的阶段，目的是帮助学生通过此活动进一步养成良好的学习习惯。

迷津指点

在活动中形成探索学习方法的习惯，知道在任何学习中都有一种更重要的学习就是方法的学习；交流是方法学习的重要手段；一般的方法是学习方法学习的开始，找到适应自己的方法才是根本；真正有效的方法是适合自己又能成为习惯的方法。

"童心品三国"读书报告会

张亚娟

活动主题与背景

理论依据

名著阅读是语文课程中极其重要的学习内容。阅读教学是学生、教师、文本之间对话的教程，要求学生能通过阅读学会搜集处理信息、认识世界、发展思维、获得审美体验。然而仅靠课堂45分钟的时间来达成新课标要求的阅读的目标，是不够也不可能的。

学情分析

在学习小学语文经典课文《草船借箭》的时候，学生对《三国演义》的火烧赤壁一段产生了浓厚的兴趣。但是要去阅读大部头的《三国演义》对于小学生确实有一定的困难。需要教师给予学生相应的阅读指导，激发学生阅读古典名著的兴趣，帮助学生掌握课外阅读的方法。

设计意图

教师作为综合实践活动的首席参与整个活动，在学生遇到问题时给予相关的指导。学生自主选择读书主题和研究成员组成研究小组。采用多种方法阅读、研究自己感兴趣的人物，学习品读人物，并在品读的过程中思考自己的未来走向。

活动目标

1. 交流、讨论中提高对古典名著的阅读兴趣。

2. 结合具体的事件分析人物，具有发表独特见解的能力。

3. 加强搜集、整理、使用信息的能力。

4. 倾听他人发言，交流中加强思辨能力。

活动重点

敢于表达自己独特的见解，在讨论中加深对人物的理解。

活动难点

具体联系故事情节，对人物的品质做比较全面深刻的分析。

课前准备

学生初步阅读了《三国演义》，并已经做了两次读书交流。

包括：第一次，组内讲三国故事，在讲书交流中学习概括，了解故事和人物，做了电子小报。

第二次，我们积累背诵了三国的成语、歇后语和诗歌，并把这些内容与《三国演义》的故事联系起来记忆，做了手抄报。

本次读书交流是第三次，意在和学生结合三国故事进行人物性格的分析。通过这样的交流讨论，进一步梳理事件和人物的联系。

方法指导

回忆课内语文学习遇到问题时的解决方法。

根据学生发言总结出读书十四法：

1. 批注法   2. 摘抄做小报法

3. 试卷考察法   4. 写读后感法

5. 借用工具书法   6. 积累背诵法

7. 讨论交流法   8. 动画影视辅助法

9. 讲评书法   10. 上网扩展学习法

11. 重大事件梳理法   12. 人物关系梳理法

13. 亲子共读法   14. 师生共读法

实践体验

学生运用这样的方法阅读《三国演义》。

讲三国故事，背三国英雄诗。师生共读活动。亲子共读活动。利用网络扩展阅读《三国演义》。热点话题专项研究。观看新版电视剧，对比原著影视阅读。

在这样的过程中有相同兴趣爱好的孩子逐渐形成研究小组，教师给予适当的引导。

活动设计流程

主题生成

师引读：翻开中国古典名著《三国演义》的书页，我们似乎听到那历史的慨叹："滚滚长江东逝水……"

古今多少事，都付笑谈中——在中国历史上没有哪一部书像《三国演义》一样被如此广泛地传播和熟悉。它影响着无数的有识之士建功立业，成就人生。今天我们继续《三国演义》的读书汇报，今天的交流汇报的主题是品析人物。

成果展示

童心品三国读书报告会

一、读原文，看图片，猜人物

1. 师：运用如此多的方法阅读这本书，大家读得怎么样？在《三国演义》中有很多文字对人物做了精彩的描写，我找出了一部分，我们一起来回忆一下，看看这些文字分别描写的是哪位英雄豪杰？（出示课件人物描写）

你知道下面的文字描述的是哪位英雄吗？

庞统，吕蒙，鲁肃，许攸，郭嘉，关羽，司马懿，刘备，曹操【描写人物外貌和典型事件的文字来源于原著，目的是为了让学生接触原文，了解名著的表达特点，产生文字的认同。】

2. 师：从同学们精彩的发言中可以看出你们对三国中的人物很了解。三国的故事和人物家喻户晓，他们用各种形式走进人们心中。现在我给大家找来几幅图片，你们一定能猜出其中画得是什么人，关于什么故事？

（煮酒论英雄，挟天子以令诸侯，舌战群儒，辕门射戟，蒋干盗书，火烧赤壁，夏侯惇，张飞，赵云救主，七擒孟获）

二、赞英雄——读书促表达

1. 师：在历史的天空中，虽然黯淡了刀光剑影，远去了鼓角争鸣。但是在我们眼前依然飞扬着那一个个鲜活的面容。虽然淹没了黄尘古道，荒芜了烽火边城。但是岁月却带不走一串串熟悉的姓名。在这些众多的人物中，你最喜欢的三国英雄是谁？用一两句话说说你敬佩他什么？

学生自由发言。

2. 师：从同学们的发言中感受到你们对人物都有自己的认识。三国人物如此众多，大家喜欢的也绝对不是其中的一个。从课前的调查中，我知道《三国演义》中同学们最喜欢的人物，都是大家耳熟能详的如曹操、诸葛亮、刘备、关羽、赵云、张飞、孙权、周瑜等人。下面我们重新分组，按照共同喜欢的人物分组学习。

要求：自荐或者推选一个同学做新组建的学习小组的负责人。

他的任务是选好记录人，填好表格。组织大家回忆书中描写的人物故事，带领大家讨论故事中所反映的人物性格品质。

根据每个人提出的故事，安排汇报的分工。

讨论中要求所有成员积极参与，有问题可以随时找老师。

（1）组长组织大家边学习，边填表格，之后汇报发言。

我们喜欢的三国人物评析

我们喜欢的三国人物评析			
人物	性格	事件	思考和发现
	1.		
	2.		
	3.		
	4.		
	5.		
	6.		
	7.		
	8.		

（2）学生填表格：喜欢的人物，事件，从中体现的人物性格，对于这个人物想特别说明的。

三国主要人物分析汇报。

三、小书虫和大书虫的对话

师：这两组的汇报发言有观点，有根据。学习就该是这样，我们自己先读读书，在这样的基础上，再和大家交流讨论讨论，对这些故事和人物又有了更全面更深入的认识。

学习就要这样，不能只听别人说，也不能光顾着自己蒙头读。就像现在这样读读，想想，聊聊，发表自己的意见，再听听别人的看法，就会全面认识事物。

要求：

请有礼貌地交流。请注意倾听，把你的收获记住，一会儿和老师以及其他同学汇报分享。

四、总结

师：大家的发言似乎还意犹未尽，但是时间的关系，我们今天只能汇报到这里了，历史早已离我们远去，谁是谁非，真的是留给后人评说。这样的笑谈、评说、争论还将随着大家对三国历史的了解更激烈，更深刻。

今天的读书交流中，最让老师欣慰的是，大家在评析历史人物的同时，既能看到人物的优点，也能看到人物的不足，这就叫辩证的分析人物。（板书）很了不起。

好书是值得一辈子去反复品味的，《三国演义》这部文学名著，就是一部值得一生反复阅读的书。让我们用心地读书吧，在读书中以人为鉴，以史为鉴。（板书）不断地完善我们自己的修养，提高我们的认识。做一个符合新时代要求的现代中国人。

板书：

童心品三国

《三国演义》读书汇报之三——品人物

以人为鉴，辩证分析。

以史为鉴，完善自己。

课后反思

（一）学生阅读和习作水平得到实实在在的提高。

1. "授之以渔，授之以渔场"提高阅读兴趣和水平。

2. 发现习作特色，在交流中提高表达能力。

3. 读书与生活链接，促进班级管理工作。

（二）教学相长，在指导学生的过程中，教师的教育教学理念在总结梳理中逐渐清晰，自身业务素质不断提高。

（三）星星之火可以燎原，读书指导积累的做法经验，向教师，向学生，在学年，学校，地区范围内做了介绍。

"亲子阅读"知识竞赛

金银萍

活动主题与背景

亲子阅读，又称"亲子共读"，就是以书为媒，以阅读为纽带，让孩子和家长共同分享多种形式的阅读过程，在学生课外阅读当中起到重要的作用。通过共读，父母与孩子共同学习，一同成长；通过共读，为父母创造与孩子沟通的机会，分享读书的感动和乐趣；通过共读，可以带给孩子欢喜、智慧、希望、勇气、热情和信心。

设计意图

通过亲子阅读增进父母与孩子之间的情感交流，及时了解孩子的心理活动，进行有益的正面引导；有效地培养孩子的注意力，提高孩子的倾听能力和语言理解能力，为上中学后的听课和学习奠定良好的基础；增强语言能力、发展想象力、提高写作能力与交往能力、促进培养孩子阅读的兴趣和习惯的形成。

活动目标

1. 形成家长和学生共同参与本次亲子读书竞赛的共同意识。

2. 强化老师对学生的指导，以及与学生家长的联系。使学生在阅读中能够有重点、有中心、有方法。关注家长和孩子默契协作。

3. 深化孩子们的读书渴望。

活动重难点

在开展本次的亲子阅读竞赛的过程中，老师要一直参与过程之中，指导孩子读书方法，掌握孩子的读书进度，以便对所读书目有更深刻的了解，同时还要关注学生及家长的联系。

课前准备

PPT 演示文稿、多种版本的《三国演义》书、相关竞赛试题。

活动设计流程

一、走进三国，体会魅力

亲爱的同学们，你们每个人都是一个可爱的小书迷，那么你们最喜欢什么书，为什么喜欢呢？说得真好，我们刚刚学完的《赤壁之战》、《草船借箭》，大家都被足智多谋、阴险狡猾、忠厚老实、谨慎多疑的各种各样的人物所吸引。那我们就走进《三国演义》，去领略《三国演义》中风格各异的人物，来共品《三国演义》。

出示 PPT 演示文稿，通过演示让同学们喜欢上三国，更把这样的喜欢传染给家长，和家长共同品味《三国演义》。

二、初步感知，确立主题

同学们，我们读书都是自己品读、自己欣赏。那么我们将要走进的《三国演义》，将要品读的《三国演义》会有所不同，那就是要和我们的家长一起来阅读。那么怎样有计划有目的的开始和家长的共同阅读呢？

（和家长研究讨论，经过老师的指导来确立自己读书的方法和读书的计划）

关于《三国演义》版本的选择

读书的时间安排

怎样和家长共同沟通交流读书

知识竞赛题目的出示

如何使家长和孩子默契配合答题

走进三国、品读三国

......
三、家庭分工，制订计划

同学们，在开始和家长读书之前，我希望孩子们能和家长有个详尽的计划。那么我为各位的家庭提供了一个小小的方案设计，仅供参考。

第一份表格样例

读书篇目	《三国演义》		
亲子研究课题			
读书时间	读书任务	搜集整理故事、人物	人员分工
第一阶段			
第二阶段			
第三阶段			
预期成果			

第二份表格样例

读书篇目	《三国演义》		
亲子研究课题			
家庭名	（　　　　　　　）小组		
成员	孩子：		
	家长：		
我们的分工	故事整理：		查阅资料：
	人员集结：		模拟试题：
	梳理体系：		PPT 制作：
	其他：		

活动流程		活动形式	活动内容
	第一次		
	第二次		
	第三次		
我们的研究方法		查阅资料（　　　）　　　调查统计（　　　） 上网（　　　）　　　影像资料（　　　） 其他：	
预定的研究成果			

四、编制试题，明确规则

根据竞赛规则，希望同学们能够自己多模拟多练习，并能够通过这样的模拟增进自己的知识。

比赛规则：

1. 每个家庭设基础分 100 分。比赛分必答题和抢答题两部分，每题 10 分。必答题可由家中成员任何一人回答，答对加 10 分，答错不减分。

2. 抢答题必须等主持人宣布"开始"方可举手抢答，先举手者答题，要求在 30 秒内回答，家中成员可帮助举手者回答，超过时间视为错答。答对加 10 分，答错扣 10 分。

3. 每组答完所有题后，主持人宣布成绩。如果出现并列，则需加赛抢答题，以分出得奖的类别。

4. 每个家庭先答必答题，必答题 12 道；抢答题 12 道，共 24 题。

5. 学生自主，混编试题：

（一）必答题

1. 曾经和关羽、张飞兄弟两人打的不分上下的第一武将为？

2. 黄巾贼程志远为何人所杀？

3. 赤壁之战中，谁献策诈降曹操？

4. 曹操因人进献一吉祥物，劳师动众的搭建了一座巨台，其名为？

5. "洛神赋"中洛神是意指谁的妻子？

6. 孔明最后一次北伐时病死在哪里？

7. 在作战中眼睛被流箭射中，说："父精母血不可弃。"而把眼睛吃掉的是？

8. 孙权称帝后，下列何者被任命为丞相？

9. 曹操谓曰"将军在匆忙之中，能整兵坚垒，任谤任劳，使之反败为胜虽古之名将，何以加兹者"为何人？

10. 三国时期，从未得到过汉玉玺的是谁？

11. 孔明征南蛮时曾七擒七纵孟获，当孟获第七次被马岱抓住时，他对马岱说了什么话？

12. 关羽的养子是谁？

13. 哪一位君主，刘备没有去投靠？

14. 七步成诗的是？

15. 歇后语——刘备的江山是？

16. 当曹操擒得吕布想收为义子时，刘备谏了什么言使吕布被宰？

17. 是谁向曹操报告孙策袭取许都之心，后被孙策所杀？

18. 使张辽及赵云成名的战役各是什么？

19. 孙坚得大汉玉玺，其上有"受命于天，即寿永昌"八字，为何人所写？

20. 诸葛亮隐居时常把自己比作？

（二）抢答题

1. 《三国演义》中"煮酒论英雄"的主要人物是（曹操）。

2. 请结合《三国演义》，说出诸葛亮与周瑜联手指挥的一场著名的以少胜多的战役是（赤壁之战）。再说出诸葛亮挥泪斩马谡是因为（失街亭）一事。

3. 《三国演义》中塑造了一位过五关斩六将、千里走单骑的英雄形象，这个英雄是（关羽）。这部书中有关这个英雄的传奇故事还有很多，请用最简洁的语言写出一个故事的名称（温酒斩华雄）。

4. "勉从虎穴暂栖身，说破英雄惊煞人，巧将闻雷作掩饰，随机应变信如神。"这首诗说的是《三国演义》中刘备和曹操的一段故事。这个故事是（青梅煮酒论英雄）。

5. 《曹操煮酒论英雄》节选自我国第一部长篇（章回）体小说《三国演义》。

6. "夫英雄者，胸有大志，腹有良谋，有包藏宇宙之机，吞吐天地之志者也。"这段关于"英雄"的见解出自我国古典文学名著《三国演义》中的（曹操）之口。

7. 成语"万事俱备，只欠东风"是根据《三国演义》（赤壁之战）中"周瑜定计火攻曹操"的故事演化而来的。

8. 水镜先生所说的卧龙和凤雏分别指（诸葛亮、庞统）。

9. 滚滚长江东逝水，浪花淘尽英雄后面的一句是什么？

10. 下列谜语都与书中哪个人物有关？（更上一层楼、碰杯、慢慢摇）

（三）问答题

1. 杜牧《赤壁》诗中："东风不与周郎便，铜雀春深锁二乔。"写的是哪一场战役？涉及的两个主要人物是谁？

2. "长坂桥头杀气生，横枪立马眼圆睁。一声好似轰雷吼，独退曹家百万兵。"这首诗称赞的是谁？他的性格特点是什么？

3. "勉从虎穴暂趋身，说破英雄惊杀人。巧借闻雷来掩饰，随机应变信如神。"是对哪个情节的概括？涉及到的两个主要人物是谁？

4. "枭雄玄德擎双锋，抖擞天威施勇烈。三人围绕战多时，遮拦架隔无休歇"说的是哪个情节？

5. "温侯神射世间稀，曾向辕门独解危。落日果然欺后羿，号猿直欲胜由基。虎筋弦响弓开处，雕羽翎飞箭到时。豹子尾摇画戟，雄兵十万脱征衣"写的是哪件事？涉及的主要人物是谁？

6. "'豫州'当是叹孤穷，何幸南阳有卧龙！欲识他年分鼎处，先生笑指画图中。"其中的"豫州""卧龙"分别指谁？本诗写的是哪个情节？

7. "独行千里报主之志坚，义释华容酬恩之谊重"称赞的是何人？所报答的"主"指谁？"义释"的是谁！

8. "千里草，何青青！十日卜，不得生！"这几话是什么意思？

9. 下面的对联写的是谁？

"匹马斩颜良，偏师擒于禁，威武震三军，爵号亭候公不忝；

徐州降孟德，南群丧孙权，头颅行万里，封称大帝耻难消。"

10. 从内容和形成两方面简要评析下面的对联。

收二川，排八阵，七擒六出，五丈原前，点四十九盏明灯，一心只为酬三顾：取西蜀，定南蛮，东和北拒，中军帐里，变金本土革爻卦，水面偏能用火攻。

（四）辩论题

曹操是英雄还是奸雄（要结合具体的情节有理有据地说明自己的观点）

五、中期准备，活动指导

每个家庭按照已经制订好的计划、比赛规则开始进行读书准备和参加前期的竞赛。

1. 看完，吃透选定的书目。

2. 对书的故事情节、人物进行梳理。

3. 查找相关的资料，对书的内容有饱满的认识。

4. 用所提供的模拟试题在家庭中开始演练。

5. 请每组家庭根据已给出的试题进行自行查找题库，多进行练习。

6. 可自己私下与同学的家庭进行非正式的比拼。

六、汇报展示阶段

（一）班级选拔赛，末位淘汰

这就是班级通过层层选拔，最后胜出的三组家庭，他们代表班级参加年级的校《品读三国》知识竞赛。

（二）获胜代表，参加年级比赛

在经过激烈的必答题、抢答题、问答题、辩论题后，我们各个班级的选手都胸有成竹，真的是一番唇枪舌战。这是所有的参赛家庭的选手与我们的校领导的合影留念。

课后反思

亲子阅读竞赛活动，是我们学校一个传统的活动，长期以来受到学生、家长的欢迎。这个活动与前一个活动内容"品三国"有所不同，前者主要是语文学科课程的延伸，重在加强对《三国》文本的理解；本活动的意义在于通过共同的话题强化学生与家长的亲情与联系，营造书香校园，形成学校、家庭、学生之间良好的教育氛围，促进学生健康成长。所以，调动家长的参与是本次活动非常重要的内容。这次活动也存在个别家长因为其他原因参与不到位的情况。

希望通过这样的一个《品读三国》知识竞赛活动，能够让我们的孩子和家长真正的、亲密的进行有效的亲子阅读。

迷津指点

读书是个阶段目标，竞赛是对读书的检验，通过读书与竞赛建立学生与家长之间的亲情是活动的宗旨。所以，活动指导要重视学生和家长之间的配合、影响、活动和提高，而不是单纯的比赛成绩。

竞聘校长小助理

王妍妍

活动主题与背景

竞聘校长小助理的主题活动，是培养学生竞争能力、管理能力、合作能力的一项综合实践活动。是形成小学高年级学生民主参与意识，自我发展意识，自我管理能力和社会责任感的主要渠道。

童眼看校园，也许更真实，更实际。在这个过程中学生们会感受到校长在繁重的管理工作中承受着巨大的压力，由此形成自我管理的自觉性；同时也发现、理解学校在管理、建设中，对学生想法顾及不够的感受，形成积极参与管理的主动性。学生们用自己的眼睛帮助校长"看"校园，用自己的方式"管理"学校，用自己的言行为同学们树榜样、开启智慧，发挥自己的能力和特长，从而真正实现了学生的主体地位。

设计意图

竞聘校长小助理的综合实践活动，立足于学生自身的生活经验和对学校的了解，利用已有的知识和经验从事有益的活动，根据自己的兴趣选择学校的问题进行探究，力求使发现的问题得到解决，并在这个过程中得到锻炼和发展。

活动目标

1. 在"竞聘校长小助理"主题活动中，知道校长小助理竞聘的相关要求，原则和注意事项，形成合理的竞争意识。

使同学们亲自参与学校管理，在此过程中加强学生的主人翁意识，进一步规范行为习惯，全面提高学生的能力。

2. 在活动过程中，提高学生发现问题、选择问题、解决问题的能力。

主动提出问题、自主选择研究问题、并提高小组合作研究问题的能力以及调查、访问等实践能力。通过学生自行设计改进学校各个方面的活动，激发学生积极参与探究身边熟悉事物的兴趣。

3. 在活动中，形成合作和共享，懂得相信自己、欣赏他人，并能正确面对竞聘的得失和以校为家的主人情感。

课前准备

1. 布置调查任务：学校管理有哪些需要改进的地方，如何改进。分小组进行调查、访问，并统计调查结果。

活动主题	竞聘校长小助理	
小组研究主题		
人员分工	搜集参访材料的主要内容	
组　　长		
文字搜集		
图片搜集		
采访视频		

其　　他							
活动计划	1	主要任务： 完成时间：		月	日——	月	日
	2	主要任务： 完成时间：		月	日——	月	日
	3	主要任务 完成时间：		月	日——	月	日
问题统计	1. 2. 3.						

2. 做好竞聘校长小助理的演讲准备。

活动设计流程

（一）创设情景，明确主题

同学们，课前你们通过自己的调查访问了解了学校的现状，当你们把目光集中到校园的各个角落时，你们会或多或少发现一些问题，而这正是作为校长小助手的最基本素质。下面就让我们过关斩将，角逐最佳校长小助理。

（二）公布竞聘校长小助理的条件

1. 热爱学校，热爱班级，友爱同学。

2. 能关注身边的小事，有一双发现的眼睛，善于发现问题，能提出解决问题的有效方案；能主动参与学校管理，有主人翁意识，能积极为学校发展和完善献计献策，亲力亲为。

3. 二年级以上每班推选 1 人，具备比较强的口语表达和协调能力者优先。

（三）竞聘方式

1. 有意报名者需参加班级竞聘演讲，班级内先进行民主选举。

2. 报名者家长走进班级，从家庭和社会角度评价孩子，并加油助威。

3. 班主任和科任老师进行评价和打分。

4. 综合分数和票数各班推选一名校长小助理。

（四）竞聘结果

1. 公布三日内接受全校师生的监督。

2. 三日后无异议，接受学校学生处等部门的专门培训和考核，考核成绩合格者，方可成为校长小助理。

（五）竞聘演讲，交流课前调查结果

同学们，你们通过实地调查访问了解了学校现存管理中的一些问题，继而又通过合作探究找到改进方法，老师为你们感到自豪，相信你们完全具备了竞聘校长小助理的资格。下面就让我们勇敢地亮出自己，参与竞聘！

1. 选手讲演。

师：同学们，前一个阶段，我们通过分组探究，已经对前一阶段调查的问题进行了梳理，并在此基础上每组选出了两位应聘者，今天将有 10 位同学参加竞聘大会，他们将根据会前的抽签开始他们的讲演，时间是 5 分钟，现在我们掌声请出 1 号选手上场。

2. 家长评价。

他们的演讲只让我们看到了他们在学校的表现和对学校管理问题的解决方案，其实在家庭中和社会中，他们也都扮演着重要的角色，现在就有请他们的爸爸妈妈向我们展示更全面，更立体的小选手们。

3. 同学投票。

请同学们根据他们的调查和竞选演讲，以及你对他平时对班级或学校工作的表现进行投票，每人一票，不重复投票。

4. 班主任和科任老师评价并投票。

5. 进行分数和票数的统计。

6. 公布选举结果。

（六）研究拓展

1. 竞聘成功者。

祝贺竞聘成功者，他们在全班同学的帮助下，为学校的发展，提出了很好的建议，反映了全校同学关注学校发展的热情，希望他们不辜负同学的希望，老师的信任，出色地完成校长小助理的工作！下面请他们的代表发表竞聘成功讲演，并签订《校长小助理承诺书》《校长小助理工作计划书》各一份。

2. 竞聘失力者。

落选者可依据班级情况，成为班级的班主任小助理，积极参与班级各项管理，发现问题，并尝试解决问题，为下次当选校长小助理积累丰富的经验。

课后反思

"竞聘校长小助理"是一次很有意义的实践活动。如何让现在的学生从关心学校的一切到爱自己的学校，从而激发爱家乡爱祖国的感情，长期的教育实践证明，采用说教的方式已经苍白无力。只有通过正确地引导，组织参与一系列的活动，才能增强他们的主人翁意识。

在课前，学生通过自己的调查访问了解了学校的现状，把目光集中到校园的各个角落，在与同学老师的沟通交流中发现学校需要改进的方方面面。课堂上，学生们选择最感兴趣的一项内容，在小组合作的基础上进行设计改良，畅谈设计的原理和内心的体会，以各种形式汇报研究成果、评价和答疑。在这一过程中，学生通过对学校各方面问题的思考和探究，促使他们关注社会、关注生活、发现问题并尝试解决这些问题，获得了一种积极的情感体验，激发了他们的好奇心和求知欲。最后的活动延伸和向校长提议环节，更是把课内课外完美结合，提供了与他人交往、阐述自己观点的机会，进一步使学生感受到"我是校长小助手"。

"小学生的课余生活"问卷调查

尚建梅

活动主题与背景

"小学生的课余生活"问卷调查，源于对小学生的课余生活现状的思考。学生的课余生活是学生成长的重要方面，它不仅影响到学生成绩的好坏，而且还关系到他们的全面成长。如果说小学生的生活是一个五彩缤纷的大舞台，那么课余生活就是这个舞台的重要组成部分。由于现在社会日新月异的变化，和教育本身过分强调学科知识的倾向，使得小学生的课余生活安排得不甚合理，要么把课余时间看成是课堂学习的继续，把课余当成了课堂的补充；要么沉迷于看电视、打电脑游戏等等。如何科学、合理地安排好学生的课余时间，是小学生自我发展的需要，也是学校教育研究的重要领域。

设计意图

通过"设计调查问卷内容——简单的数据处理——填写调查记录——班级交流汇报——制定合理化建议"的形式，更好地了解学生课余生活的现状以及他们对课余生活安排的一些想法，以便今后能正确、合理地引导同学们的课余生活，并为同学们课余生活质量的提高创造一个良好的环境，引导小学生追求健康、有益的课余生活，使小学生的课余生活更加丰富多彩。

活动目标

1. 知道什么是健康合理的课余生活；了解怎样的课余生活才对自己的身心有益；基本能够合理安排课余生活。

2. 能够完成问卷调查，简单的数据统计处理，填写调查记录，班级交流汇报和制定合理化建议的综合实践任务；形成收集、整理资料的能力，并有一定的合作意识和主动探究问题的能力。

3. 能够感受课余生活所带给他们的快乐，形成热爱校园生活和课余生活的情感，体会寓学于乐的乐趣。

动重点

1. 分类统计出小学生课余生活有哪些？填写好调查问卷记录，并选择自己喜欢的形式汇报活动成果。

2. 活动后提出合理化建议，明确有益的课余生活能促进我们健康、快乐地成长。

动难点

根据调查结果，制定出有意义的小学生课余生活内容。

前准备

1. 多媒体课件。

2. 根据主题开展活动，全班分成 5 个小组，通过观察、记录、拍照、访问等形式去搜集相关资料，确定调查问卷内容后，进行细致地调查，每个小组写一份调查记录。

动设计流程

一、主题生成

同学们，你知道什么是课余生活吗？你们的课余生活都有哪些呢？这节综合实践活动课我们就来调查研究一下我们学校小学生的课余生活。（板书"小学生课余生活"问卷调查）

二、探讨主题，确立有效调查方式

1. 同学们，现在我们来说一说，你在家里和学校的课余生活有哪些？（自由说一说）

2. 我们班同学的课余生活可真丰富啊！那么，你们想不想了解一下，我们学校其他班级学生的课余生活呢？

3. 要想获得这些信息，我们应该怎么办呢？同学们讨论讨论吧。（最后确立问卷调查形式简单、快捷、有效）

三、明确分工，制定调查问卷内容

1. 同学们，我们这次的小学生课余生活的调查活动和以往开展活动一样，要靠我们小组成员的共同努力来完成。现在请同学们以小组为单位，研究一下"小学生课余生活"调查问卷上都应该调查哪些内容？讨论后，小组长记录下来。

2. 小组长汇报本组想调查的问题，教师协助指导，汇总确定问卷内容如下：

小学生课余生活的调查问卷

学校：　　　　　　　年级：　　　　　　　性别：

（1）你在家里的课余生活有哪些？

（2）你在学校的课余生活有哪些？

_____

（3）你最喜欢家里的哪些课余生活？

_____

（4）你最喜欢学校的哪些课余生活？

_____

（5）你最希望有哪些课余生活？

3. 这份调查问卷，你们想调查哪些人？（本校低、中、高年级学生）

4. 具体分工：

全班分成 5 个小组：

第一组：一年级、二年级学生课余生活调查问卷；

第二组：三年级、四年级学生课余生活调查问卷；

第三组：五年级、六年级学生课余生活调查问卷；

5. 除了问卷，我们还可以怎样了解小学生的课余生活？（采访、录像、拍照）

第四组：实地采访小学生课余生活；

第五组：拍摄小学生的课余生活。

四、方法指导

同学们，在调查活动开始前，我们要做哪些准备呢？（学生交流）

1. 同学们想得可真周到。活动前应将这些准备都写好，请看老师给你们提供的调查提纲。（第一至第三小组填写）

小组长		记录员	
调查时间		调查地点	
调查对象		准备的工具	
调查记录	（调查问卷上的内容分类别统计，并计算出百分率）		

　2. 问卷方法：（1）每个小组成员根据组内分工，调查每个学年所有班级学生。

　（2）问卷后，各组分类统计出各个年级学生喜欢的课余生活。

　3. 第四小组同学填写：

小记者		记录员	
采访时间		采访地点	
采访对象		准备的工具	
采访的问题			
采访记录	1. 你喜欢哪些课余生活？为什么？ 2. 你认为哪些课余生活是健康的、有意义的课余生活？ （文字或者录音）		

4. 第五小组同学填写：

摄影师		记录员	
调查时间		调查地点	
调查对象		准备的工具	
调查记录	（拍摄校园内同学们课间和中午午休时间的课余生活，制作 PPT 或者照片、视频录像）		

5. 调查问卷、采访、拍摄结束后，根据调查反馈，每个小组写一分翔实的调查记录。

五、实践体验

1. 各个小组成员在组长的带领下，按照制定的计划表和调查问卷进行综合实践调查。

2. 各个小组调查后整理资料，小组长带领组员共同完成调查记录。

3. 第四小组写好采访记录。（文字或者录音）

4. 第五小组整理好拍摄的照片或者视频录像。

5. 准备好全班汇报交流的各项材料。

六、成果展示

同学们，经过你们认真细致地调查问卷和采访拍摄，相信今天的"小学生课余生活调查问卷"活动成果汇报展示一定会很精彩！下面各个小组就来汇报一下你们的成果吧！

1. 小组长分别按照写好的调查记录，汇报自己组进行调查问卷的情况。

2. 采访小组汇报采访记录，播放采访的录音或者视频。（PPT 或者图片展示）

3. 拍摄小组出示拍摄到的小学生课余生活图片或者视频。（PPT 或者电脑播放展示）

吉林市第二实验小学学生课余生活摄影作品展

冬令营滑雪圈

参观吉林省科技博物馆

在学校学习包包子

科技小制作

红领巾大卖场

绳拉球比赛

新年联欢聚餐

夏令营 CS 野战

绿岛军营

六一儿童节聚餐

我们的种植园

亲子阅读知识竞赛

参观东北师范大学

吉林世界风景园

参观东北师大自然博物馆

野外埋锅造饭的饭菜可真香

七、探讨研究

1. 通过本次综合实践活动的调查和研究，请同学们统计出全校学生最喜欢的课余生活有哪些？分出类别。

2. 你觉得哪些课余生活最有意义，是健康的？哪些课余生活不适合小学生？

3. 那么，今后我们应该怎样合理安排自己的课余生活呢？请每个小组提出合理化建议。

课后反思

本次调查活动广泛征求了同学们的意见，就课余生活中的几个方面进行了调查，从中发现了一些问题，也得到了许多启示。希望今后学校能正确、合理地引导同学们开展课余生活，并为同学们在课余时间的进一步发展创造一个良好的环境。希望家长能尊重孩子的想法，多理解孩子们的不容易，多给孩子们一些自由空间，丰富孩子们的课余生活。

迷津指点

本次活动重点应放在确定问卷调查的内容上，引导学生去实际调查，然后写好集体汇报时的调查记录。汇报形式应该多种多样。最后的宗旨是让学生知道什么样的课余生活是健康的、有意义的。今后合理安排自己的课余生活，健康、快乐地成长。

毕业纪念册的制作

孙雪峰

活动主题与背景

小学生活是精彩纷呈、充满乐趣的。但当孩子满载收获离开母校时，心中总是有着不舍与遗憾。因此，制作一个电子毕业纪念册，让他们永远记住流逝的童年，记住亲爱的老师、同学，记住可爱的母校便是每个人的心愿，也是学校的常规活动。

设计意图

学生已经学习了 PowerPoint 软件，学会了文字、图片、声音、视频、表格、图表的操作，并且会使用百度搜索下载资料。

毕业纪念册的制作是让学生综合运用已学的知识，并在这些基础上进一步加工，合理安排画面，凸显幻灯片的主题，并且通过毕业纪念册的制作加深学生之间、师生之间的情感交流，培养学生热爱生活的情操。

活动目标

1. 提高学生策划、组织、协调能力，增强合作意识。
2. 形成学生的表达能力、动手操作的能力、与他人交流沟通的能力。

活动重点

1. 明确每个人的任务，形成小组制作方案。
2. 通过搜集、处理信息，设计出电子毕业纪念册。

活动难点

1. 深入调查，有目的地搜集、采访。

2. 选择和筛选出自己需要的资料。

课前准备

1. 多媒体设备。

2. PPT 演示文稿。

3. 收集资料的各种表格。

活动设计流程

第一阶段：确定主题，明确任务

（一）导入

师：转眼之间，我们就要毕业了。六年的小学生活给我们留下了许许多多难忘的回忆，在这即将离别的时刻，同学们想不想把那充满童心、童真、童趣的小学时光永远保存下来呢？让我们用真情和智慧制作一个电子版的毕业纪念册吧！

（二）划分小组

教师在构建合作小组时，应注意结构的合理性。合作小组的人数一般 4 到 6 人一组。教师应按照学生的知识基础、学习能力、性格特点的差异进行分组，让不同特质、不同层次的学生进行优化组合，使每个小组都有高、中、低三个层次的学生。这样分组不但有利于学生间的优势互补，相互促进，而且为全班各小组之间的公平竞争打下了基础。

小组成员之间要合理分工，明确职责。小组内至少应设小组长、记录员、汇报员等。

（三）指导制定方案

在制作毕业纪念册之前，小组成员讨论：这个纪念册有哪几部分组成？以什么样的形式呈现？体现什么样的风格？根据小组讨论的结果，以表格的形式记录下来。

一个完整的毕业纪念册组成如：

1. 封面。

2. 我的学校。

3. 我的班级。

4. 自我介绍。

5. 毕业感言。

……

然后具体指导活动内容的填写。包括：目标、步骤、预想成果及展示形式、可能会遇到的困难。

（四）小组共同完成方案

小组共同完成方案内容的填写。教师进行随机指导、点评。

（五）修改、确定活动方案

1. 哪个小组先来介绍你们的活动方案？其他组同学一定要认真倾听，可以随时提出你们的想法，大家互相取长补短。

学生边逐项介绍，教师边引导全体学生根据具体内容进行评议。

2. 提供"修改方案"的参考意见，如下：

（1）分工明确、合理。

（2）活动目标明确、全面。

（3）活动步骤详实、有可行性。

（4）预期成果展示形式多样。

（5）对将会遇到的困难准备充分。

（六）引导学生详细修改方案

我们在共同修改了第一小组的活动方案之后，相信你们对本组的方案存在的问题也有了一定的认识吧，现在请你们进行细致修改。

（七）交流修改后的方案

老师觉得你们对"小组分工"、"预设成果及展示形式"已经设计得不错了。这次我们就重点评价"活动目标"、"实施步骤"吧。

教师进行随机指导、点评。

（八）总结

有了完整的活动方案，我们就能有条不紊地开展活动了。当然，随着活动的开展，我们还应随时调整方案。

第二阶段：搜集处理资料、制作电子毕业纪念册

（一）搜集处理资料

1. 小组分工，搜集有关资料。

小组分工合作，收集图片、文字、声音、视频等资料。

小提示：资料应包括栏目所需要的相关图片、文字、视频等，其中还包括个人照片、通讯方式、家庭住址、集体毕业合影、班级活动照片等。并将收集的资料分类登记。

如：

资料登记表

类别	名称	数量	来源

2. 小组成员收集和撰写自己的个人资料。

个人资料包含：一份个性化的自我介绍，几张个人生活照，个人成长的代表性资料。

小提示：你可以用 WORD 写一份个性化的自我介绍，从你的相册中选几张有纪念意义的照片，如第一次戴红领巾、第一次演出等，别忘了能记录你成长足迹的资料。

用 WORD 打印一份自己的基本情况表。

姓名		性别		出生日期	
家庭住址			联系方式		
要毕业了，我最想和老师说的话：					
要毕业了，我最想和同学说的话：					
要毕业了，我最想和好朋友说的话：					

3. 将小组收集到的所有资料全部输入电脑，包括文字录入和图片扫描等。

4. 上网收集一些相关的毕业纪念册的背景图片、文字、音乐等，并保存下来。

（二）制作毕业纪念册

1. 利用 PPT 软件完成电子毕业纪念册的制作。【纪念册要有封面、目录、内容，并能够进行超级链接。】

2. 交流完善自己的作品。【教师可进行相关的技术指导及作品美化的指导，如：可在网上下载毕业纪念册 PPT 模板，这样可以加快制作速度。】

第三阶段：成果展示，交流汇报

（一）导入

同学们，经历了前面的收集、整理、设计、制作等活动，你们一定迫切地希望把自己的成果展示给其他小组吧。老师也很想与你们共同分享成功的喜悦，下面就来展示你们的作品吧！

（二）成果展示

1. 欣赏展示。

鼓励各组根据不同的活动内容，以不同形式进行汇报。

2. 随机点评。

挖掘学生智慧潜能，促进学生优势智能和弱势智能的互补。

3. 互动交流，启发思考。

4. 组织学生进行评价。

（三）总结

通过我们的努力，电子版的毕业纪念册终于完成了，而且每个小组都制作的非常精美，同学们汇报得很精彩，同时，也看出了你们对学校、班级、老师、同学更加了解，更加留念，为了让我们大家记住这个美好的时刻，学校将把你们制作的纪念册经过再加工后印刷成册，毕业前发个每一个同学，作为小学毕业留念的礼物！你们说好不好？

课 后反思

在学生课下搜集资料的过程中，不能进行有效的指导，搜集的资料无用的、重复的情况较多，教师应在课上加强指导，规定每类有效照片的个数。

对于图片、视频、声音资料输入电脑，要用到扫描仪、录音、视频采集等设备，需要和信息技术教师进行有效的沟通，组织学生有序有计划地进行采集录入。

由于个别学生 PPT 制作水平有限，致使作品效果不好，在制作过程中还需信息技术教师进行专业指导。

迷 津指点

建议使用 PowerPoint2007 或更高版本制作，因其对文字、图片、视频等处理功能更强，学生通过点击所需样式即可看到效果，加快学生制作速度，同时也使作品更美观。

走进我们生活过的幼儿园

何　君

活 动主题与背景

我校是校带幼儿园的体制，这种"3＋6"的模式，不仅为探索幼小衔接的新模式，走特色办学之路，提高办校（园）质量奠定了坚实基础，也为学生全面发展提供了有效地保障。走进我们的幼儿园的主题活动，就是在学生们即将离开生活了 9 年之久的母校的时候，引导他们重新回到刚踏入校园之初的幼儿园，感受幼儿园的变化，回忆自己成长的经历，唤醒童年的记忆，激发学生对母校的感情。

设 计意图

本次综合实践活动，通过采访、参观、亲自动手操作等方式，让孩子们亲历幼儿园的发展变化过程，了解幼儿园的历史，培养学生做生活的有心人，激发他们的探究欲望，从而感恩母校、努力学习、用知识为母校做出贡献。在小组分工与合作中明确个人与小组的作用。

活 动目标

1. 了解幼儿园的过去，知道幼儿园的现在，认识幼儿园的特色。

2. 能够和幼儿园的老师进行有效地交流，在这个过程中了解幼儿园的发展变化；能够通过与同学的小组合作探究，收集并整理资料。

3. 在对幼儿园的了解中，追忆幼儿园的生活，形成感恩的情感，激发学生为母校争光而学习的情感。

活动重点

1. 参观调查了解幼儿园的过去和现状，感受巨大变化。
2. 幼儿园的孩子很小，注意力容易分散，对学生做好守纪教育。

活动难点

约访及资料的收集与整理。

课前准备

小组分工，组织参观的顺序及与参观有关事宜的联系。

活动设计流程

一、创设情境，主题生成

1. 谈话导入，激发兴趣。

师：在我们成长的过程中，被称为我们成长摇篮的地方，你们说是哪里呢？

（二实验小学的幼儿园）

师：是的，二实验小学的幼儿园是你们启蒙的地方，你们在那里的时候还小，好多事情可能都没有记住，你们还想去吗？谁愿意把你知道的关于幼儿园的一些情况向大家介绍一下。

（学生简单汇报……）

2. 师生交流，确定主题。

师：我们学校的幼儿园为我们的成才创设良好的发展环境，奠定了坚实的基础。我们今天就走进她，全面地了解她。大家说说你们想从哪些方面了解幼儿园呢？【广泛地听取学生的意见，并对学生提出来的问题进行梳理归类。】

学生小组归纳主题，老师巡视指导——

交流（初步确定研究的主题为：）

（1）幼儿园的发展历史　　（2）幼儿园的内外设施

（3）幼儿园的先进思想　　（4）幼儿园的特色发展

……

二、组建小组，细化课题，方法指导

1. 为了更好地进行实践，我们根据主题的不同和自己的兴趣爱好，自愿组成探究小组，并推选出每个组的小组长。

2. 每个组的组长带领组员针对本组的活动主题，可以进行活动方案的设计，填写每个小组的活动方案设计表。

3. 小组自由填写活动设计方案。

活动设计方案

日期：

小组活动 主题名称	幼儿园的发展历史	组长	
活动方式	1. 查阅资料　　　　2. 参观幼儿园		
汇报方式	PPT 灯片配组员介绍		
组员分工	1　　　2　　　3　　　4		
活动内容	1. 展示过去的图片　　　2. 了解几次重大的发展历史 3. 展示现今幼儿园的状况　4. 深入幼儿园获得更丰富的知识		
活动准备			

活动设计方案

日期：

小组活动 主题名称	幼儿园的内外设施	组长	
活动方式	参观幼儿园内外部环境：选择独特的地理位置拍摄自然景观：		
汇报方式	图片展示		
组员分工	1　　　2　　　3　　　4		
活动内容	主要以内部设施为主：学生拍摄的照片 查找幼儿活动时候的照片：幼儿园的秀美风光照片		
活动准备			

活动设计方案

日期：

小组活动 主题名称	幼儿园先进的思想	组长	
组员分工	1　　　2　　　3　　　4		
活动方式	采访，参观，上网查找资料		
汇报方式	手抄报		
活动准备			

活动设计方案

日期：

小组活动主题名称	幼儿园的发展特色		组长	
活动方式	采访，参观，拍照，查找资料			
汇报方式	手抄报：			
组员分工	1　　　　2　　　　3　　　　4			
活动内容	（1）标准化、特色化建设　　（2）优化育人环境 （3）确保办园质量　　（4）重视实践性，拓展活动课程 （5）特色课程　　（6）成果卓著：			
活动准备				

三、实践体验，整理资料

1. 各小组根据各自的研究课题，在一周内收集相关的资料，并做好实地参观的准备。

2. 带领学生到幼儿园进行为期一天的实地考查，同学们按小组实施方案进行分组活动，在活动中根据实际情况可临时修改自己的活动计划。及时拍照，及时记录。

3. 分组整理调查结果，合理运用掌握的资料，并做好多种形式汇报的准备。

4. 成果资料共享，借鉴活动方法，准备汇报材料。

四、成果展示，感悟成长

1. 师：当我们带着自己的好奇与渴望，走进幼儿园时，老师相信在每个人的心中都涌动着一种情感——激动与兴奋，想必那干净整洁的教室和活动室让我们惊叹，想必那现代化的沟通交流方式也让我们陶醉，而参观后，幼儿园那过去的一幕幕，现在的情境更给我们留下了深刻的印象，更激发了我们感恩母校的情怀，那么现在就把你们小组感受最深，最精彩的内容汇报给大家吧！

2. 学生分小组汇报。

第一组：幼儿园的过去和现在。

（以 PPT 幻灯片为主进行汇报，配以组员说明介绍幼儿园第一批幼儿入园至今的主要经历）

2007 年，学校办起了幼儿园。开始是两个班级，以蒙氏教育、奥尔夫音乐教育为突破口，现如今有 18 个班级。

第二组：幼儿园的内外设施（用 PPT 演示）。

独特的外部环境：种植园、饲养区、儿童游乐场、轮滑跑道、足球场、塑胶场地。

独特的自然景观：芳草园、自然水系、海沙池。

独特的内部设施：宽敞的活动室、液晶电视、多媒体电脑、蒙氏学具、奥尔夫乐器、区角游戏、大型多功能音乐厅、淘气堡等现代的室内外设施。

第三组：幼儿园的先进理念。

（以图片资料为主进行汇报，让大家模拟表演，体现幼儿园的先进理念）

主要以角色扮演的形式，亲身体验家长、老师的工作，增进彼此间情感的交流。

1. 以"今天我是幼儿"为主题，开展角色扮演实践活动。全过程了解幼儿一天的生活，体味在幼儿园的快乐，诱发感恩的情感。

2. 以"今天我是老师"为主题，开展角色扮演实践活动，亲身体验备课、上课、批改作业、班级管理等工作，真切感受老师一天的工作。

3. 以"小朋友，我为你服务"为主题，开展同学间的互帮互助活动，让学生学会表达感激之情，让感恩成为习惯，变成一种处世态度。

与快乐相伴——幼儿园召开"庆六一"幼儿趣味运动会 家园携手 共创未来

业精于勤，行成于思 幼儿园岗位练功成果展示活动

第四组：幼儿园的特色发展。

1. 标准化的建设。

幼儿园户外场地 90％以上实现了软覆盖，开辟了幼儿种植园，购置了室内外大型玩具。班班配备了电脑、电视、影碟机、实物投影仪、电钢琴等电化教育设备。改造了幼儿卫生间，设置了专业的音乐、体能活动室、计算机、电钢琴房、蒙氏操作工作室等，并购置了大量相应的教玩具。

2. 童趣化的活动。

班级主题墙增加了幼儿与环境的互动机会。小画展增加了孩子们创作的信心；活动区激发了幼儿探究的欲望；养殖角培养了孩子们应有的责任感和爱心等等；开放的"幼儿手工坊"，强化了幼儿动手能力；走廊经典阅读，将《弟子规》《百家姓》《三字经》《千字文》《笠翁对韵》等内容在晨间来园、课间、睡前、起床后等时间进行播放，使幼儿从小传承民族文化。楼梯奥尔夫音乐，音乐教学上，适当增加律动、音游、儿童舞等方面内容。

3. 开放化的办园模式。

先后接待省内外兄弟园所参观学习千余人次，接待外宾代表团十余次，并先后与美国、澳大利亚、新加坡、台湾等幼儿园建立了幼儿教育协作关系，使幼儿园办园视野更加开阔。

根据家乡特点及幼儿的认知规律，开展了一系列有地方特色的主题探究活动，如组织幼儿参观长春伪皇宫、野生动植物园、吉林文庙、清水绿带、肯德基等。

建立开放的家园沟通方式：网络 QQ 信息平台的建立，使家长与幼儿园的联系更加便捷。

4. 成果卓著。

吉林省科学育儿先进单位；吉林省示范性幼儿园；吉林市幼儿教育先进集体；吉林市教书育人先进单位。

课后反思

走出自己成长的地方，再走进去，融身学生成长的摇篮，这是成长与成才的综合，是知识与情感的提升；学生们在实践活动中充分的搜集与整理资料，在这个过程中得到了关于幼儿园的多方面知识，真正感到自己长大了。我们不追求活动结果的完美，但我们追求活动过程的参与；我们也很难评价学生感受的程度，但我们努力让学生在参与中都能产生真切的感受。此次活动唤醒了学生的感恩意识，学生由此都生活在感恩的世界里。

学生通过这一活动能更好地激发他们感恩母校、热爱家乡的情感，从而立志为母校增光，回报母校，为家乡服务。走进幼儿园让学生们回味着、快乐着、学习着、收获着、幸福着！

家长进课堂

付丽秋

活动主题与背景

随着教育教学改革的不断深入推进，开放的教育，开放式的课堂已渐渐打破了原有的教学模式，现代教育正以多角度，全方位的教育方式为孩子们创设全新的教育环境。所以家庭教育对孩子的影响也越来越明显，而家长资源是学校最为丰富的校外教育资源，如何更好地发挥优秀家长的辐射作用，为孩子提供丰富的、优质全面的教育，建立家长、老师、学生进行有效地沟通机制，"家长进课堂"活动是一种有效地尝试。

设计意图

通过有计划、有组织地深入开展"家长进课堂"活动，努力为孩子良好品德的形成、实践能力的提升、知识视野的开拓打开一扇窗，从而丰富班级德育途径，优化班级德育效能，提升班级文化的内涵，形成班级发展特色，让学生能更加健康、快乐、活泼地生活、成长。

活动目标

1. 通过调查、采访、切身实践等活动，使学生真正选择自己喜欢的、感兴趣的学习内容，真正成为课堂学习的主人。

2. 充分挖掘家长资源，拓展孩子们的视野，丰富所学知识内容，让他们学到在学校内学不到的知识，促进孩子全面发展。

3. 帮助家长树立正确的教育观念，掌握科学的教育方法，尊重孩子的健康情趣，培养孩子的良好习惯，加强与学校的沟通配合。

活动形式

家长进课堂，讲课的内容可以是结合自己的专长或工作特点进行知识讲座，可以讲述工作中难忘的经历，可以根据孩子所需自主确定内容，也可以在保障安全的前提下组织（部分）孩子走出校门，进行参观、访问、游览等社会实践……

活动步骤

1. 3月初，班级制定"家长进课堂"的活动计划，一学期预计4次。"进课堂"的人选和讲述的内容，广泛听取学生和家长的意见或建议。

2. 每次活动前，班主任要和家长落实授课的内容及相关细节，努力让每次活动都能给孩子留下深刻的印象，对孩子的健康成长有促进作用。

3. 每次活动结束后，及时将相关信息上传到校园网上，保存好相关材料（图片、讲稿、学生的反馈、家长的体会和感受等等）。期末将所有进课堂的内容刻录成碟。

4. 6月末，各班评出在此次活动中表现优秀的学生家长，颁发证书，并在期末家长会上做展示汇报。

活动时间

3月到6月。

活动设计流程

一、创设问题情境，确定活动主题

1. 谈话导入，激发兴趣。

师：同学们，你们每天在课堂上学习的都是教材中规定的内容，你们想不想了解、掌握课本之外的知识，或走出课堂亲身感受，亲自实践呢？（想）谁会帮我们实现这样的愿望呢？

生：答出可能性。（家长）

师：是的，我们的家长来自不同的工作岗位，有着不同的专业知识、工作经历，他们一定会带给同学们意想不到的惊喜。谁愿意把自己家长（爸爸、妈妈）的工作单位、工作内容给大家介绍一下。

生：简单汇报。

师：其实每一位家长都是一门课程资源，这一学期我们将陆续邀请4位家长走进我们的课堂。大家说说你们想了解哪些教材以外的知识，想邀请哪几位家长走进我们的课堂？【广泛地听取学生的意见，并对学生提出来的问题进行梳理归类。】

师小结：同学们的思维可真开阔，看来我们要了解的知识可真多，要邀请的人真不少。可是把这么多内容都作为我们的了解对象，就太繁杂了，那么我们能不能把这些问题归纳一下呢？关于归纳的方法，我们以前已经实践过了，就是——（生：把类似的问题圈在一起，再进行简单的概括）

学生归纳主题，老师巡视——

交流（初步确定家长进课堂的主题为：）

（1）消防叔叔走进班

（2）生活中的自动化

（3）"东北三宝"进课堂

（4）旺旺集团与旺仔阿姨

二、明确分工，制订邀请计划

1. 为了更好地进行实践，我们根据主题的不同和自己的兴趣爱好，自愿组成探究小组，并推选出每个组的小组长。

2. 每个组的组长带领组员针对本组的活动主题，进行活动方案的设计，填写每个小组的邀请计划表。

3. 小组自由填写邀请计划表。

邀请计划表

日期：

小组活动主题名称	消防叔叔走进班	组长	组员
活动方式	1. 共研邀请对象 2. 电话邀请、采访		
组员分工	组员1： 组员2： 组员3： ……		

梳理了解的内容	1. 家庭、学校的安全消防常识 2. 燃放烟花爆竹注意的事项 3. 灭火器的使用方法 4. 发生火灾时的逃生方法 5. 消防叔叔的英雄事迹
汇报方式	PPT 幻灯片配组员介绍

邀请计划表

日期：

小组活动 主题名称	生活中的自动化	组长	组员
活动方式	1. 共研邀请对象 2. 电话邀请、采访		
组员分工	组员1： 组员2： 组员3： ……		
梳理了解 的内容	1. 生活中的自动化应用现象有哪些 2. 详细介绍一个应用——自动化解决的问题——机器人给汽车安装玻璃 3. 实践操作——自制电风扇		
汇报方式	图片展示		

邀请计划表

日期：

小组活动 主题名称	"东北三宝"进课堂	组长	组员
活动方式	1. 共研邀请对象 2. 电话邀请、采访		
组员分工	组员1： 组员2： 组员3： ……		
梳理了解 的内容	1. 东北三宝都是什么 2. 亲眼目睹，亲自感受东北三宝的实物 3. 东北三宝的产地 4. 东北三宝的作用及价值 5. 当小小售货员		
汇报方式	导游介绍的方式		

邀请计划表

日期：

小组活动主题名称	旺旺集团与旺仔阿姨	组长	组员
活动方式	1. 共研邀请对象 2. 电话邀请、采访		
组员分工	组员1： 组员2： 组员3： ……		
梳理了解的内容	1. 我们吃过的旺旺集团生产的产品有哪些 2. 旺仔产品的绿色生产过程 3. 阿姨介绍在旺旺集团所从事的工作内容 4. 讲一件工作中发生的有趣的或难忘的事		
汇报方式	手抄报方式		

（预设情况一）

（1）师：由于时间关系个别小组没写完，在填写邀请计划表中，有什么问题需要老师或同学帮助吗？

（2）学生针对自己的想法提问，师生共同解答。

（3）学生在指导后继续完成自己的活动设计方案。

（预设情况二）

（1）师：设计完成较快，汇报邀请计划方案。

（2）学生评价：你认为他们小组这个活动计划，好的地方在哪里？不适合于实施的地方在哪里？

（3）根据老师和同学们的意见，修改各组的活动方案。

三、邀请家长走进课堂，完成预计设想

1. 3月份邀请（XXX）家长进课堂，主题为：消防叔叔走进班。

2. 4月份邀请（XXX）家长进课堂，主题为：生活中的自动化。

3. 5月份邀请（XXX）家长进课堂，主题为："东北三宝"进课堂。

4. 6月份邀请（XXX）家长进课堂，主题为：旺旺集团与旺仔阿姨。

5. 6月末，班级评出在此次活动中表现优秀的学生家长，颁发证书，以资鼓励，并在期末家长会上做展示汇报。

四、成果展示阶段

（一）消防叔叔走进班（3月）

图为视频播放2010年到2011年全国发生的10起重大火灾画面，现场令人触目惊心。

　　智博的爸爸现场教孩子们使用灭火器的方法，并请孩子实地演习，掌握灭火器的使用方法。

　　这是孩子与家长进行互动交流，在此互动中，智博爸爸讲述了消防叔叔救火时的英勇事迹，讲述了自己最危险的一次经历。

　　瞬间，消防叔叔成了孩子们心中的英雄，他们一拥而上与英雄合影留念。

小结：第一位走进课堂的家长没有令孩子们失望。智博爸爸精心制作了精美的课件，孩子们观看了家庭消防安全知识，校园安全消防知识，安全燃放烟花爆竹的消防知识等等，播放了 2010 年到 2011 年全国发生的 10 起重大火灾现场画面，带来了常用灭火器，现场教孩子们使用的方法，并实地演习，讲述了他亲自参加救火的经历，最后，在互动交流中应孩子们的要求讲述了他救火中惊心动魄的场景，孩子们个个拍手叫好，立刻像崇拜英雄一样，心中对这些忠诚奉献，为人民服务的消防叔叔油然而生敬意。下课了，大家对刘智博同学投来了更加友好和羡慕的目光，有的甚至一拥而上团团围住了他，瞬时间他似乎成了班级的小明星。

（二）生活中的自动化（4月）

图为视频播放，机器人正在给汽车安装玻璃的全过程，在此孩子们感受到了机械自动化的便捷，神奇。

大屏幕播放小区电子护栏工作的过程分解图，正规的小区都会有这样的电子护栏，让孩子们深刻感受到机械自动化在生活中的广泛应用。

小结：在家长绘声绘色的讲解中，配以真实生动的画面，孩子们切身感受到了科学知识在人类生活中发挥的巨大作用，激发起了学科学、爱科学的兴趣。

（三）东北三宝进课堂（5月）

看图了解"东北三宝"中的两宝，知道它的样子、名称、产地。

东北第三宝：貂皮。毛泽光亮，驱寒保暖，制作出的貂皮衣，高贵、奢华，保暖效果极好，是国际皮草业顶级面料。

家长重点介绍"人参"名字的由来，各部分的名称，产地及它的药用价值。

孩子们分享着家长带来的由人参制作的软糖。

小结：此次进课堂的家长，让孩子们了解家乡的三宝的名字、样子、价值。感受到了身为家乡人的骄傲自豪，并立志好好学习，建设家乡，把它变得更加美丽富饶。

（四）旺旺集团与旺仔阿姨

介绍旺旺集团的产品，说一说自己品尝过哪些，感觉怎样？

介绍旺仔的企业文化："责任与担当。"结合企业文化，对孩子进行思想品德教育，使孩子们受到鼓舞，鼓励孩子们做一个勇于承担责任，敢于担当重任之人。

小结：此次进课堂的家长，把旺仔集团的绿色生产理念带入课堂，把旺仔的企业文化植根于孩子的心底，培养孩子从小就要做一个有责任感，勇于担当的人。

课后反思

家长进课堂活动，为学生营造了成长的良好氛围，构筑了学校、家长和孩子三个互动的平台，架起了一座家校合作的新桥梁。从某种程度上"家长进课堂"活动，做到了课内与课外，理论与实践，系统知识与生活经验的链接，更主动、更有趣、更全面地促进了学生的健康成长。来自不同工作岗位的家长们，拥有不同的专业知识、兴趣、爱好，他们为孩子们带来了更加丰富的知识，更加开阔的视野，更为广阔的知识天地。"家长进课堂"使课堂走向了生活，孩子们的学习生活将打开另一扇窗，相信透过这扇窗，学生们看到的一定是一个更多彩的世界！

迷津指点

1. "邀请活动设计方案"的填写是此次综合实践活动的重点。如果没有前期基础，教师要加以详细指导，在这个过程中，要把人员分工以及小组的小课题明确，才能让活动更好地实施。

2. 家长进课堂上课的形式与内容是此次活动的关键。活动前班主任要和家长落实授课内容及相关细节，努力让每次活动都能给孩子留下深刻的印象，促进孩子的健康成长。

我向往的中学生活

邢　玉

活动主题与背景

六年的小学生活即将结束，走进中学，迎接新的挑战对于十一二岁的学生来说，无论从心理上还是从认知程度上都会发生很大变化，这个年龄是既向往独立又需要成人指点的关键时期，所以给予学生适当的指导是帮助学生走进中学，适应中学生活的有效方法。尤其是城市的小学生，学习几乎成为了孩子生活的全部。在这样的生活环境影响下，小学生的自理能力、社会适应力非常差。另外，周围的老师、家长跟他们灌输过很多有关初中学习生活的忙和累，孩子们的焦虑和恐惧思想也不轻，因此，引导孩子们树立正确的生活学习态度尤为重要。

设计意图

本次综合实践活动，通过采访、调查、参观、交流等方式，让学生了解中学生活的特点，珍视学生的生活感受，不回避初中学习生活的紧张，要正确引导学生憧憬自己的未来生活，同时培养学生调查、交流、设计计划的能力并鼓励学生用积极的心态面对新的挑战。

活动目标

1. 知道初中生活与小学生活的不同，认识初中生活的特点。

2. 形成学生收集信息和小组合作解决问题的能力。

3. 具有面对新生活、迎接新挑战的积极心理准备。

活动重点

了解中学生活和小学生活的差异，感知中学生活的特点。

活动难点

鼓励学生正确面对新的生活，用积极的心态做好进入初中的准备。

课前准备

收集一些初中校园生活的信息。

活动设计流程

一、调查准备

1. 师：同学们，快乐的小学生活就要结束了，我们将迎来崭新的中学生活。中学生活是什么样儿的呢？课前，我请同学访问过邻居家的哥哥、姐姐或者是亲戚，了解到了一些中学校园的学习、生活情况。下面就请大家汇报你们调查到的信息。请同学们先在小组内汇总信息，然后再交流汇报。

2. 指导学生梳理、整理收集到的信息，填写表格。（建议学生按"校园环境、校园设施、学习课程的设置、学习时间、就餐问题、校园活动"归纳收集到的信息）

调查人		被调查人	
所在学校			
校园环境			
校园设施			
课程设置			
学习时间			
就餐问题			
校园活动			
其他方面			

3. 小结：同学们真了不起，收集到这么多信息。我发现虽然各个学校开展的活动不同，但学习的课程是一样的，而且中学设置的课程都很多，可想而知学习的任务自然会加重，学习的压力会加大。尽管如此，我们还是非常向往初中的校园生活，对吗？【培养学生学会寻找信息来源的渠道和收集相关信息的方法。】

二、交流展示

1. 师：新学年的你，就是一名中学生了，中学的你是怎样的呢？——"展望中学的我"。

2. 小组活动：每个同学都展望一下中学的自己是怎样的。（鼓励学生思考的范围广一些，可以展望自己的学习情况、交友情况、一天的校园生活，也可以憧憬自己的某一方面的进步等）

3. 小组派代表展示，可以述说，也可以表演。

学生汇报。

生1：我向往的初中生活，希望到寄宿制的学校学习。到了初中，离开了爸爸妈妈，是对我们自理生活的考验：自己的衣裤自己洗；自己洗澡；自己做以前许多没有做过的事情。

生2：我向往的初中生活，是在一堂课上，当老师讲到我不懂的地方的时候，我举手问，老师回答，并无拘无束地与老师交流。希望初中的课堂，趣味横生。

生3：我向往的初中生活，是在老师的带领下，在学校的后山上，采集标本，然后带回教室做试验，真正去做试验，和老师一起探讨科学知识。

生4：我所向往的初中生活是课间，我们坐在绿色的草坪上，在一起交心谈心，诉说自己的理想，诉说自己的往事，然后就在一起嬉戏、打闹。

（还可以让学生表演略）

4. 小结：刚才，大家的憧憬都是快乐、美好的。每个同学走进初中校园，都会是一个新的开端，新的挑战会给我们带来新的机遇，只要你勤奋、努力，你就会拥有一个幸福快乐难忘的中学时代。【本环节的活动设计旨在鼓励学生用积极、快乐的心境迎接新的挑战，不要因为环境的陌生、朋友的分离、学习压力的增大而让即将毕业的孩子畏惧初中生活，要让孩子们坚信未来是美好的。】

三、答疑解惑

1. 师：中学是我们人生的一个新的起点，这一转折在给我们带来新鲜感的同时，也会使我们产生不同程度的不适应。下面我们就说一说当你遇到这些问题时，你会怎么做？

2. 师生交流：（教师说出大家刚才打听到的中学生活变化，学生说出应对办法，教师相机指导。如：同学见面互不认识、学习科目增多作业做不完、在校时间比较长、学校中餐不合口味等问题）（这个活动还可以让学生说出自己的担忧，教师提供一些解决问题的办法）

3. 小结：只要我们用积极的态度去迎接新的生活，尽快调适自我，困难就会迎刃而解，不仅如此，你还会在新的校园生活中体会到新的快乐。【掌握一些应对新环境、新形式的方法，才能更快地适应新的生活。这个环节的教学就是让学生在过招中学会主动思考解决问题的方法，这是对即将毕业的孩子们必备的思考、应对能力的培养。】

四、制订计划

1. 为自己还没有实现的梦想或即将追寻的梦想拟定一份计划书。

2. 找你的朋友交流计划书，并请他提出宝贵意见。

3. 小结：在我们走进中学校门前，老师还想提醒大家的是，中学的老师可能会把大家当大孩子看，有很多小事情都会鼓励大家自己解决，在我们遇到困难的时候，别忘了找好朋友商量一下。【这个环节的设计既重知识的传授更教给学生为人处事解决问题的方法。】

课后反思

这节综合实践活动课很有实际意义，对于即将步入中学的孩子是一种心理上的辅导，更是帮助他们了解、适应中学生活的准备。在这个活动的过程中不仅培养了孩子们收集信息的能力，还告诉孩子们要学会尝试与好朋友商量解决生活、学习中的问题或困惑。不仅帮助孩子们消除了对中学的焦虑和恐惧，更鼓励了学生要正确面对新的生活、新的挑战，用积极的心态做好上初中的各项准备工作，对培养孩子们积极乐观的人生态度具有重要意义。

迷津指点

前期的调查研究是本次活动的重点，教师的适当点拨、中学生活的丰富多彩是激发学生内在情绪的重要因素。教师在设计和教学时要充分抓住当前社会存在的中学生关注的热点问题，让学生加以分析，教给学生理性看问题的方式，尊重学生的年龄特点，鼓励学生畅想自己的未来，这样才能培养学生积极的人生态度。

校 友

丛秀珍

活动主题与背景

校友，曾经引起和留下多少回忆的字眼，那些在不同时段里在同一所学校里共同学习、生活的人，那些曾经一起走过的岁月，不会随着时间的流逝而褪色，相反，在我们的记忆深处，却留下那难忘的瞬间。六年的小学生涯，即将面临分别，重温在一起学习的那段日子，更会格外珍重彼此的友情。

设计意图

开展好本次活动可以让学生们更珍惜彼此，在回顾中体味小学阶段与同学之间喜怒哀乐的美好情感，畅想若干年后同学再次相聚的场面，同时也可以憧憬未来求学路上会遇到怎样的校友，感受校友是自己人生中最珍贵的友情。因此，本次活动的重点就是引导学生学会互动，学会采访，学会了解不同时期的校友，并模拟20年后校友重逢，同学聚会时的场景，初步了解和掌握自己可能从事的职业特点，进行课本剧表演。

活动目标

1. 掌握围绕本次活动的主题自主设计研究的小课题和活动计划的方法。

2. 在活动的开展过程中，有独立采访和互动的能力，能根据课情需要进行情景表演。

3. 能更深刻地体会同学之间的深情厚谊，感悟同窗共读是人生中难得的缘分，学会彼此珍惜。

活动重难点

在本次活动中，指导教师通过课堂交流和情景表演，使学生留住那些美好难忘的瞬间，学会珍惜彼此的同窗之情，加深对校友情感的深刻理解。

课 前准备

PPT 演示文稿。

活 动设计流程

一、创设情境，生成主题

同学们，你了解朋友的含义吗？谁能说一说"朋友"是什么意思？（学生尝试回答）（教师出示 PPT 图片，了解朋友的含义）孔子说过："有朋自远方来，不亦乐乎？"可见友情在我们一生中是多么重要啊。

二、分解主题，初步确立小组课题

同学们，你有朋友吗？你的朋友都是怎么结识的呢？（学生回答）有很多朋友都是我们在校园里或班级中结交的，今后随着我们踏入中学、大学，我们还会结交更多的朋友，这些与自己在同一所学校共同学习生活的伙伴，就被称为校友。结合自己与同班同学的结识和交往，说一说他们对你的校园生活有哪些帮助呢？

小组交流讨论。

三、小组汇报，说出交友心得

同学们，我们在一起共同生活了 6 年，所交的朋友不仅有同班同学，还会交往结识邻班的、跨学年的朋友，他们让我们走出班级的小圈子，心路更加开阔。请同学们填写一张研究计划表，你们可以根据小组成员不同和校友对象不同进行选择。

第一份表格样例

活动主题	校友			
小组研究课题				
确立对象	校友所在年级	交往内容	对你有哪些帮助	人员分工
交友心得				

四、了解学校不同时期的校友

各个小组按照不同分工进行活动实施，借助老师提供的研究表格丰富研究内容。

1. 了解校友在小学毕业后所在中学的就读情况。

2. 了解校友踏入社会工作岗位的情况。

第二份表格样例

活动主题	了解学校不同时期的校友		
小组研究课题			
确立研究对象	校友个人资料	目前学习或工作状况	资料搜集人员
在初中就读的校友			
在高中就读的校友			
在大学就读的校友			
已踏入社会的校友			
制作分工	图片搜集：	文字编辑：	
	PPT 制作：	资料整理：	

五、汇报展示阶段（参考资料）

（一）展示初中部就读的校友

1. 王玥集：女，2012 年毕业于吉林市第二实验小学，现就读于吉林九中。九中初一学生近千名，她的学习成绩在中学名列前茅。

2. 韩薇茵：女，2012 年毕业于吉林市第二实验小学，现就读于吉林五中。五中初一学生一千多名，她的学习成绩名列前十。

3. 陈俊池：男，2012 年毕业于吉林市第二实验小学，现就读于吉林五中。学习成绩名列年级前十。

4. 孙士雅：女，2012 年毕业于吉林市第二实验小学，被清华附中以篮球特长生录取。现就读于清华附中，专攻篮球专业。

（二）展示高中部就读的校友

1. 李琪琪：女，2007 年毕业于吉林市第二实验小学，现就读于吉林一中。播音主持特长突出，曾多次参加省市国家播音主持大赛，在一中校园小有名气。

2. 佟金格：原名佟迥，女，2008 年毕业于吉林市第二实验小学，现就读于吉林一中高二奥班，成绩优异。

3. 王祎夫：2007 年毕业于吉林市第二实验小学，2010 年吉林市中考状元。

（三）展示在大学就读的校友

1. 雷畅：女，2002 年毕业于吉林市第二实验小学，高考以 634 分的好成绩考入北京中医药大学本硕连读。

2. 黄大卫：2005 年毕业于吉林市第二实验小学，2011 年被保送上海复旦大学。

3. 陈闯：2005 年毕业于吉林市第二实验小学，2011 年考入浙江大学。

（四）展示已踏入社会工作岗位的校友

1. 李响：1996 年毕业于二实验，中学相继在五中、一中就读，考入四川科技大学后，被保送新加坡硕博连读，经常代替自己的导师给欧洲各国大学生讲课，毕业后现就职于新加坡华侨银行。

2. 孙笑男：二实验是曾经的母校，大学毕业后，现在又回到母校做一名普通的小学教师。

六、情景模拟，"二十年后我们再相聚"

模拟策划 20 年后，同学们都已经学业有成，再次聚首，岁月也许改变了每个人的容颜，但没改变的，是那份浓浓的同窗情。

模拟分工：

（1）选一人做主持，确立同学相聚主题，20 年后的同学会以什么形式呈现？确立每位同学的职业角色，可以根据自己喜欢的职业做相应的化妆、着装。

（2）选两人作为随访记者，选择好采访对象，事先确定要问对方什么话题，怎样跟对方交流才更能体现记者风度？这两名记者如何配合等等。

（3）选两名摄影师。

（4）准备的工具：摄像机、照相机、录音笔、记录表。

（在这些步骤当中，教师帮助学生设计本次活动中要采访的问题）

课后反思

校友主题实践活动，是学生身边的活动，很容易引起学生的兴趣。但是，怎样才能引起学生的兴趣，确实需要认真地研究。首先，在主题确定的环节上，我的思路是从朋友开始引出校友是朋友产生的平台和基础，有的同事建议我直接以什么是校友为引子，从直接阐述"校友是不同时期在同一学校读书的人"的含义开始，这是个好的建议，我会在以后尝试这种方式；其次，与校友的交往中，关注学生在与不同时期校友的交往中获得的积极的影响，而不是简单地"学会交往"；其三，"二十年再相会"环节是学生在与校友交往过程中思想认识的升华，这中间的表演并不是主要的，是表达思想内容的手段，过分关注表演，会降低"校友"主题互动的质量。

迷津指点

本次活动的目的在于让学生体会校友之间的深厚情谊，课堂气氛应该很活跃，只要学生能感受到来自同学之间的帮助和友情即可；教师还可创造条件让不同时期的吉林二实验毕业生回到母校，回到课堂，面对面与学生交流；也可事先约好，与学生就几个问题进行课堂视频互动等。

社会职业面面观

————————滕璐阳

活动主题与背景

"三百六十行，行行出状元。"面对当今飞速发展的社会，形形色色的社会职业可能已经远远超过了我们的想象。对于即将毕业的六年级学生来讲，课余谈论的话题已经或多或少地谈论到了自己的职业理想。针对这种情况，我们设计了"社会职业面面观"这一主题活动。

设计意图

本次综合实践活动，通过问卷调查、职业采访、实地参观、模仿表演等方式，让孩子们了解社会各种行业的特点，对社会发展起到的作用，激发学生努力学习，树立远大的职业理想。为建设祖国、奉献社会贡献自己的一份力量。

活动目标

1. 初步了解社会各种行业的特点以及在社会发展中发挥的作用。
2. 在实践活动的体验中提高交流能力、与人合作的能力、信息索取的能力。
3. 思考工作的意义和将来的职业选择。

活动重点

了解各行各业的职业特点及在社会中所起的作用。

活动难点

采访、调查后材料的整理及运用。

课前准备

调查问卷。

活动设计流程

一、创设情境，确定主题

1. 谈话导入，激发兴趣。

劳动和社会保障部新职业信息发布制度目前已发布 8 批共 86 个新职业，我国职业种类已达 1979 个，在这些职业种类中，你最钟情于哪一个职业？

2. 师生交流，确定主题。

每一个职业都有每一个职业的特点，在社会的发展和建设中发挥着无可替代的作用。这次综合实践活动，我们就走进社会，进一步地去了解社会上人们所从事的各种职业。

二、小组合作，制定方案

1. 为了更好地进行实践，同学们自愿组成活动小组，并推选出每个组的小组长。

2. 每个组的组长带领组员针对本次的活动主题，进行调查问卷或访问提纲的设计。

3. 为了方便起见，调查以学生本人家长为主。

三、调查访问，方法指导

同学们想一想，在调查、访问的过程中最难的是什么？（调查、访问哪些关键性的问题）要解决这一问题，就需要我们事先设计调查问卷或列好访问提纲，避免说废话，说空话，在短时间内达到活动目的。那么如何设计调查问卷或列出访问提纲呢？

方法指导示例 1：如何设计调查问卷？

（1）标题：对此次调查的概括说明。要能准确表达同时吸引被调查者的兴趣。

（2）说明语：用恳求的语言向被调查者说明调查的目的、意义，请予合作。

（3）问题部分：问题设计要点和注意事项：

首先，要明确调查目的和调查对象。进行问卷调查的目的是为了获得我们需要的信息，这一点非常明确，设计问卷才会有个中心，并通过不同的问题和不同的提问方式来获得信息。

其次，要遵循简洁化原则。这是一个永恒的基本原则。编写问卷要求语言简单，概念明确，任务容易操作。

此次主题活动调查问卷示例：

家庭成员职业情况调查问卷

亲爱的爷爷、奶奶、爸爸妈妈：你们好，近期我们开展了"社会职业面面观"主题实践活动，我们小组的任务是调查家庭成员的职业情况。关注孩子的成长就是关注国家的未来发展，希望您们能配合我们完成此次调查问卷，谢谢您的参与与合作。

1. 您从事的职业是（　　　）。

2. 您至今工作了（　　　）年。

3. 您目前的月收入是（　　　）元人民币。

4. 您的工资收入在我市属于（　　　）

A. 高收入　　　　　　B. 中档水平　　　　　　C. 低收入

5. 您每天的工作时间是（　　　）小时。

6. 您认为自己工作的环境（　　　）

A. 舒适　　　　　　　B. 一般　　　　　　　　C. 艰苦

7. 你认为自己每天的工作状态是（　　　）

A. 积极乐观的　　　　B. 消极厌倦的　　　　　C. 疲惫愤怒的

8. 您认为您的职业对于这个社会或家庭而言，它的真正价值在于（　　　）。

9. 您喜欢您的职业吗（　　　），请说一说喜欢的理由或不喜欢的理由（　　　）。

10. 你最理想的职业是（　　　），理由是（　　　）。

11. 您希望您的后代继承您的职业吗（　　　）

A. 希望　　　　　　　B. 不希望

12. 您希望我将来从事的职业是（　　　），理由是（　　　）。

方法指导示例2：采访提问时应注意的问题：

1. 在提问前要列一个的简要的提纲；

2. 提问要围绕访问、调查的目的进行；

3. 尽量不触及采访对象觉得尴尬的问题，以获得别人的合作与帮助；

4. 问题要连贯，切忌重复发问。语言要灵活、简洁、丰富、流畅，使人听后乐于回答；

5. 采访、调查时要认真倾听，并善于思考，获得更多的感受和体会，要体现良好的修养和礼仪，如态度谦和，语气温和，举止有礼。

（另外，在小组活动过程中教师还要相机作必要的指导）

四、实践体验，整理交流

1. 各小组成员向自己家庭成员及校园内各年级学生发放调查问卷，在一周内填写并回收，作好整理和统计，得出结论并在小组内交流，形成本组的调查报告。

2. 各小组利用上网查找资料，对自己感兴趣的职业进行全面详细的了解。

3. 以小组为单位，在校园中采访同学、教师及其他教辅人员。

五、成果汇报，活动评价

1. 成果汇报。

各小组汇报可从以下几方面进行：

汇报调查访问的对象，汇报调查访问的内容及得出的结论，汇报调查访问的感受，汇报活动过程中的发现及思考等。

小组汇报示例：

组长：我们小组对学校 15 名小学教师进行了采访，这 15 名教师平均年龄 40 岁，均为女性教师，参加工作时间均在 18 年以上，目前平均工资 3000 元左右，据网上部分数据，此收入属于我市在职职工的平均收入。下面由我们小组的各位组员对采访的具体情况向大家作以汇报。

生 1：被采访的这部分教师大多数认为自己目前的工作环境比刚参加工作时有了巨大的变化，尤其是班班有多媒体，人人有电脑，为教育教学工作提供了方便。学校宽敞明亮的食堂解决了教职工就餐的难题。

生 2：大多数教师感觉工作虽然很辛苦，每天 7：30 之前到校，4：30 以后离校，上课、批改、教育学生、参加各种教育教学活动，忙得不亦乐乎。但是因为同事之间相护关心、相互学习、相互提高，领导们实行走动式人文精细化管理，所以总体感觉还是很幸福的。

生 3：有一半的教师希望自己的子女将来能够从事教师这一职业，她们认为教师的职业很高尚，令人尊重，很稳定，每年有两个带薪假期，便于身心的调整。有一半的教师不希望自己的子女再从事这一职业，认为压力太大，非常辛苦，工资收入较一些行业相比也不算太高，就目前社会消费水平而言，勉强维持正常的生活。

生 4：不希望子女从事教师职业的人，希望子女从事的职业有：医生（外科、牙科）、金融机构的从业人员、工程设计师、企业高管等。

生 5：我们还上网了解到了目前男人最赚钱的行业有：1. 计算机软件的开发；2. 建筑承包商；3. 律师；4. 体育明星；5. 注册会计师；6. 证券经纪人；7. 广告人；8. 特种养殖（种植）主；9. 整形医师及美容师；10. 公关人——公关曾在中国一度被误解为专属女人的职业。其实，真正的公关是一种现代化的经营管理模式。沟通是现代社会的重要内容，公共关系作为从事沟通的一门职业，没有哪一项职业与公关一样能真切地接触到时代的本质。

2. 活动评价。

填写评价卡片并汇报：

卡片示例 1：

调查访问评价卡

评价内容 评价方式	主动思考 付出努力	认真倾听 积极思考	良好的修养 文明的礼仪
自我评价			
小组互评			
家长评价			
教师评价			

注：可用"优秀"、"良好"、"一般"、"较差"来评价各项内容。
卡片示例2：

实践活动评价卡

评价内容 评价方式	活动中的态度	活动中的体验	独特的发现	深层次的思考
自我评价				
小组互评				
家长评价				
教师评价				

注：可用"优秀"、"良好"、"一般"、"较差"来评价各项内容。

3. 教师总结：本次实践活动，同学们不仅了解了社会各个层面的职业性质与特点，而且在调查访问的过程中深深体会到了各行各业的人们对待各自职业的不同态度，他们在各自的岗位上为这个社会努力地奉献着自己的智慧和汗水，学到了与人沟通的礼仪与技巧，好多同学通过此次活动，对自己的未来职业有了初步的向往，衷心祝愿同学们从现在做起，尊重每一个劳动者，并为实现自己的理想而发奋学习，在综合实践活动中不断地锻炼自己，使自己的综合素质和能力得到进一步的提高，以适应这个日新月异发展变化的社会需要。

课后反思

　　这节综合实践活动课让学生走出课堂，走进家庭与社会，通过对不同层次、不同职业的调查访问，不仅了解了社会中各种各样的职业特点，而且促进了学生思考工作的意义和将来的职业选择。通过与不同职业、不同年龄的人的接触和交流，培养了学生的交流能力、与人合作的能力、信息索取的能力。尤其是通过活动后的评价，使学生在活动过程中表现出的努力得到肯定和表扬，同时通过此项评价，引导学生在今后的活动过程中选择正确的提问方式，有价值的问题，要逐渐培养在活动中认真倾听、善于思考的学习品质。

迷津指点

　　面对校园中成年人的职业采访是此次主题活动的难点，活动前教师除了要作采访的相关指导之外，与人沟通交流的技巧也要加以指导，也可以在实践活动前让学生在班级进行一次模仿表演，或在家庭中面对家庭成员实践采访一次。另外，调查采访后的数据统计、记录的分析归纳也需要教师参与进去及时指导，这样才能让活动更有实效性。

小小服装设计师

谢智慧

活动主题与背景

随着社会的发展,人们衣食住行水平的提高,服装不仅仅具有装饰、保健的功能,更表现人们的审美理想和精神追求。T台上模特展示的精美服装总是很吸引我们的眼球。当台上的光影在热烈的掌声与娇艳的鲜花中渐渐隐去时,服装设计师们无疑又会成为焦点。服装设计对于我们每个人当然也包括孩子们来说,都充满了吸引力。孩子们对服装的设计很感兴趣,他们的想法也很有创意。那我们为什么不让他们也尝试着做一次服装设计师,为自己设计独具魅力的服装呢?作为老师的我们,也愿意带领孩子们去尝试他们感兴趣的而且又充满创意的服装设计活动。

设计意图

本次综合实践活动,通过欣赏、研究性学习、亲自动手设计制作等方式,让孩子们感受服装设计给人们生活带来的美好感受,学习了解服装设计的简单知识,培养学生发现美、创造美、感受美的高尚情操,激发他们的创新欲望,从而更加热爱生活,并勇于创新,用自己的双手创造美好的生活。同时在小组分工与合作中学会收集整理信息、学会合作、提高动手操作的能力。

活动目标

1. 了解服装设计的基本要素是款式、色彩、面料和装饰;了解服装设计的几种基本造型(A型、X型、T型、H型、O型等);能画出自己设计的有创意、美观、简单的服装设计图;能小组合作制做一件本组成员设计的服装作品。

2. 运用网络、书籍等方式搜集信息、处理信息,激发学生对服装设计的兴趣,充分发挥他们的想象力;在动手操作活动中提高动手操作的能力以及解决实际问题的能力;在展示汇报中发挥个人特长,获得成就的体验。

3. 通过活动激发对美好生活的追求和向往,以积极的态度参与到服装设计活动中来,同时树立环保意识;在小组活动中学会尊重、欣赏他人的劳动成果,促进学生个性的发展。

活动重点

让学生了解款式、色彩、面料和装饰是服装设计的几大基本要素。了解服装的基本设计过程，以小组合作的形式设计制作出有创意的作品。

活 动难点

制作出自主设计的有创意的、美观的服装作品。

课 前准备

（一）教师准备

1. 服装表演的精选视频若干片段。

2. 准备服装设计的简单知识，并制成课件。

（二）学生准备

1. 收集自己喜爱的服装设计图片资料。

2. 课前查阅服装设计的相关知识。

3. 准备各种废旧材料（布头、窗帘、皱纹纸等）装饰材料。针线、剪刀、双面胶等相关工具。

活 动设计流程

一、创设情境 确定主题

1. 观看视频。

学生观看时装表演视频后，教师提问：你有什么感受？具体说一说。

（生：模特以及他们的服装很美；颜色艳丽和谐；款式造型特别；模特身材好等）

师：随着社会的发展，人们衣食住行水平的提高，服装不仅仅有遮体、保暖的功能，更体现了人们对生活、对美的追求。T台上模特展示的精美服装总是很吸引我们的眼球，当台上的光影在热烈的掌声与娇艳的鲜花中渐渐隐去时，服装设计师们就会成为焦点，他们设计的服装各具风采，琳琅满目。

2. 图片展示。

师：同学们自己对服装的审美追求也是各有不同的。如果你是设计师，喜欢什么风格的服装呢？请展示自己收集的最喜欢的服装图片，并说说为什么喜欢？

学生展示汇报。

师：今天让我们自己动手，亲自设计并制作自己喜欢的服装。

3. 了解服装设计简单知识。

师：服装设计这门专业，和政治、经济、艺术、文化等许多因素都有关系，不同国家，不同的历史时期服装各不相同，有兴趣的同学可以自己在网上收集一些相关资料，进行自主学习。今天我们要简单了解一些服装设计的知识，并自己动手设计服装，还要制作出来。

（课件展示讲解）

（1）服装设计要展示服装与人体完美结合的整体魅力，扬长避短，舒适和谐。

（2）服装要求设计要根据穿着的对象、环境、场合、时间等条件去创造、设想。

（3）几种服装轮廓的基本造型图例：（A 型、X 型、T 型、H 型、O 型等）指出同学们自己收集的图片属于哪种轮廓造型？（展台投影仪）

（4）服装设计中应注意色彩的深浅冷暖搭配协调。

（5）服装的材料：不同材料的服装功能不同，展示的风格也不同。

例如雪纺纱布、针织面料、皮革、皮草等各自有不同的风格。

由于条件限制，我们的活动选择制作的服装材料可以利用一些废旧物品完成。

讨论：

同学们可以用哪些材料制作自己设计的服装：布头、旧窗帘、旧衣服、各种工艺的纸张、旧报纸、塑料布、光盘等。

二、小组分工 活动探究

具体实施方法：

1. 分组：将班级学生分为 5～6 组，每组 6～8 人，并推选出组长，共同探究讨论，确定本组活动目标，进行自主探究、资料搜集、资源共享、小组研究性学习、小组合作学习。

小组研究性学习命题选择：

（1）服装的几种流行风格。

（2）中国历代服装的研究。

（3）中国各少数民族的服装。

（4）世界各国服装集锦。

2. 引导学生学会合理分工，发挥自身特长，合理安排时间和任务。

任务一：完成研究性学习：各小组先合作探究每组确立一项研究性学习的目标，各成员广泛收集信息，一人负责整理信息，制作 PPT。

任务二：进行服装设计：各成员先独自创意完成服装设计草图，然后小组内交流评价，并评选出最好的同学们能制作出来的作品，研究如何制作代表本小组的服装作品。

任务三：小组合作制作服装：全组成员收集制作服装的材料，约定时间、准备工具和材料，集体合作完成服装的制作。

任务四：展示回报：舞蹈形体好的做模特表演，表达能力强的负责解说介绍。

3. 活动要求：活动过程中，小组成员各有独立的任务，既有分工，又有合作，各展所长，协作互补。实践活动采用个人探究与小组集体讨论相结合的"开放式作业"形式，小组成员需要各自搜集资料、开展探究活动，也需要充分合作完成。

活动过程中教师及时检查学生的进程并给予适当的指导。

4. 小组合作学习作业单。

日期：

活动名称	小小服装设计师		组长	
组员				
作品名称				
服装设计草图	可另附件			
组员分工	设计创意： 绘画制图： 展示模特： 介绍解说： PPT 制作：			
材料准备				
解说词				
时间安排				

三、成果展示

1. 展示本组研究性学习成果，演示讲解本组学习服装设计相关知识的 PPT 课件。

2. 服装设计作品展示：每组选一至二名同学作为模特，将本组设计的作品穿在身上，随着走秀音乐进行展示。另外，每组选一名同学作解说员，在本组模特展示的同时为大家简要介绍自己小组的作品的设计构想、制作方法和风格特点。

四、总结评价

在学生完成作品展示以后，教师引导学生完成自我评价和小组评价。

1. 自我评价。

	评价标准	
1	活动过程中认真完成了自己在小组中承担的任务。	
2	我能很好地和其他同学合作，我们顺利完成作品。	
3	在制作过程中，我能合理解决遇到的问题。	
4	在本次活动中我学到了新的知识。	
5	在本次活动中我提高了动手操作能力。	

以上五项，各得一颗星，看看总共得了几颗星，让学生从能力、态度、情感等方面进行全面的自评。

　　2. 小组评价。

　　自评后，请同学们评选出最佳设计作品。这样，把自我评价和小组评价结合起来，给每一位学生充分展示自己的机会，树立起对自我的信心。老师表扬并奖励优秀的作品，对其他组的作品进行适当的点评。

北京文化之旅

石淑艳

活动主题与背景

　　小学的六年，2000 多个日子老师和孩子们在欢乐中奋斗，在汗水里浇灌，也在涕泪中成长。一个个牙牙学语的孩童六年里历练成意气风发的少年，回头拾起每个日子的时候心中荡起的满是温暖、温馨，更多的是留恋、难忘，更是难舍。而毕业前的北京文化之旅的体验活动不仅让孩子们感受到北京厚重的历史文化，为未来的学习和生活奠定良好的基础，也在老师与孩子、孩子与孩子的默契交融中为小学时代画上一个圆满的句号。

设计意图

　　北京不仅是我们伟大祖国的首都，也是一个历史文化之都，在一定程度上是中国文化的代表，这次北京文化之旅宗旨是，在这个过程中感受中华文化的厚重，激发强烈的民族自豪感和责任感，形成为中华复兴而读书的情感。

活动目标

　　1. 了解掌握相关的历史人文知识。

　　2. 有合作探究的愿望和能力，在活动中形成合作与默契，体现团队精神。

　　3. 领略故宫、长城、颐和园、科技馆等所代表的北京文化的厚重与博大，激发强烈的民族自豪感和民族责任感，形成为中华民族伟大复兴而努力学习的情感。

活动重难点

　　在整个旅途中，因为孩子很少离开家长独立的闯荡，所以，把学生们的合作精神，团队意识的培养，与北京文化的领略统一起来是这次活动的重点，也是难点。

课 前准备

PPT 演示文稿、注意事项说明讲座。

活 动设计流程

一、主题确定

亲爱的同学们，在我们的成长中可能不止一次和家长一起去旅行，但是和老师同学一起的旅行可能就很少了，那么在小学毕业之际想不想和老师同学们一起到我们的首都北京一同参观雄伟壮丽的长城、富丽堂皇的故宫、神奇魅力的科技馆、气势恢宏的鸟巢……（在此处出示 PPT 演示文稿，介绍北京的美丽风光）

亲爱的同学们，在这样的旅途中我们不仅可以感受祖国魅力的风光，更可以体会到祖国的强大和我们身上的责任。那么让我们一起期待体会这别样的文明之旅吧！

二、动员准备

我们所要参观的是我们的祖国首都，而对于大家而言可能是第一次离开父母和同学老师一起旅行，同学们可能还没有学会如何在旅途中自己照顾好自己，还没有学会在旅途中自己处理问题，那么老师希望同学们能够在这样红色之旅中学会长大，学会自己独立的生存能力。下面就把在旅途中需要注意的事项和大家说一下：

1. 遵守时间。每个小队的队长必须在每次集合的时候清点人数。集体活动最重要的就是时间观念，出发、返回、集合都要按照要求准时到达，不要因为你一个人耽误整个团队的时间。

2. 统一服装。全体学生必须穿统一的服装，戴统一的旅游帽。这样在整个的行进中很容易识别我们的学生。

3. 注意安全。遵守公共秩序，上、下车不拥挤，发扬谦让精神；旅途中不能将手、头伸出车窗外，不大声喧哗；参观和活动时要做到井然有序，不拥挤、不喧闹、不追逃、不打闹，爱护动物和花草树木；班级之间、同学之间要做到互帮互助，团结友爱，不能擅自离队，独自行动，有事要做到事先向带队老师请假。

4. 行为文明。爱护公共设施，不乱涂乱写；注意公共卫生，不乱扔果皮纸屑，及时清理垃圾，保持活动场地的清洁卫生；文明参观游览；就寝时不能随便的串寝，严格按照老师的就寝时间熄灯休息。不能在寝室内大声喧哗打闹，以免发生不必要的事故，同时也影响其他人休息。

5. 注意饮食卫生。多食用蔬菜和易消化的食物，忌食生冷变质食物，切勿暴饮暴食；不在无证摊点购买食品饮料，尤其在各个景点的小摊上买东西。

三、细化主题

亲爱的同学们，为了使我们这次文明之旅更有效，在我们即将踏上列车开始我们的红色之旅之际，我们是不是应该把我们即将参观和探索的古迹名胜有所了解呢，只有我们先做了了解，才能在身临其境的时候更深地体味其文化的魅力和内涵。我们可以从以下几个主题开始我们的准备：

魅力的名胜古迹

长城、故宫、颐和园、博物馆

神奇的现代建筑

鸟巢、水立方

现代科技的载体

科技馆、军事博物馆

……

四、制订计划

亲爱的同学们，我们的文化之旅是一个团队的合作，所以要体现我们的团队精神和团队意识。那就靠我们各个小组成员的共同努力来完成。你们在选择了小组和要研究的课题之后，下面要做的就是把各自的任务明确，并且要制订好本组的研究计划，填写好表格。

红色之旅研究计划表

活动主题	北京文化之旅	
小组研究主题		
人员分工		搜集材料的主要内容
组　　长		
文字搜集		
图片搜集		
PPT 制作		
手抄报制作		
采访视频		
其　　他		

五、方法指导

亲爱的同学们，做这样的一个研究是为了我们身临其境的时候能更好的了解我们参观的内容。搜集资料的渠道很多，可以问问爸爸妈妈去过时的感受和收获，还可以在网上搜集查找资料，细心的你甚至可以做到把你所研究的景点的路线图弄明白，到时你可以成为我们的向导啊。比如，到了故宫，进入太和殿，你就能把太和殿的历史、传说等给我们做以介绍，你应该成为名副其实的小导游、小解说员。

不妨按以下流程演练一下：

1. 请你的小队成员作为游客，由一名向导引领参观，设计路线。

2. 假设到一处小的景点，由一个小导游介绍这里的建筑风格、历史背景、人文传说等。在介绍的时候请导游注意一点，不一定面面俱到，但要抓住这个景点的特色，语言要通俗易懂，诙谐幽默，这对语言素质的要求是很高的，相信你们能做到。

3. 小队自己做总结。对导游好的应该给予表扬，并针对不够理想的给予具体的帮助，在这样的演练中树立起足够的自信心！

六、成果展示阶段

目的地北京，在孩子们的雀跃中到达了。

（一）走进天安门，走进故宫

汇报形式：导游讲解。（第一小组）

第一小组的全体成员以导游的形式从天安门广场开始，按照参观的顺序有分工的对每个景点进行讲解。最为有特点的是：在讲解故宫的时候着重介绍了清朝历代皇帝的顺序和姓名、年号、在位时间等。并绘制了这样一份表格，人手一份。

清朝历代皇帝列表	
	努尔哈赤（太祖） 年号天命，1616年登基，在位11年，卒于沈阳，终年68岁。
	皇太极（太宗） 年号天聪，1627年登基，在位10年，卒于沈阳清宁宫，终年52岁。
	福临（世祖） 年号顺治，1644年登基，在位18年，卒于北京养心殿，终年24岁。
	玄烨（圣祖） 年号康熙，1662年登基，在位61年，卒于北京畅春园，终年69岁。
	胤禛（世宗） 年号雍正，1723年登基，在位13年，卒于北京圆明园，终年58岁。
	弘历（高宗） 年号乾隆，1736年登基，在位60年，卒于北京养心殿，终年89岁。
	永琰（仁宗） 年号嘉庆，1796年登基，在位25年，卒于避暑山庄，终年61岁。

	绵宁（宣宗） 年号道光，1821年登基，在位30年，卒于北京圆明园，终年69岁。
	奕宁（文宗） 年号咸丰，1851年登基，在位11年，卒于避暑山庄，终年68岁。
	载淳（穆宗） 年号同治，1862年登基，在位13年，卒于北京养心殿，终年19岁。
	载湉（德宗） 年号光绪，1875年登基，在位34年，卒于北京瀛台，终年38岁。
	溥仪 年号宣统，1909年登基，在位3年，卒于北京，终年61岁。

（二）领略伟人风采，走进毛主席纪念堂

汇报形式：参观事项说明。（第二小组）

在参观毛主席纪念堂时，除工作人员向我们进行必要的说明外，第二小组的同学又对纪念堂的位置和毛泽东的丰功伟绩进行了讲解，加深了对领袖的敬意。

（三）满目疮痍，走进圆明园

汇报形式：故事演讲。（第三小组）

在火烧圆明园的过程中，在这样的悲怆的历史中，有许多让人至今回忆起来仍捶胸顿足的故事，走进这些故事，让历史告诉未来。

（四）"不到长城非好汉"——登上长城

汇报形式：登阶拾感。（第四小组）

小组分工，在登每个烽火台的时候，以记者的身份对登高者进行采访。在谈体验的过程中感受古代劳动人民的智慧和伟大。

（五）饕餮盛宴——鸟巢

（六）晶莹玉体——水立方

汇报形式：图片展示。（第五小组）

鸟巢和水立方都可以用图片组合的方式来向同学做以介绍，因为所看的视角有限，无法把全貌的壮观、美丽、恢宏一览无余，所以可以用各种不同角度的图片展示。

（七）梦幻圣地——中国科学技术馆

汇报形式：梦幻科技比赛。（五个小组）

通过在五个小组的科技知识比赛，感受我们祖国科技的发达。

（八）欢乐之谷——欢乐谷

汇报形式：快乐大体验。

北京欢乐谷是华侨城集团以 20 年的专业积累，用 4 年时间倾心打造的主题生态乐园，它是北京文化产业的区域龙头，是中国现代旅游的经典之作。它以时尚、动感、欢乐、梦幻的人文魅力，成为北京体验旅游的重要标志。让孩子们在无尽的快乐中感受北京的现代文化！

课后反思

有两个镜头让我难忘，让我思考。

第一个镜头：孩子们在欢迎凯旋的我。

第二个镜头：迷路的欢乐。

　　欢乐谷之行对孩子来说是欢乐至极一爽到底，而作为老师的我更是坠入欢乐河谷，体味着最美的浓情。我是一个怕高的人，就连普通的高空缆车我都望而却步，更别说欢乐谷里刺激惊险的丛林飞车啦，那哪是我敢尝试的！我只能傻呆呆地站在下面看着我的孩子们领略着这份神奇，看着孩子兴奋、欣喜再加上他们对我的软硬兼施连哄带骗，意志不够坚定的我就上了"贼"船。在排队等候的时候，只听这个说：老师，没事你别害怕，到高地方或者拐弯的时候你就把眼睛闭上。那个抢着说：我还晕车呢，我都坐两次了，啥事没有。甚至有的一下闪到我前面：老师，我和你一车我能保护你，害怕时你就大叫……这些男孩儿简直成了我的"护花使者"！而我的女孩们一直在嘀嘀咕咕告诉我别玩了——，孩子们对我的关注惹得旁边的游客投来羡慕、嫉妒、"恨"的眼光。嘿嘿嘿嘿……那种幸福无人能体会，这是老师专属的魅力。当我胜利的从飞车上凯旋而归的时候，孩子们振臂高呼，欢呼雀跃，为我的勇敢高兴啊！我，成了孩子们呵护的宝贝儿，这温馨、温暖揉着欢乐谷的轻风藏在我心底的一隅！珍藏、永远！而我的孩子们，与我相处6年的孩子们又有多少难忘，又有多少不舍，又有多少温情，我把每一点、每一滴悄悄的珍藏，永远！

　　合作的魅力。这个镜头是我们在欢乐谷中迷路了，找不到学校集合的地点，孩子们自己拿着地图，几个小脑袋瓜凑在一起开始研究最佳的路线，当我们以最快最捷径找到集合地点时，孩子们体会欢乐的同时更体会合作的魅力。

　　当然，孩子们还有一些问题：在花钱问题上有些大手大脚，自己的卫生还不能够很好的照顾，对家长的依赖还相当强，有的学生早上3点钟给家长打电话说嗓子疼……

迷津指点

　　本次的北京文化之旅意在让孩子们通过这样的活动了解北京的文化魅力，领略祖国大好河山的壮美，在旅途中学会合作，学会自立。活动中反映的恰恰是学生合作精神和自立能力的不足，这也需要我们在未来的教育教学中要及时和家长沟通，积极组织各项有益的活动，及早培养孩子的合作精神和自立能力！